대탈주

우리는 국가와 소비로부터 탈출할 수 있는가?

베스텐트 한국판 5호

WESTEND

대탈주

우리는 국가와 소비로부터 탈출할 수 있는가?

베스텐트 한국판 5호

연구모임 사회비판과대안 편저

사월의책

차례

서문

IMF 위기 이후 신자유주의의 본격적인 도래로 인해 현재 우리 사회는 일종의 과속 상태에 진입해 있는 것으로 보입니다. 경쟁과 효율성 논리에 입각한 사회 전반의 시장화가 가속화되면서 사회 양극화는 더욱 심화되고 있고, 정상적인 삶으로부터 배제되고 추락하는 삶들도 양산되고 있기 때문입니다. 경쟁과 각자도생만이 강요되는 현실 속에서 시민들은 삶의 '피로'를 호소하고 있으며, 오늘날 젊은 세대들의 결혼과 출산 회피는 우리 사회의 재생산 자체에 대한 근본적인 위협이 되고 있는 것처럼 보이기도 합니다.

이러한 고통스러운 상황들은 우리 사회 내부에서 기존의 익숙한 삶의 방식에 대한 근본적인 회의와 저항도 확대시키고 있습니다. 도시를 떠나 귀농이나 귀촌을 선택하는 사람들, 제도권 교육을 거부하고 대안학교를 찾는 청소년들, 사회가 강요한 삶의 길을 거부하고 대안 공동체로 모여드는 사람들, 기존의 결혼 제도를 거부하고 다자 연애를 실험하는 사람들까지. 과연 이러한 우리 주변의 사회적 선택들은 무엇을 의미하는 것일까요? 그것은 단지 다양한 삶의 방식에 대한 개인적인 선택이나 일종의 힘겨운 현실로부터의 도피로 볼 수밖에 없는 것일까요? 혹시 이러한 일상적인 거부와 탈주의 몸짓들이야말로 우리 사회의 근본적인 변화를 가능하게 할 수 있는 어떤 새로운 출발점 혹은 효과적인 전략이 될 수 있는 것은 아닐까요?

『대탈주』라는 제목으로 펴내는 이번 베스텐트 제5호는 이러한 질문에 대해 다양한 시각에서 새롭게 성찰할 수 있는 기회를 제공하고 있습니다. 사실 일상에서의 탈주 혹은 거부라는 문제는 위에서 지적한 바와 같이 우리 주변에서 빈번하게 일어나는 사건들일 뿐만 아니라, 멀리는 '위대한 거부'나 '새로운 감수성'에 관한 마르쿠제의 논의를 통해서 그리고 오늘날에는 '탈주'나 '소수자 되기'에 관한 안토니오 네그리나 질 들뢰즈의 논의 또는 '존재의 미학'에 관한 미셸 푸코의 논의를 통해서 우리에게 이미 이론적으로도 어느 정도는 친숙해진 주제라고 할 수 있을 것 같습니다.

이 책의 1부는 이 주제와 관련하여 다니엘 로이크의 서문 형식의 글과 더불어 4편의 관련 논문 그리고 마지막으로 이 주제를 둘러싼 라운드테이블 토론을 싣고 있습니다. 먼저 이자벨 프레모, 마르가리타 초모우, 에바 폰 레데커, 율리아네 레벤티슈가 쓴 4편의 글들은 현재 진행되고 있는 엑소더스 실천들의 사례들에 대한 소개와 분석은 물론 이러한 실천이 가지는 의미와 한계, 이론적 배경과 정치적 함축에 대해 각각 다양한 논의들을 개진하고 있습니다. 또한 1부 마지막에 실린 라운드테이블 토론은 이러한 논의들을 배경으로 삼아서 오늘날 엑소더스 실천과 관련된 중요한 논쟁점들을 검토하고 나아가서 그것이 바람직한 해방 정치의 방향으로 개진되기 위한 방안들을 함께 모색하고 있습니다.

그리고 책의 2부 역시 흥미로운 두 편의 논문을 싣고 있습니다. 먼저 주자네 크라스만의 글은 오늘날 드론을 통한 표적살해가 가지는 다양한 문제를 살펴보고 있으며, 악셀 호네트의 글은 사회철학의 핵심 개념 중 하나라고 할 수 있는 '사회적 질병' 개념과 연관된 이론적 문제들을 심층적으로 고찰하고 있습니다. 이 글들은 독자들의 관심에 따라 자유로운 선택적 독서가 가능할 것 같습니다.

마지막으로 한국판 특집으로 꾸민 3부는 '재벌 돈더미, 서민 빚더미'라는 표제하에서 한국사회에 대한 '정치경제학적 비판'과 관련된 3편의 논문을 선보이고 있습니다. 먼저 송명관의 글은 가계부채 증가의 원인을 분석하고 있으며, 최철웅의 글은 이러한 부채 증가가 자본주의적 착취 구조 및 사회적 권력관계 변화와 가지는 관계를 분석하고 있습니다. 마지막으로 홍석만은 이러한 서민부채 증가의 원인이라고 할 수 있는 재벌의 시장 독점과 지배 구조가 가지는 문제점을 분석합니다. 재벌 독점과 서민 부채로 상징되는 한국사회 양극화를 분석하는 이 특집 글들은 향후 예상되는 우리 사회 개혁의 방향을 가늠해보는 데서도 큰 기여를 할 수 있을 것이라 생각합니다. 이번에 발간되는 베스텐트 한국판 5호『대탈주』의 논의 내용들이 그간의 정치적 격변과 새로운 정부의 탄생을 경험하면서 한국사회의 미래를 고민하는 분들에게 신선한 아이디어와 다양한 이론적 성찰의 기회를 제공하는 데 기여할 수 있기를 기대해봅니다.

김원식

베스텐트 한국판 편집자

1부

1부 쟁점 / 국가와 소비로부터의 탈출

엑소더스
국가와 소비로부터의 탈출

다니엘 로이크

마이클 하트(Michael Hardt)와 안토니오 네그리(Antonio Negri)는 자신들의 공저인 『제국』에서 "인류학적 엑소더스"라는 개념을 사용한다(Hardt/Negri 2002 [2000]: 227). 이들에 따르면 이 개념이 의미하는 것은 "가정생활, 공장 규율, 전통적 성생활 규율 등에 적응하기"에는 전적으로 적합하지 않은 새로운 삶의 형태이다. 물론 이런 표현은 "위대한 거부"와 "새로운 감수성"이라는 헤르베르트 마르쿠제(Herbert Marcuse)의 선언, 질 들뢰즈(Gilles Deleuze)와 펠릭스 가타리(Félix Guattari)의 "소수자 되기" 개념, 그리고 "존재의 미학"이라는 미셸 푸코(Michel Foucault)의 급진적 대안에 대한 꿈과 연관되어 있다는 점에서 여기서는 주로 희망적 관측이 중요한 역할을 한다. 그러나 하트와 네그리는 오늘날 일어나는 광범위한 현상을 표현하기 위해 이를 표제어로 삼기도 한다. 즉 엑소더스는 탈출자 집단에 대해서만이 아니라, 이들이 탈출한 사회에 대해서도 심대한 영향을 미치고 있는, 오늘날 각국에서 일어난 탈출, 퇴거와 이주를 가리킨다. 그러나 엑소더스가 공간적으로 한 장소에서 다른 장소로 이동하는 것만을 뜻하는 것은 아니다. 이는 또한 비유적인 의미에서 "내부로의 탈출" 움직임 역시 뜻한다.

이런 식으로 이해된 "기획된 탈출"은 일종의 실존적 차원을 포괄한다는 점에서 여기에 대해서는 다양한 사례들이 존재한다. 즉 농촌 및 도시 공동체, 자율운영 학교와 유치원, 빈집이나 공장 점거, 생존 지향적 농업 기획, 그리고 순환적 교환, 공동 생산, 공유와 공동 소비 등과 같이 자율적으로 조직된 경제 행위, 또한 다성애, 비독점적 다자 연애와 같은 페미니즘적 실험, 공동 경작, 도시 공간의 점유와 용도 변경, 혹은 월스트리트 점령 운동에서와 같이 점령 공간에서의 텐트촌 등이 여기에 해당된다. 이런 사례들의 이론적 틀은 직접민주주의 이론에서부터 "상호지원"이라는 상호공생주의적 이상, 생태학적 지속가능성, 그리고 연대적 경제 모델에까지 이르고 있다. 지난 수십 년간 68혁명이 준 일반적 각성의 틀 속에 있던 기획들이 더 이상 매력적인 삶의 기획을 대표할 수 없게 되자, 다시 말해 도덕적이고 정치적인 대안을 제시하려는 열정을 더 이상 동원할 수 없게 되자, 최근 몇 년 전부터 위와 같은 실험들의 증가가 관찰될 수 있었다. 이러한 증가는, 첫 번째 가설에 따르면, 개별적인 도시나 농촌으로 한정되지 않으며, 적어도 서구 국가의 대도시에서는 보편성을 갖고 있다.

이런 엑소더스 실천들은 몇 가지 흥미로운 점을 함축하고 있다는 점에서 비판적으로 분석해볼 만하다.

엑소더스 실천들은 사회적 총체성이라는 경제주의적이고 환원적인 관점과는 양립 불가능한 **사회 이론적** 전제들에 기인한다. 물론 공간적인 의미는 아니지만, 국가와 소비로부터의 탈출이란 생각은 자본이 점차 모든 생활 영역에 침투함으로써 봉건적 유산과는 근본적으로 다른 생활 방식을 자본주의 내에 존재하게 한다는 마르크스의 전제와는 이별을 고하지만, 적어도 이에 대한 포괄적인 재해석을 전제한다. 엑소더스 실천들이 주장하는 것은, 자본주의 사회 내에서도 비자본주의적, 또는 탈자본주의적 자유 공간, 혹은 "헤테로토피아"의 확립이 가능하다는 것이다.

유토피아 이론적으로 볼 때 이로부터 결과하는 것은, 대안적 사회에 대한 묘사를 신에 대한 모사 금지 원칙과 연결시키는 부정적 비판 전략에 대한 거부이다. 지금 여기에서 대안적 사회의 제도적 구조를 묘사하려는 모든 시도에 대한 포스트 68 좌파 대부분을 지배하는 회의주의는 유물론에 대한 특정한 이해의 결과이다. 즉 존재가 의식을 규정하기 때문에 유토피아에 대한 자유로운 사고는 무의식적으로 낡은 사회의 결함을 동반하기 마련이라는 것이다. 엑소더스 실천에 비추어보면 이런 식의 유보는 혼란과 변명일 뿐이다. 엑소더스 실천의 옹호자들은 이에 반해 어떤 거대한 붕괴를 기대할 것도 없이 즉시 대안적 공동생활 형태가 토론되고, 시험되고, 수정될 수 있다고 믿는다.

따라서 엑소더스 실천은 **도덕적** 정당화뿐만 아니라, **제도 이론적** 정당화 부담을 갖는다. 즉 이 실천들은 급진적 사회 변동 과정 내에서도 대안적 생활 형태를 위한 실질적 변혁 가능성이 존재하고 있고, 또 이것이 안정되게 작동하고 있음을 보여주어야 한다. 이는 신뢰성이란 범주를 복권시키는 것과 마찬가지이다. 왜냐하면 사회적 총체성이란 범주는 개개인을 도덕적 명령에 대한 복종 부담에서 벗어나게 하는 역할을 더 이상 할 수 없기 때문이다(하지만 잘못된 삶 속에서도 올바른 삶이 존재한다).

윤리적으로 볼 때 엑소더스 실천은 도덕적 옳음을 행복 경험과 연결시키는 아리스토텔레스의 시도를 혁신한다. 이런 실천들은 푸코 때문에 신용을 잃게 된 "슬픈 전사"의 모습과는 반대로 금욕자의 모습에 토대를 두고 있지 않다. 오히려 이런 실천들은 개개인에게도 매력적인 생활 기획을 제시하려고 한다. 실제로 이런 실천들은 정서적-물질적 차원을 내용으로 하기 때문이다. 사실 이스라엘 사람들을 애굽으로부터 탈출시킨 것은 젖과 꿀이 흐르는 나라에 대한 전망이었을 뿐이다.

변혁 이론적으로 볼 때 엑소더스 실천들은 권력 장악의 문제를 우회한다. 엑소더스 실천은 이미 정착된 권력 관계의 의미를 수행적으로 부정한다는 점에서 더 이상 국가에 대해 요구하지도 않으며, 다른 정치적 기관에도 의뢰하지 않기 때문이다. 엑소더스 이념은 혁명이나 개혁 개념의 특수한 형태이거나 그 하위 범주도 아니다. 오히려 이는 이들과 경쟁관계에 있다. 여기서 엑소더스 이념은 급진적 사회 변혁이 갖는 고전적 문제 중 폭력 문제나 적-동지 구분과 같은 몇 가지 점에 대해서도 흥미로운 대답을 제공한다. 엑소더스는 국가 장악도 아니고 논증적 과반수의 획득도 전제하지 않으며, 그 어떤 명백한 붕괴 사건도 염두에 둔 것이 아니기 때문에, 이는 바리케이트 어느 쪽에 서 있느냐 하는 이원적 결정을 요구하기보다는 점진적인 자리 잡기를 허용할 수 있다(특히 Virno 2010 [2002]; 국가 이론적 의미에 대해서는 Loick 2014). 따라서 엑소더스의 창조성은 탈방향성에 있다. 엑소더스는 어떤 형태의 강탈도 포기하고, 사회구성원 모두에게 남아 있을지, 함께 갈 것인지를 선택하도록 하지만, 적이 되지 않고 남아 있을 가능성 역시 열어놓기 때문이다.

엑소더스 실천이 이런 흥미로운 점들을 함축하고 있지만, 체념적-도피주의적이란 점에서 잘못된 전략의 결과로 이해되거나, 아니면 그 자체도 개인주의와 자아진정성에 대한 자본주의적 욕구로 이해될 수 있는 일련의 난점들도 노정시키고 있다. 이러한 도전에는 다음과 같은 점들이 있다.

엑소더스 실천에 대한 고전적 비판에 해당되는 것은, 이것이 자본주의의 통합력을 과소평가하고 있고, 보편적 사회변혁을 필수적으로 보지 않기 때문에 최선의 경우 아무런 영향력도 없거나 최악의 경우 이데올로기적일 뿐이라는 것이다. 따라서 엑소더스 실천은 뤽 볼탕스키(Luc Boltanski)와 에브 시아펠로(Ève Chiapello)가 탐구했던 "예술가적 비판", 즉 현실 참여의 실존적 차원을 중시하지만 결과적으로 비열한 자본주의적 착취 전략에 길을 닦아 주는 예술가적 비판의 계승자로 이해될 수 있다(Boltanski/Chiapello 2006 [1999]). 엑소더스 실천은, 아른트 노이만(Arndt Neumann)의 표현처럼 자율적 기획과 "소규모 욕심 많은 회사" 사이에 더 이상 아무런 차이가 없을 때라면 언제든지 이런 식의 결과에 빠질 것이다(Neumann 2008).

이와 동일한 방향에서 사회로부터의 엑소더스를 추동하는 욕구 중 많은 것들이 현존 사회와 대립관계에 서 있는 것이 아니라, 바로 이로부터 등장했다는 지적들도 있다. 여기에 속하는 것으로는 개인주의, 창조성, 자아진정성 그리고 자아실현에 대한 욕구들이 있으며, 이런 개념들은 신자유주의 속에서 그 의미가 변질되었고, 이러한 기존 사회로의 통합에 저항한 엑소더스 실천은 그 구조상 개인주의적 특성 때문에 단지 연약한 보호 구역만을 제공할 수밖에 없다는 것이다.

또한 민주주의 이론상 중요한 문제이기도 하고 탈정치화 경향이라 할 수 있는 것은 엑소더스 실천이 국가나 그 외의 다른 정치적 기관들과의 논쟁을 추구하지 않으며, 이에 따라 공적 토론에의 참여를 포기하고 있다는 점이다. 물론 이를 통해 개별적 시민들의 권능이 강화되고 활동성이 증가하지만 사회적 해체 역시 조장된다. 엑소더스 실천은 일반적 관심사를 협상하기 위한 공동의 무대를 고려하고 있지 않기 때문이다(특히나 극단적인 비판에 대해서는 Mouffe 2005).

그리고 끝으로 엑소더스 실천은 언제나 개인적 관계에 대한 과잉 투자로 파열될 것처럼 보인다. 이런 붕괴의 증상들은 주로 친밀성 관계에 대한 과도한 몰두, 지나친 욕구와 정서적 과부하, 갈등의 개인화와 도덕화, 의존성과 욕구에 대한 오해 등에서 나타난다(68세대의 "인류학적 엑소더스"와 그 문제점에 대한 매력적인 기록은 Kommune 2 [1969]).

개별 논문들을 살펴보면, 이하의 '쟁점'은 다섯 개의 글로 구성되어 있다. 이 논문들은 구체적 사례들을 들어 엑소더스 실천들을 조명해보고, 이와 동반되는 문제들을 논의하고 있다. 첫 번째 이자벨 프레모(Isabelle Fremeaux)의 글은 다양한 단계에서의 엑소더스 실천으로 규정될 수 있는 실제 저항 형태에 대한 답사기이다. 이는 런던 히드로 공항의 기후캠프에서부터 코펜하겐의 자유도시 크리스티아니아를 거쳐 세르비아의 제약회사 유고레메디아의 노동자 자율조직에 이르기까지 다양하다. 프레모는 이미 자신의 인상을 그의 동료인 존 조던(John Jordan)과의 공동 저작 『유토피아로 통하는 오솔길』(2012)에서 서술한 바 있고, 이 두 저자는 이 책을 영화로 만들기도 했다. 여기서 프레모는 무엇보다도 이런 정치 형태의 실험적이고 논쟁적인 특징을 강조한다. 즉 이런 정치 형태는 항상 새롭게 사회적 경계와 충돌하고 있고, 따라서 자신의 비판적 지위를 상실하지 않기 위해서는 항상 새롭게 시행되어야 한다는 것이다.

프레모의 낙관적 서술은 마르가리타 초모우(Margarita Tsomou)의 글과 대조된다. 이 글은 금융 위기 이후의 그리스에서 일어난 엑소더스 실천을 다루고 있다. 무엇보다도 이는 돈의 매개 없는 자율적 생산, 유통 및 소비 행위를 통해 수립된 대안적 경제를 정착시키려는 시도들로서 '모두를 위한 연대' 같은 조직을 통해 주도되었다. 초모우는 정치적인 것의 관습적 패턴을 깨뜨려버리는 다양한 형태의 정치적 행위들을 기술하고 있으며, 대안적 사회 형태에 대한 근원적 욕구라 할 수 있는 이러한 실천들이 경제적 위기 속에서 등장했음도 조명하고 있다. 초모우가 강조하고 있는 것은, 엑소더스가 현재의 상황을 완전히 떠나는 것이 아니라, 오히려 항상 현재의 상황과 연결되어 있다는 점이다. 초모우에 따르면 엑소더스 실천은 무엇보다도 행위능력이 있는 주체들의 규약을 통해 전체 사회의 변혁을 추진한다.

에바 폰 레데커(Eva von Redecker)의 글은 특히 구스타프 란다우어(Gustav Landauer)와 마르틴 부버(Martin Buber)의 무정부주의적 전통 속에서 엑소더스 실천들의 (변혁) 이론적 토대를 밝히려 한다. 이러한 실천들은 유토피아의 실현을 예견하고 있지만, 급진적 붕괴를 고대하지는 않는다. 여기서 레데커는 무엇보다도 무정부주의적 변혁관의 구성적이고 반-영웅적인 특징 속에서 이러한 실천들이 고전적인 마르크스주의적 혁명관에 대해 갖는 장점을 본다. 즉 이미 존재하는 사회 속에서 대안적 관계 양식을 생산하고 유지하는 것이 성공할 때에만 사회의 재구조화가 전적으로 가능하지 그 반대는 아니라는 것이다.

율리아네 레벤티슈(Juliane Rebentisch)는 오늘날 등장한 엑소더스 실천을 고취하고 반성하려는 실제적인 이론 형성과 관련하여 더 회의적이다. 레벤티슈는 허먼 멜빌(Herman Melville)의 『필경사 바틀비』의 현대적 수용과 그의 급진적 거부 태도를 특징짓는 긴장과 모호성에서 출발하여 특히 수많은 엑소더스 이론들의 탈정치적 경향을 부각시킨다. 왜냐하면 이 이론들은 결국 갈등 없고 조화로운 공동체에 대한 표상에 발디디고 있는 것처럼 보이기 때문이다. 레벤티슈의 논의를 종합해보면 탈출-선택이 비판적 내용을 상실하지 않기 위해서는 현존 사회에 대한 저항을 포기해서는 안 되며, 따라서 정치적 투쟁의 장으로 나와야 한다.

마지막으로 '쟁점'은 다니엘 로이크가 사회를 보고 디드리히 디데릭센(Diedrich Diederichsen), 라엘 예기(Rahel Jaeggi), 이자벨 로라이(Isabell Lorey)가 참여한 원탁 대담으로 끝을 맺는다. 여기서는 정치적 실천 형태로서의 엑소더스에 대한 몇 가지 논쟁점에 대해 다시 한 번 논의한다. 대담은 오늘날의 다양한 저항 형태가 얼마만큼이나 엑소더스란 용어를 통해 의미 있게 서술될 수 있을까라는 운동 사회학적 문제에서 출발한다. 또한 대담에서 의견이 서로 부딪히는 점은 엑소더스 실천이 신자유주의에 통합될 위험성이 상존하는가 하는 문제이다. 그러나 대담 참여자들이 동의하는 것은, 엑소더스가 전체 사회에 대한 책임을 회피하지 않고, 집단적, 창조적, 그리고 사회 구성적 차원을 포함한다면 분명 해방 정치에 대해 흥미로운 관점을 제시할 것이란 점이다.

번역_문성훈

참고문헌

Boltanski, Luc und Ève Chiapello 2006 [1999]: Der neue Geist des Kapitalismus. Konstanz: UVK.

Deleuze, Gilles und Félix Guattari 2010 [1980]: Tausend Plateaus. Kapitalismus und Schizophrenie. Berlin: Merve.

Foucault, Michel 2007: Ästhetik der Existenz: Schriften zur Lebenskunst. Frankfurt a. M.: Suhrkamp.

Fremeaux, Isabelle und John Jordan 2012: Pfade durch Utopia. Hamburg: Nautilus.

Hardt, Michael und Antonio Negri 2002 [2000]: Empire. Die neue Weltordnung. Frankfurt a. M. und New York: Campus.

Kommune 2 1969: Versuch der Revolutionierung des bürgerlichen Individuums. Kollektives Leben mit politischer Arbeit verbinden! Berlin: Oberbaum.

Loick, Daniel 2014: Irgendwie anders. Überlegungen zu Revolution und Exodus, in: Thore Prien (Hg.): Globale Demokratie. Zur politischen Theorie der Multitude. Stuttgart: Franz Steiner Verlag.

Marcuse, Herbert 1969: Versuch über die Befreiung. Frankfurt a. M.: Suhrkamp.

Mouffe, Chantal 2005: Exodus und Stellungskrieg. Die Zukunft radikaler Politik. Wien: Turia + Kant.

Neumann, Arndt 2008: Kleine geile Firmen. Alternativprojekte zwischen Revolte und Management. Hamburg: Nautilus.

Virno, Paolo 2010 [2002]: Exodus. Wien und Berlin: Turia + Kant.

탈주와 유토피아
정찰하기

이 자 벨 프 레 모

복면한 토착 농민군이 멕시코 남부 치아파스 주의 7개 도시로 진입하여 "Ya basta!"(이제 다 됐어!)를 외쳤던 때가 20년 전이다. 공유재산에 조종을 울리는 자유무역협정 NAFTA가 멕시코, 캐나다, 미국 사이에 체결되었다. NAFTA가 발효하자, 1910년의 농업개혁을 위해 싸운 혁명가의 이름을 딴 사파타주의자들은 신자유주의에 대한 공격을 개시했다. 신자유주의가 그들을 완전히 비참한 신세로 내몰았으며, 전 세계에 저항을 일으켰다는 것이었다.

사파타주의자들에 대해 알게 된 것이 내게는 진정 계시였다. 그들 덕분에 저 멀리 원시림 속에서 불현듯 다시 희망이 싹텄다. 마침내 "권력을 움켜쥐려" 들지 않으면서도 혁명을 다시 꿈꿀 수 있게 되었다. 마야 문명의 우주에서, 또한 비판적·탈근대적 이론에서 제공하는 먼지 하나 없고 시적이며 재치 있는 언어로, 혁명에 대해 드디어 말할 수 있게 되었다. 드디어 일반성과 특수성에 **동시에** 발을 디딜 수 있게 되었다. 공동체와 개인에, 또 지구적 차원과 현장 차원에 동시에 발을 디딜 수 있다. 자본주의 너머의 삶이 가능할 뿐만 아니라, 바로 여기서 지금 곧장 그것을 이룰 수 있다고 생각하게 되었다.

오늘날 사파티주의자들은 치아파스 주의 1/3을 손에 넣었다. 5개의 자율적 지구로 나뉜 그곳에서 주민들은 자신들의 교육, 의료, 사법 시설 및 생산 공동체를 일구었다. 그리하여 단순하고 뒤집을 수 없는 원칙에 근거하여, 새로 살려낸 지역경제를 운영한다. "민중이 결정하고 정부는 따른다." 정부 스스로가 공동체와 자율행정의 원칙을 따르고, 순번에 따라 정권을 이양하며, 필요하면 정부를 소환할 수 있다.

물론 사파티주의의 카라콜(caracoles)이[1] 지상낙원은 아니다. 이미 오랜 세월에 걸쳐 자본주의가 필요 이상으로 우리에게 강요한 난관과 궁핍에 대한 해답을 단 20년 만에 양보 없는 군사적·이데올로기적 지배를 통해 제공하는, 그런 지상낙원은 아니다. 그것은 오히려 실험이다. 또 다른 대안이 없고, 자본주의가 너무 막강하여 그로부터 벗어나려는 어떤 시도도 결국은 실패하거나 수렴될 뿐이라고 지치지도 않고 주장하는 사람들에게 손가락을 내밀어 욕을 하는 것이다. 그 실험과 욕설 덕분에, 오늘날 다르게 살고, 다르게 생각하고, 다르게 생산하고, 다르게 결정하고, 다르게 조직하는 일이 예전처럼 그렇게 불가능하다고만은 생각되지 않는다. 대안이 없다고 주장하는 사람들이 여전히 존재함에도 말이다.

바로 이 점이 신자유주의 프로젝트가 가져온 최고의 승리이다. 데이

1 "좋은 정부 위원회"의 지도를 받는 각각의 자율적 코뮨을 말한다.

비드 그레이버(David Graber)가 짧은 논문에서 훌륭하게 설명했듯이 신자유주의는 역설적이다. 신자유주의는 경제의 절대명령을 다른 종류의 사고에까지 전부 강요한다. 또 정치란 단지 시장의 마법 실현을 위해 유리한 조건을 창출하는 수단일 뿐이라고 주장한다. 그러나 그 와중에 경제 자체는 실패하기 때문에, 신자유주의는 역설적이다. 신자유주의를 추구한 모든 나라에서 지난 30년간 이룬 경제적 성과는 형편없다. 중간 수준일 뿐이다. 그러나 신자유주의를 **정치적** 기획이라고 생각하면, 그것의 막대한 영향력을 증명할 수 있다. "다보스 포럼이나 G20 정상회의에서 규칙적으로 모임을 가진 정치가, 최고경영자, 관료 등이 대부분의 사람들의 욕구에 부응하는 세계적 규모의 자본주의를 창출하는 데는 한심하기 짝이 없는 성과를 냈음에도 불구하고 (…), 그들은 자본주의—다름이 아니라 영락없이 준봉건적인 오늘날의 금융자본주의—가 유일하게 작동 가능한 체제라고 세계를 설득하는 데는 성공했다."(Graeber 2013) 그레이버에 의하면 이러한 곡예가 가능했던 것은, 지난 수십 년 동안 권력자들이 저항 세력에게 무엇보다도 자괴감, 혹은 모든 형태의 정치 참여가 무용지물이라는 감정을 심어주었기 때문이다. 사회운동을 미연에 방지하는 이러한 태도에 힘입어서, 권력자들은 "어떤 대안 또는 대안을 제시하는 사람도 결코 성공할 수 없다는 생각"을 확고하게 퍼뜨렸다.[2] 직접적으로 저항을 막기 위해서뿐만 아니라 무엇보다도 불안, 무기력, 희망 없음의 일반적 분위기를 창출하기 위해서, 감시와 안

2 이어서 그레이버는 상대적으로 소규모인 집단들이 2002년 워싱턴의 IMF 정상회의를 어떻게 막았는지에 대해 보고한다. 대규모의 경찰력 출동 때문에 정상회의를 막는 것이 사실상 불가능했고, 많은 사람들이 의기소침해졌다. 그러나 이후 실제로 대부분의 회합이 취소되었다. "다시 말해서, 국가는 IMF 회합을 개최하는 것보다 시위자들이 실패의식 속에서 후퇴하는 것이 더 중요하다고 결정했다."(위의 글)

보의 거대한 기간시설이나 전무후무한 선전기관들이 갖춰졌다.

그러나 실망과 체념을 낳는 이러한 지배적 담론 뒤에서, 소비 욕망과 엄격한 시간지배의 이면에서, 삶을 앞세우는 대안에 대한 실험들이 추진되었다. 신자유주의적 선전에 분개하거나 또는 이 현실 유토피아[사파타주의를 말함—옮긴이]가 우리에게 일깨워준 희망에 부풀어서, 2007년 나와 내 인생의 동반자는 용감하게 탈자본주의적 삶을 선택한 사람들과의 만남을 알리기 위해 용기를 냈다. 그 실험을 알리고 그 실험의 역사, 사회, 문화, 정치적 맥락을 서구의 청중들에게 쉽게 이해시키기 위해서, 우리는 7개월이나 유럽을 돌아다녔다. 거대한 사파타주의 혁명이 전례 없는 영감의 원천이 되기는 했으나, 그 출발 상황이 우리 유럽인들의 일상적 조건들과 매우 달랐고, 그래서 그로부터 곧바로 교훈을 도출하기가 쉽지 않았기 때문이다. 이 여행을 통해 우리는 탈권위주의적으로 조직된 11개의 프로젝트를 접했고, 그에 기초하여 『유토피아로 통하는 오솔길』이라는 제목의 책과 영화를 만들었다(Fremeaux & Jordan 2012). 그 내용은 각각의 공동체에서 발견한 삶과 실천, 역사에 대한 것이다. 또 그에 대한 분석도 들어 있다. 영화는 다큐멘터리 픽션으로 우리의 여행 중에 촬영했다. 그것은 파괴적인 가상적 미래를 그린 시적인 로드무비다.

여기서 우리는 결코 보편적 모델이나 완벽한 미래를 찾고자 하지 않았다. 오히려 우리 사회의 균열을 연구하여, "자본주의임에도 불구하고" 삶이 어떤 모습을 보여줄 수 있는지 이해하고자 했다. 우리가 발견한 것은 "타르낙 코뮨의 친구들"이 공개서한에서 짤막하게 묘사한 바와 일치한다. "여기저기서 사람들은 다른 종류의 조직과 삶, 다른 종류의 인간관계 및 지역과의 관계들을 찾아가며 실험해본다. 모두가 달아난다.

그러나 그것은 침몰하는 배에서 도망치는 쥐와는 다른 양상이다. 일반적인 재난에 임해 무언가를 찾는 양상이다. 여기서 그들이 지배적 경제 체계를 대신할 '대안'만 찾는 거라고 보면, 그것은 오해다. 상황은 훨씬 더 심각한데, 특히 정치적 의미에서 그렇다. '대안'이 아니라 오히려 투쟁이 중요하기 때문이다. 그 투쟁의 한편에는 거대도시 안에서 세계경제의 장치를 조종하는 소수에게 유리하게 폭력적으로 재구축되는 사회 질서가 있다. 그 다른 한편에는 그 질서와 모순을 일으키거나 또는 그 외부에 존재하는 삶의 형태가 있다. 따라서 이 양편 사이에서 생겨나는 것은 신자유주의의 황무지 한가운데 있는 외딴 섬이나 오아시스 또는 실존적 피난처가 아니라 실제 세계이다. 일종의 영토적 응축, 즉 에너지, 생각, 수단, 삶이 영토적으로 응축된 것이다. 이 영토적 응축이 도망가는 모든 것, 탈주하는 모든 것, 허무주의의 지배로부터 벗어나는 모든 것을 자석처럼 끌어당긴다."[3]

우리 친구 올리는 '2007 기후행동 캠프' 개회식에서 위와 동일한 내용을 이야기했다. 2007 기후행동 캠프는 환경보호론자들이 자율적으로 운영하는 저항 캠프인데, 히드로 공항으로 가는 세 번째 활주로가 건설될 예정이었던 부지에 불법적으로 세워졌다. 수백 명의 활동가들이 한밤중에 경찰 코앞에서 설치한 천막 안에서 올리는 말했다. "기후행동 캠프는 네 가지의 중요한 차원을 갖는다. 첫째, 우리는 사회운동의 필요성을 잘 인식하고 있다. 둘째, 우리는 자본주의적 성장경제를 비판하며 그에 대해 투쟁한다. 셋째, 다국적 기업들이 기후 문제를 독점했고, 그들의 권력과 목소리가 미디어를 장악하고 있음을 우리는 잘 안다. 보

3 「타르낙의 호소」는 www.oeuvresouvertes.net/spip.php?article2148을 참조.

통사람들인 우리가 그 문제에 대한 논쟁과 해결책을 다시 선점해야 한다. 그리고 마지막으로, 우리가 여기에 있다. 우리는 목청껏 외쳐서 모든 신문의 기사거리가 된다. 결국 차이를 만들어내는 것은 우리의 열정이기 때문이다."[4] 올리는 우리가 "이 경제체제에 동의하고 또 거기에 참여하기를 그만두어야" 한다고 촉구했다. 그는 "한 가지만 할 수 있는 것이 아니다. 우리 모두는 이 체제 속에서 우리 자신이 수행하는 역할에 대해 연구하고, **우리가 어떻게 여기서 탈피할지, 그것도 가장 신속하게 탈피할 방법이 무엇인지**에 대해 물어야 한다"고 강조했다.

우리는 우리 여행의 첫 방문지로 일부러 기후행동 캠프를 선택했다. 1년 넘게 우리는 수백 명의 친구들과 함께 이 조직에 몰두했다. 권위 있는 연구들에서 온실가스 감소의 중요성을 강조함에도 불구하고, 정부와 영국항공당국(BAA)은[5] 유럽 최대의 공항을 증축하고자 거침없는 행보를 보였다. 이에 그 친구들 역시 우리처럼 분개하고 있었다. 캠프에서 지내는 한 주 동안, 2천 명의 참석자들에게 일상적으로 나타났으며 또 준비모임에서도 돋보인 평등한 조직 과정이 우리를 감동시켰다. 또한 캠프를 일종의 생태시범마을로 만들려는 노력들 역시 우리 마음에 쏙 들었다. 그 캠프 부지에서 사용된 전기는 참가자들이 직접 시공한 태양광 장치와 풍력 장치를 통해 현지에서 생산되었다. 화장실에서는 물을 사용하지 않았고, 그곳에서 발생하는 생물 쓰레기들은 음식찌꺼기와 함께 그 동네의 유기농 농민들에게 전달되었다. 가축사육이 온실가스 배출의 주범이기 때문에, 거기서는 육류를 뺀 채식 요리를 먹었다.

4 영화 〈유토피아로 통하는 오솔길〉에서 인용.

5 영국 최대의 공항 7군데(런던 개트윅 공항 제외) 및 세계 여타 공항의 소유자이자 운영자를 말함. 2006년 이래 이 회사는 스페인 철도 콘체른들이 주도하는 컨소시엄에 속해 있다.

그러나 캠프에 참여한 모든 사람들이 밝힌 바에 의하면, 무엇보다 중요한 목적은 직접 행동이다. 세 번째 활주로로 건설될 예정인 이 부지에 캠프를 설치하는 것이나 시민불복종을 위한 행동의 날을 결의하고 조직하는 것이 바로 직접 행동이었다. 캠프 마지막 날에는 실제로 수백의 사람들이 영국항공당국의 본점을 봉쇄했고, 같은 시간 다른 곳에서 분산적으로 일어난 행동들은 수십 명의 다른 참여자들에 의해 조직되었다. 그것은 개인 비행기 이착륙장을 봉쇄하거나, 배출권 거래가 터무니없다고 비난하는 등의 행동이었다. 기후행동 캠프에서는 이와 같이 대안과 저항을 함께 배합했는데, 그를 통해 우리는 이 캠프가 왜 매우 유망한 탈자본주의 전략의 핵심을 보여주는지 알 수 있었다. 사실 거기서 우리가 볼 수 있었던 것은, 매우 민주적이고 급진적인 생태사회를 향한 작은 첫걸음만이 아니었다. 오히려 거기서 우리는 자본주의에 대한 대안 제시만으로는 충분치 않다는 기본적 확신을 얻었다. 이 자멸적인 기계 앞에서 열정적 반대를 통해 그 기계에 저항하는 것도 필요하다.

새로운 사회를 제시하려는 사람들, 그리고 낡은 체제와 싸우려는 사람들 사이에는 간극이 존재한다. 이 간극으로 인해서 지난 세기 동안 좌파의 정치적 경관이 황폐해졌다. 이미 마르크스는 19세기의 공상적 사회주의자들이 "허공에 누각을 세워서" 계급투쟁을 질식시키려 한다고 비난한 바 있다. 노동자는 일단 투쟁부터 하고, 유토피아는 나중 문제라는 것이다. 1960년대의 저항문화가 남겨준 것은, 사회에서 한 발 뒤로 물러나 지금 당장 유토피아의 섬나라를 세우면 충분하다는 것이었다. 이렇게 그려진 유토피아는 대부분 투쟁이 없는 세상이었다. 그 속에서 인간은 마침내 평온하고 조화롭게 욕구를 해결한다는 것이다. 한 무리의 천사와 함께 새로운 예루살렘이 하늘에서 땅으로 내려오고, 죽도록 일하지 않아도 되는 게으름뱅이 나라에서 살 수 있다는 생각에 매료된 농부들이 기뻐서 하늘로 뛰어오른다.

이 유토피아에는 애초부터 갈등이란 존재하지 않는다. 신좌파와 함께 투쟁 속에서 저항을 계속하며 공적 정치문화의 선두를 지키느라 완전히 지쳐버린 사람들이 60년대에 많은 코뮨을 건설했다. 이들은 최루가스와 몽둥이질에서 벗어나, 소규모 연결망을 만들며 일상의 급진 정치를 추구했다. 그러나 이렇게 고립됨으로써, 그들의 비판적 급진성은 사라졌고 많은 코뮨이 와해되었다. 그 폐허에서—특히 미국에서—80년대의 **사이버문화**가 생겨났다. 많은 코뮨 거주자들은 그들이 한때 주장했던 해방적 가치들이 신경제의 유연성으로 흘러가도록 방치했다. 과거의 여러 히피와 평화주의자들이, 25년 전에는 투쟁의 대상이었던 바로 그 군산복합체와 공통의 이해관계를 형성했다.

60년대의 전략들 자체가 다 문제는 아니다. 그 전략들이 서로 분리되면서, 즉 창조와 회피가 갑자기 서로 이질적인 문화들로 분리되면서 문제가 시작되었다. 60년대에 성공적으로 대안적 생활양식을 제공하며 **동시에** 급진적 저항을 수행했던 소수의 운동들은 지독한 억압의 표적이 되었다. 미국의 '검은 표범'(Black Panthers)이 최상의 사례이자 동시에 가장 비극적인 사례이다. 검은 표범이 무장 세력이 되어 자신들의 공동체를 방어하며 그 속에서 무상으로 식사와 의류를 제공했을 때, 또 알콜이나 약물 중독 치료시설과 무상 학교, 응급의료시설, 병원들을 제공했을 때, 미국 연방수사국(FBI)은 "미국 내의 안전을 위협하는 가장 위험한 세력"으로 검은 표범을 지목했다. 미국 연방수사국의 대파괴자정보활동(COINTELPRO)은 그 집단에 침입하여 그 집단을 성공적으로 파괴시켰다. 대부분 20세 미만이었던 활동가 24명이 6년 동안 경찰에 의해 살해되었다. 비밀경찰(CIA)에 의해 게토에 마약이 유포되었고, 미국 흑인의 급진 해방과 자율행정에 대한 꿈은 모두 산산조각이 났다. 검은 표범처럼 정당하고 건강하며 덜 파괴적인 세계를 위해 그 기초를 세우려는 사람들에게, 그때나 지금이나 이와 같은 억압의 위험이 도사리고 있다.

앞서 인용한 타르낙의 사람들 역시 당국이 자신들에 대해 가공할 공포심을 갖고 있음을 실감한 바 있다. 수년 동안 프랑스 사회운동에 참여해 여러 건의 "전복적" 이론문건을 작성한 적이 있는 젊은 급진주의자들이, '천 마리 소들의 고원'이라는 썩 잘 어울리는 이름을 가진 프랑스 중부의 어느 조그마한 시골에 정착했다. 그들은 농장을 짓고, 술집과 식료품 가게를 열고, 지역 노인들을 위해 이동식 음식점포를 운영했다. 뿐만 아니라 그들은 "시작되는 봉기"(보이지 않는 위원회 2010)라는 문건을 만든 죄로 피소되었다. 2008년 11월 11일 이른 아침에 그들 중 9명이 복면한 경찰에 의해 집에서 체포되었다. 죄목은 (증거는 없었으나) 철도운행을 방해했다는 것이었다. 해당 노선에서 기차 운행이 1~2시간 지연되었다고 한다. 그들이 피소된 이유는 "테러집단 결성"이었다. 그러나 타르낙의 젊은이 9명이 실제로 저지른 일은, 명백히 정치적인 의도를 갖고 그 동네에 정착해서 유럽 전체의 사회운동과 지속적 연결 관계를 맺고 있었다는 것이다. 유럽 전역에서 당국은 이처럼 '시작되는 봉기'에 대비하여, 그레이버가 묘사한 불안과 마비의 기운을 퍼뜨리기 위해 점점 더 많은 조치들을 취한다.[6]

6 그리하여 스페인에서는 허가되지 않은 폭력적 시위에 대해 60만 유로까지 벌금을 부과하는 법률안이 의회 양원 안팎에서 발의되어 있다. 스페인을 "모독하는" 복면이나 구호를 사용할 경우, 3만 유로까지 벌금을 부과할 수 있다.

그럼에도 불구하고, 타르낙 사람들의 표현을 빌리면 "모두들 도망간다." 모든 불안에도 불구하고 다른 가능성에 대한 요구가 종종 승리하기 때문이다. 그리하여 히드로 증축에 반대한 기후행동 캠프는 프랑스의 노트르담 공항 프로젝트에 반대하는 유사한 움직임에 영감을 주었다. 노트르담 공항 프로젝트에 대한 반대 움직임은 현재 "강제적이며 무의미한 대공사"[7]에 반대하는, 유럽에서 가장 중요하고 가장 관심을 모으는 투쟁이 되었다. 2차 대전 이후 경제성장 및 저유가 시대의 산물인 공항 프로젝트는 1973년 석유위기를 계기로 동결되었다. 당시에도 이미 그 지역의 수많은 농민들이 건설 프로젝트에 불만을 표출하고, 경작지 파괴에 공동으로 대처하기 위해 힘을 모으기 시작했다. 선의를 표방하지만 그 뒤에 악의가 숨겨진 경우가 종종 있다. 2천 헥타르의 습지와 경작지를 콘크리트로 뒤덮으려는 계획이 있었기 때문에, 어쨌든 그 땅들은 경작지 정리에서 제외되었다. 말하자면 항공 산업의 건설 프로젝트가 농경 산업 프로젝트를 의도치 않게 막는 방파제가 된 것이다. 그러나 2000년에 프랑스 "좌파" 정부는 이 사업의 동결을 해제했다. 다시 저항이 형성되었고, 2009년에 "저항적 주민들"의 반격으로—캠프의 공식일정 이후에도 그곳에 계속 남은 수백 명의 사람들에 의해 "방어부지(ZAD)"라는 더 적합한 이름을 얻은 공사부지(ZAD)의 한가운데에—기후행동 캠프가 조직되었다. "공항과 공항의 세상에 반대한다"는 그들의 구호는, 근본적으로 다른 가치를 추구하는 사회 모델이 필요함을 말해준다. 바로 그 이유에서, 참여자들이 직접 만든 창조적 재활용의 걸작인 캠프에서 많은 남녀가 그토록 열심히 일한 것이다.

7 www.mouvements.info/Carte-des-grands-projets-inutiles.html과 비교.

경찰의 지독히 폭력적인 공격으로 천막이 부서지는 와중에도 불법 천막을 계속 세우기 위해서, 지난겨울에는 결국 4만 이상의 사람들이 그 부지에 모여들었다. 이 사실은 그 부지에서의 실험이 회피와 가능성의 배합 속에서 사람들의 집합적 소망과 상상을 재료로 삼은 것임을 보여준다.

흔히 나오는 냉소적 주장과 달리, 60, 70년대의 모든 실험들이 다 끝장나거나 밀려난 것은 아니다. 그리하여 프랑스의 롱고 마이 조합이나 덴마크의 크리스티아니아 마을은 여전히 건재하다. 그것들이 왜 생겨났고 또 무엇에 대항하려는 것인지에 대해서, 사람들은 여전히 잊지 않았다.

크리스티아니아에 거주하는 1천 명의 사람들은 코펜하겐 도심에 위치한 34헥타르의 부지를 40년 넘게 점령하고 있었다. 이후 복잡한 법적·재정적 규정이 마련되어, 문서위조 없이도 그들은 그 부지를 팔거나 장기적으로 실험을 계속할 수 있게 되었다. 그렇게 해서 과거에는 병영이었던 곳이 주민들에 의해 자율적으로 운영되는 자유도시 크리스티아니아가 되었다. 아니, 투쟁적인 우편담당관 라스무스의 말을 빌리면 "우리는 우리가 결정할 수 있을 때만 덴마크의 법을 따른다." 쓰레기 처리, 도로 관리, 우편업무, 의료 서비스와 같은 공공업무들 대부분이 주민들 스스로에 의해 조직되었고, 사적 소유라는 사고방식은 아예 사라졌다. 공동체는 재화의 공동 사용 원칙을 표방하고 모든 형태의 부동산 거래를 금지했다. 개인은 건물을 일절 매입할 수 없고, 건물 관리는 공동체의 몫이다. 아무리 한 곳에 오래 거주한 사람이라도, 이사를 나갈 때 금전적 요구를 하거나 다음 입주자를 선정하는 등의 권리는 갖지 못한다. 크리스티아니아에서 모든 중요한 일이 그렇게 결정되듯이, 다음 입주자에 대해 권한을 갖지 못한다는 조항 역시 주민회의에서 결정한 것이다. 사실 이런 부동산 거래 금지나 "통상적 권리"에서 벗어나는 규칙으로 인해서 덴마크 국가와 심각한 갈등이 야기되기도 했다. 그러나 크리스티아니아에서는 어떤 공격에도 창조성과 정치적 지혜를 동원하여 대처할 줄 알았고, 그로 인해 덴마크 국민들의 공감을 얻을 수 있었다. 변호사와 예술가들이 연합하면 승리는 따 놓은 당상이나 다름없다. 한편에서 주민들은 탄원, 논쟁, 협상, 선거를 방어 전략으로 사용하고, 다른 한편에서는 신문, 음반, 전시, 그림을 통해 정부로부터의 공격에 응수한다. 이렇게 발랄한 집요함으로 인해서, 하시시와 마리화나가 공공연히 거래되는 전설적인 푸셔 거리도 생겨날 수 있었다(경성약물의 판매는 공동체에 의해 금지된다). 뿐만 아니라 크리스티아니아의 샘솟는 삶이 자본주의에 의해 포획되지 않도록, 공동체 자체가 이미 사회에서 배제된 모든 사람들을 위한 상담소의 구실을 한다. 사회복지사인 리스벳에 의하면 크리스티아니아 공동체는 더 큰 개방성과 포용성을, 그리고 사람들은 더 큰 연대감을 보인다. "여기서는 모든 것이 가능해요. 대학 학위나 다른 증명서가 필요치 않아요. 누구든 같은 관심사를 갖는 사람만 찾으면 돼요. 그리고 그런 사람은 언제든지 찾을 수 있죠. 또 누구도 곤경에 빠져 있게 놔두지 않아요. 예컨대 누군가가 아프면 언제나 도울 채비를 갖춘 이웃이나 친구를 만납니다. 제가 아는 한, 크리스티아니아에서는 아무도 몰래 혼자 죽은 사람은 없습니다."

기후행동 캠프와 ZAD 또 크리스티아니아나 타르낙 같은 실험들은 자주 세상 물정 모르는 젊은이들의 생활양식으로 무시되곤 한다. 그러나 사실 이러한 여러 탈주의 장소들은 자본주의 논리에 맞선 사람들에 의해 조직되었다. 이런 식의 싸움을 꼭 하려고 해서가 아니라, 살아남으려다 보니 그런 방향으로 진행되었을 뿐이다.

마리날레다에서 성공적 투쟁의 동력이 되었던 것은 농촌 노동자들의 불행과 곤경이었다. 마리날레다 시장인 후안 마누엘 산체스 고르디요는 말한다. “우리가 경험한 바에 의하면 다른 세상은 가능합니다. 다른 삶을 살 수 있는 다른 사회 말입니다. 그리고 그걸 위해서 우리에게 필요한 것은 정치적 용기와 그런 사회를 위해 싸우자는 요청, 그리고 서로 하나가 되는 것뿐입니다. 우리는 그것이 가능하다는 것을 보여주고 싶었고, 마침내 해냈습니다.”

1년에 1~2달밖에 올리브 수확 일거리를 찾지 못했던 이 땅 한 뙈기 없는 노동자들은, 수년간의 투쟁에서 쓰디쓴 패배를 맛본 후에야 비로소 자신들이 대주주에게 요구한 바를 실현할 수 있었다. 그것은 약간의 땅을 그들이 공동경작 하도록 내달라는 요구였다. 고르디요는 다음과 같이 그 역사를 요약해준다. “우리는 어떻게 실업 신세를 끝낼 수 있을까 자문했습니다. 땅이었습니다. 그런데 누가 땅을 갖고 있나요? 엘 인판타도의 공작입니다. 그가 1만 7천 헥타르 전체의 주인입니다. 그래서 우리는 그의 땅을 점령하기 시작했습니다. 수백 번을 계속했습니다. 우리는 총파업과 단식투쟁을 조직하고, 말라가와 세비야 공항의 활주로를 봉쇄하고, 그의 농기계 앞에 우리 몸을 던졌습니다. 수년 동안 싸운 끝에 땅을 얻었습니다. 오늘날 8개 조합이 함께 경작하는 총 1,200헥타르입니다.” 이 범상치 않은 성공은 세심한 정치의 결과이다. 특히 급진적인 ‘농촌노동자 노동조합’(SOC)이 앞장선 정치의 결과이자, 마리날레다 지역선거에 노동자들이 출마해서 1979년 압도적 다수로 선출되도록 만든 전략의 결과이다. 이들은 현재까지도 다수를 차지하고 있다. 이런 권력 지위를 확보함으로써, 우리 유럽의 “민주주의자들”에게는 적어도 생소한 조치들이 하나둘씩 취해질 수 있었다. 그리하여 지역총회가 마리날레다의 최고의결기관이 되었다. "권력은 결코 중립적일 수 없다고 생각합니다"라고 고르디요는 설명한다. "노동자 수중의 권력은 일종의 '대항권력'이어야 합니다." 이를 위해서는 공동결정이 중요하다. 시민들의 모든 곤경을 보살핀다는 취지에서, 특히 극빈자도 임대료를 감당할 수 있는 거처를 제공하기 위해서, 자치구 의회는 정교한 '스스로 집짓기' 체계를 도입했다. 그것은 전 국가적 위기를 맞아 현장에서 대응하는 방식이었다. 마리날레다에서 월세는 15유로에 불과하다.[8]

현재 주민들의 생활여건은 당연히 나아졌다. 또 배가 부르고 수입도 일정하게 들어오므로, 그들의 투쟁정신이 약화되었다고 생각될 수 있을 것이다. 그러나 많은 젊은이들이 주민회의에 참여하지 않으려는 것이 사실이긴 하나, 안달루시아 마을 주민들은 자신들이 갖고 있던 추진력을 잃지 않았다. 고르디요와 다른 주민들은 국제 언론에 난 기사에 대해 이와 같이 해명했다. 그 기사에서는 지독히도 정의롭지 못한 긴축 정책의 결과를 비난하며 그들이 상점에서 식료품을 쓸어 담는 사건을

8 집을 지을 때 일반적으로 가장 많은 비용이 들어가는 땅이 주민들에게 무료로 제공되었다. 주민들은 건축재료 비용만 지불하면 되었는데, 그중 3만 유로까지 안달루시아 주에서 지원한다. 나머지 금액은 월세 15유로와 자치구 의회의 재정지원으로 충당된다. 자치구 의회는 다른 서비스 비용을 낮춤으로써 그와 같은 재정지원을 할 수 있었다. 여기서 서비스 비용을 낮추기 위해 일자리를 감축하는 방식이 아니라 업무를 공동체의 몫으로 돌리는 방식을 취했다. 자치구의 1년 예산은 지역회의에서 결정되어 자치구 의회의 인가를 받아 결정되었다. 경찰력을 포기함으로써 연간 35만 유로를 절약하고, 도로 관리를 비롯한 여타 유지비용은 "붉은 일요일"을 통해 해결했다. '붉은 일요일'이란 매달 한 번씩 주민들이 자율적으로 모여서 해당 일을 하는 날이다. 함께 집을 지었으므로 매 가족이 최소 평일 400일을 집짓기에 투여했다. 집짓기에 필요한 재주가 없는 사람들을 위해 미장, 소목장 및 여타 필요한 기술 교육이 실시되었다. 그 외에도 많은 젊은이들이 참여할 수 있는 교육 프로그램이 제공되었다. 자기 집을 짓는 데 시간을 낼 수 없는 경우에는 대신 일하는 사람에게 비용을 지불해야 한다.

다루었는데, 그 상점 털이는 가난한 가구에 식료품을 전달하기 위한 것이었다.

마리날레다는 흔히 보이는 경우도 아니지만 그렇다고 유일한 경우 역시 아니다. 신자유주의의 나사가 돌아가며 발생한 궁핍에 저항하는 투쟁 속에서, 자치를 향한 다른 시도들도 생겨났다. 예컨대 세르비아의 즈레냐닌에서 노동자들은 제약산업처럼 복잡한 분야에서 통제권을 넘겨받고 스스로를 조직하는 데에 성공했다. 마리날레다에서처럼 여기서도 이 승리는 유난히 어렵고 긴 투쟁의 결과였다. 그 승리는 전적으로, 포기를 모르는 사람들의 연대와 집요함의 결과였다.

1990년대 세르비아에 신자유주의가 무지막지한 타격을 가했는데, 2001년 IMF는 세르비아 전체 기업의 강제적 사유화를 지시했다. 이후 제약회사인 유고레메디아는 신자유주의의 회오리에 휩쓸렸다.[9] 구 유고슬라비아 기업이라는 특수한 상황이었기 때문에,[10] 사유화는 순탄하게 진행되지 않았다. 사유화로 인해 횡령을 막는 빗장이 풀리고 파산이 빈발했다. 그로 인해 누구보다도 먼저 노동자들이 해고되고 이후 더 낮은 임금으로 재고용된다. 또 기업에 대한 사회의 몫으로서 그들이 누렸던 권리는 소멸되었다. 유고레메디아의 노동자들이 그와 같은 사기에 말려들자, 그들은 사태를 파악하고 변화의 고삐를 단단히 잡았다. 그들이 권리를 찾기 위해서는 3년 넘는 투쟁과 영업정지, 감독관들과의 사투, 단식투쟁이 필요했다. 그들은 사유화를 무효화시켜 자신들의 권리

9 이에 대한 보다 상세한 묘사를 보려면 『유토피아로 통하는 오솔길』을 참조하시오.

10 유고슬라비아의 모든 기업이 국유화된 것은 아니었다. 많은 기업들이 사기업도 국유기업도 아닌 매우 복잡한 구조를 가졌는데, 그것을 "사회적 재산"이라고 불렀다. 기업 내부의 최고 결정기구는 노동자회의였는데, 그것은 모든 사항을 결정하는 데 있어서 당의 지시를 따라야 했다. 특히 경제 계획과 생산량 할당과 관련된 문제에 있어서 그러했다.

를 되찾고, 기업 종사자의 대부분을 다시 불렀다. 그 투쟁을 지휘한 노동조합원을 새로운 사장으로 선출하고, 자율경영을 통해 성공적으로 생산에 다시 돌입했다. "많은 사람들은 우리가 실패할 걸로 예상했다"고 생산관리자는 설명했다. "우리가, '멍청한 노동자가' 공장을, 그것도 고급 기술 산업을, 계속 가동시킬 것이라고는 아무도 생각하지 않았습니다. 그렇지만 결과를 놓고 보면, 수년 동안 '정상적' 소유자들이 했던 것보다 우리가 더 낫습니다. 유고레메디아는 노동자들이 빠르고 효율적으로 자율경영을 할 수 있음을 보여주는 살아 있는 증거예요."

유감스럽게도 몇몇 사람들은 이 성공적인 사례로 인해 새로운 학파라도 형성될까봐 두려워하는 것 같았다. 어려움에 처한 다른 기업들과 비교할 때, 유고레메디아의 노동자들이 유독 연대감을 발휘했기 때문에 더욱 그랬다. 몇 해가 지나도 과거 소유주 측과 정부 측의 공격은 수그러들지 않았고, 그것은 사장과 3명의 관리자를 사기죄로 체포함으로써 극에 달했다. 기업은 너무나 어려운 시험에 들었다. 이후 생산이 멈추었고, 2012년 이래 파산상태이다. 그러나 사실 사파타주의자 대변인인 마르코스 부사령관이 언젠가 무척 시적으로 표현했던 것처럼, "투쟁은 동그라미와 같다. 어디서나 시작할 수 있지만, 결코 멈추지 않는다."

물론 이런 소규모의 시도들이 자본주의에 대한 대안이라고는 할 수 없다. 그러나 위기의 시대에 우리는 영감을 받고 교훈을 추출하여 저항의 힘을 기르기 위해서, 이런 소규모의 시도들에 주목해야 한다. 개인적 이익 대신 공유재산, 경쟁 대신 상호 도움이라는 가치를 통해서, 그와 같은 시도들은 변화를 요구할 뿐만 아니라 직접 만들어낸다. 경우에 따라 그와 같은 세계는 두 세대에 걸친 크리스티아니아처럼 현존하기도 하고, 또 2013년 터키의 봉기처럼 한 달 동안 타오르는 불꽃이 되기도 한다.

완전하지도 않고 또 종종 어려운 과정이지만, 이 조용한 탈주의 형태는 세계를 새롭게 창조하는 실험실이자 작업실이다. 그것은 현재 체제의 숙명이 가리키는 방향을 거스를 방법이 모색되는 장소이다. 고고학자 로널드 라이트에 의하면 "깊숙이 자리 잡은 신념과 활동에 맞춰진, 현재를 팔아 미래를 강탈하는, 부와 명성의 방탕함 속에서 자연 자본의 마지막 한 방울까지 창밖으로 내던지는"(Wright 2004) 추락하는 제국의 특성을 뛰어넘어, 우리 문화를 새롭게 기획하는 삶의 양식들이 실험되는 장소이다.

이런 실험의 대부분이 "권력계승"을 위해 애쓰기보다는 국가구조에서 이탈하고, 그렇기 때문에 민주주의 의사형성의 핵심 장소를 포기할 위험을 안고 있다는 견해가 심심치 않게 나온다. 그러나 제롬 루스(Roos 2013)가 우리에게 상기시켜 주듯이, 역사를 살짝만 되돌아봐도 지난 20년간 "권력을 잡은 그 어떤 혁명정당도 그 권력으로 자본주의와는 다른 어떤 것을 세우는 데 성공하지 못했다." 볼리비아에서 도덕적인 것을 약속했음에도 불구하고, 브라질에는 호세프가, 니카라과에는 산디니스트가 있었음에도 불구하고, 혁명정당은 지구화된 신자유주의 사고의 요구에서 벗어나지 못했다. 그러나 오히려 풀뿌리의 시도들 속에서, 우리는 집합적이고 진정으로 참여적인 결정 과정들이 얼마나 진지하게 진행되는지를 관찰할 수 있다.

그 외에도, 이런 여러 프로젝트들이 너무 소규모여서, 편재하는 자본주의의 거대하고 탐욕스러운 체제에 대항할 수 없다고 비난하는 사람들도 많다. 그들에 의하면, 자본주의가 파괴된 후에야 비로소 우리는 소외의 패러다임에서 벗어날 수 있다. 그러나 이것은 복잡한 체계의 기능

방식에 대한 이해부족에서 기인하는 관점이다. 복잡한 체계를 이론적으로 분석한 도넬라 메도우즈는 그녀의 논문 "Leverage Points: Places To Intervene in an System"(Meadows 1999)에서, 복잡한 체계에서는 선형적 인과관계를 찾기가 어렵다고 설명한다. 그 대신 수많은 지점들이 있어서, 거기서 일어나는 "어딘가의 작은 변화가 전체의 거대한 변화를 야기할 수 있다"고 한다. 모두 12개의 그와 같은 지점들을 그녀는 나열하는데, 그중에서도 특히 다음의 세 가지가 가장 중요하다. 체계의 목적 설정, 그것의 개념적 패러다임, 그리고 무엇보다도 이 패러다임을 극복할 수 있는 우리의 능력이다. 어느 누구도 아랍의 봄이나 1980년대 동유럽의 급격한 체제전환을 예상하지 못했다. 전체 동유럽권이 붕괴해서야 비로소 그것을 알 수 있었다. 대부분의 전문가들은 갈등세력들이나 국가에 대항하는 저항운동에 대해서는 연구했으나, 매도우즈가 강조한 것은 간과했다. 즉 최고의 권력은 변화의지에 있다는 사실을 간과했다.

제롬 루스(Roos 2013)의 표현을 빌리면, 혁명은 "틈새에서 발생하는 지속적인 사회적 투쟁 과정이다. (…) 우리가 전혀 실험해보지 않거나 생각해보지 않은 어떤 새로운 것이 필요하다는 오류에 빠지지 말아야 한다. 아직 실현되지 않은 가능성을 실현하는 데에, 즉 이미 존재하는 대안을 확대하는 데에 우리는 도전해야 한다." 동시에 이 모든 실험들은 우리가 계속 짜는 대안들의 그물망을 만들고, 또 새로운 가능성을 위한 풍요로운 토양을 만든다.

근본적인 변화를 가져오는 과정을 묘사하기 위해 루스는 다음과 같이 아름다운 비유를 든다. "자본주의의 질풍 속에서 혁명의 파도가 높아지면, 우리는 조수와 평상시 물결의 느린 움직임을 잊어버릴 수 있다. 물 전체의 움직임에 주목해야 한다고 생각하는 대신에, 우리는 파도를 혁명이라고 생각하는 오류에 빠진다. 혁명의 파도란, 물속에 이미 존재했던 어떤 가능성이 물질적으로 표현된 것에 지나지 않는다. 단순한 파도가 자본주의 국가의 근본을 파괴할 수 있다. 그러나 그것은 조류와 물결과 다른 파도들이 긴 시간에 걸쳐서 그것을 부수었기 때문에 가능한 것이다."(앞의 글)

이런 잔잔한 물결이 되려는 희망으로, 나와 존은 우리의 런던 생활과 오랜 친구들, 우리가 만든 관계들, 나의 대학 강사자리, 우리의 일상 전체를 떠나서 브르타뉴 주의 시골에서 집단적 삶을 구성하기로 했다. 우리의 목적은 함께하는 삶을 새로 배우고, 신뢰와 공동노동에 근거하여 새로운 관계를 만들고, 특히 생태적 채소농사를 통해 (더 나아가 녹색 자본주의의 모든 변덕스런 모습이 제공하는) 지속가능한 삶을 시작하고, 창조적 노동과 기술혁신을 위한 자율적 작업실을 만들고, 이동식 채식식당을 만드는 등의 일을 지속적으로 해나가는 것이다. 그런 일에 '네'라고 말하는 것이다. 그러나 우리는 '아니오'라고도 말하려고 한다. 스스로가 위협당하는 것 같아서 점점 더 공격성을 드러내는 체제의 지속적인 공격에, 우리는 그렇게 저항할 것이다. 우리는 현장의 투쟁에 그리고 전국적 투쟁에 (특히 우리에게 이웃한 ZAD에) 참여할 것이다. 그리고 **공동실험실**을 만들 것이다. 말하자면 공동노동을 위한 실험실, 교육기관을 세울 것이다. 그래서 창의적인 저항의 형태들을 개발할 것이다.

이런 잔잔한 물결을 타고 우리가 어디로 가는지 누가 알겠는가? 체제가 우리의 생태계를 몰살하기 전에 체제 파괴에 필요한 조류 속에 우리가 함께 흐르고 있는지, 그것을 누가 알겠는가? 내가 아는 모든 것은, 대세에 영합하지 않고 의존성의 고리를 끊어온 사람들, 도망가지 않고 싸우려는 용기를 가진 사람들과 나는 결국 삶을 함께 보내리라는 것이다. 아니면 사파티주의자들의 말을 빌려서, "헤쳐 가며 길을 만드는" 사람들과 함께 내 인생을 보내리라는 것이다.

번역_홍찬숙

참고문헌

Fremeaux, Isabelle und John Jordan 2012: Pfade durch Utopia. Hamburg: Nautilus.

Graeber, David 2013: A Practical Utopian's Guide to the Coming Collapse, in: The Baffler. The journal that blunts the cutting edge 22. www.thebaffler.com/past/practical_utopians_guide.

Meadows, Donella 1999: Leverage Points: Places to Intervene in a System. Hartland: Sustainability Institute.

Roos, Jérôme 2013: Autonomy. An Idea Whose Time Has Come, in: ROAR Magazine. Reflections on a Revolution, Juni. roarmag.org/2013/06/autonomyrevolution-movements-democracy-capitalism/.

Wright, Ronald 2004: A Short History of Progress. Toronto: Anansi.

마지막 탈출

위기의 그리스와 연대경제의 활황

마르가리타 초모우

우리가 가장 최근에 대안경제와 연대경제, 대안적이고 연대적인 생활방식의 잠재력에 대해 논쟁했던 것은 아래로부터의 세계화를 위한 초국적 운동의 물결이 한창이던 2000년대 초반이었다. 하트와 네그리의 『제국』에 영감을 받아 우리는 철학적인 견지에서, 하지만 또한 전략적인 견지에서 엑소더스 개념에 대해 토론했다. 국가[권력]의 장악을 둘러싼 적대적 투쟁이라는 관점을 취했던 고전적 사회주의 전통과 달리, 엑소더스 관점은 새로운 삶의 형식들을 건설하기 위해 기존 관계들의 구속을 파열시키며 터져 나오는 관계, 자본관계에 포섭되지 않는 관계를 약속했다(Hardt/Negri 2002 [2000]). 족히 10년은 지난 오늘날 우리는 위기의 그리스에서 사람들이 엑소더스 개념으로 파악할 수 있는 그런 전략들이 실천적으로 적용되면 어떤 모습일지를 목도하고 있다. 트로이카가 충격요법을 강제하고 사회국가가 공동(空洞)화를 겪고 중간

계층 및 하위계층 다수가 급격히 가난해지고 그와 더불어 익숙했던 것들이 해체를 겪은 결과, 위기가 시작된 이래 그리고 2011년 여름 "분노한 사람들" 운동[1]을 통해 신타그마(Syntagma) 광장[2]이 점령된 이후 더욱 강화되어, 대안적이고 민주적인 경제를 건설하려는 풀뿌리에 기반한 연대단체들이 인상적으로 활황을 맞이하고 있는 것을 관찰할 수 있다. 이 실천들을 사례로 하여 나는 위기에 의해 변화된 맥락 속에서 [2000년대 초반의] 엑소더스 전략에 대한 사유와 이 전략을 따르는 행동이 여러모로 변화되었다는 점을 보여주고자 한다.

긴급함과 엑소더스

"자주관리되는 음악원(Konservatorium)은 연주를 배우고 싶지만 경제상황 때문에 사설음악 학원이나 사설음악 강사에게 돈을 지불할 수 없는 모든 사람들에게 열려 있다. 이렇게 자주관리되는 음악학교는 소수 특권자들의 박애적 제스처가 아니라 집단적이고 연대적으로 행위하려는 필요의 표현이자, 시장의 법칙에 기반하지 않는 서비스를 돈을 받지 않고 제공하는 조직이다. 이런 음악학원은 이에 상응하는 다른 기획들과 유사하며, 이런 폭넓은 공동체 속에 그리고 우리의 삶을 비참하게 만드는 것에 반대하는 저항운동 속에 자리 잡는다. 자주관리되는 음악원에서 결정을 내리는 유일한 기관은 교사들, 성년학생들, 부모들, 그리고

1 [옮긴이] 본래 2011년 스페인에서 긴축정책과 빈부격차에 반대하여 일어난 시위운동. 이후 미국에 상륙한 이 시위는 '반(反)월가 점령 시위'의 기폭제로 작용하였다. 이로부터 탄생한 정당 포데모스(Podemos, '우리는 할 수 있다')가 2014년 유럽의회 선거에서 8%의 득표율로 5석을 확보하면서 국민당과 사회노동당의 양당 체제에 균열을 일으켰다.

2 [옮긴이] 아테네의 국회의사당 맞은편에 있는 대규모 광장.

다른 자원봉사자들의 회합이다. 여기서 발생하는 모든 관계들은 돈을 주고받지 않는 관계이다."[3]

아테네의 자주관리되는 음악원이 보여주는 이러한 자기이해는 최근 밑바닥으로부터 싹튼 연대경제네트워크와 자급네트워크 단체들의 한 예이다. 이렇게 형성된 장(場)은 그 풍부함, 다양함, 엄청난 성장속도에서 매우 이질적이어서 파악이나 분류를 어렵게 한다.

단체들은 법적 형식을 가지지도 않고 제도화된 틀 속에 가두어지지도 않는 작은 혹은 중간 크기의 집단들이 이루는 비공식적인 연합체들에서부터 위기 속에서 경제적으로도 살아남고자 하는 공익기업 및 조합에까지 이른다. 활동의 장들은 유사하게 분화되어 있다. 스스로 조직된 무료약국, 무료의원, 무료급식소, 문화강습소, 무료언어학원, 무료보습학원이 열렸고, 중개상 없는 시장들, 화폐 없는 시장들(Umsonst-Märkte),[4] 재활용의류나눔터가 조직되고, 시간은행(Zeitbanken),[5] 대안화폐(alternative Währungen)[6] 혹은 이웃 간의 네트워크들이 건립되었고 자주관리되는 기업들이 만들어졌다. 대안경제협동조합 시날로이스(Synallois)[7]의 일원이자 저술가인 치오가스(Ziogas)는 풀란차스 연구소의 최근 발행자료에서 이런 전개상황을 다음과 같이 요약한다. "우리는 시장과 국가 저편에서 전개되는 조직화된 경제적 실천들의 역동적인 활

3 http://awdeion.blogspot.gr/p/blog-page.html 참조. 모든 그리스어에서의 인용과 참고문헌은 저자에 의해 번역되었다.

4 [옮긴이] 다른 사람이 사용할 수 있는 무엇인가를 가져오고 자신이 필요한 무엇인가를 가져갈 수 있는 시장. 단순히 돈을 절약한다는 의미뿐만 아니라 소비자본주의 및 쉽게 버리는 사회풍조에 저항하는 의미도 가지고 있다. 자선이나 물물교환과는 구별되는데, 단지 무언가를 주기만 하는 것이 아니라 받기도 한다는 점에서 자선과 구별되고, 어떤 물건을 새로 얻게 된 사람이 반드시 같은 가치를 갖는 다른 물건을 내놓을 필요가 없다는 점에서 물물교환과 다르다.

황을 목도하고 있는 증인들이다."(Ziogas 2014)

이는 좌파 활동가들에겐 마치 그저 꿈이었던 것이 실현된 것 같이 들릴지도 모르겠다—한 나라 전체의 수준에서 화폐적 교환관계를 피하거나 새로 규정하고 이제까진 국가에 의해 조직된 사회성과 재생산이 자율적인 조직화에 넘겨지는 엑소더스의 실천들이 연습되고 있으니 말이다. 하지만 현재 그리스에서 진행되고 있는 일들에서 흥미로운 것은, 이 비상구 전략이 "이상적인 유토피아"에 추동되고 있는 게 아니라 사회의 한가운데에서 자라난 것이며 우선적으로 긴급함의 표현이자 결과라는 점이다. "무수히 많은 수의 존재들이 당장 행동해야 한다. 살고 숨쉴 수 있는 공간을 스스로 창출할 수 있어야 하기 때문이다"라고 최근의 상황전개에 대한 최초의 몇몇 출간물에 속하는 텍스트에서 저술가

5 [옮긴이] 일종의 자원봉사 교환 프로그램으로서 돈이 아닌 시간을 교환단위로 기술이나 자원을 거래하고 교환할 수 있는 방식이다. 돈이 아닌 시간을 주고 기술, 지식, 자원을 산다. 통장 주인이 자원봉사를 하면 그 내용이 통장에 기록되고 나중에 봉사가 필요할 때 다른 이들에게서 자기가 봉사한 시간만큼 봉사를 받을 수 있다. 한국의 전통사회에서 두레나 품앗이(exchange of work)처럼 상호부조의 정신에 따라 노동을 교환했던 방식과도 유사하다. 미국의 에드가 칸(Edgar Kahn) 교수는 시간달러(Time Dollar)라는 개념을 만들어내고, 1990년대 후반 스스로 현대적인 의미에서의 시간은행을 만들었다. 이곳에서 통용되는 원칙은 다음과 같은 것들이다. 첫째, 모든 사람을 자산으로 바라본다. 사회적으로 문제를 일으키고 때로 짐이 된다고 생각되는 사람들도 모두 공동체를 위해서 기여할 수 있는 자산이다. 둘째, 모든 일은 종류나 숙련도에 상관없이 들어간 시간에 따라 동일하게 평가된다. 쓰레기를 치우거나, 벽돌담장을 쌓거나, 복잡한 회계업무를 해주는 등 서로 다른 일들도 들어간 시간에 따라서만 평가된다. 약자와 노인을 돌보고 민주주의가 작동하게 하고 사회정의를 위해 싸우는 데 필요한 모든 노동을 다 일에 포함시킨다. 셋째, 시간은행 아이디어에는 일방적인 자선이 아니라 호혜주의(reciprocity) 원칙이 깃들어 있다. 누군가 자신을 도왔다면, 도움 받은 만큼 다른 이를 도와서 그걸 갚으라는 것이다.

6 [옮긴이] 현재의 국가가 중심이 되는 통화 시스템과 직접적으로 관련 없이 특정 집단 내에서만 통용하는 화폐. 대부분의 대안화폐는 지역화폐의 성격을 띤다.

7 [옮긴이] Syn Allois(Συν Αλλοις)라고도 쓴다. "다른 사람들과 함께"라는 의미를 가진 그리스 유기농산물 판매협동조합의 이름이다. 전 세계에서 소규모로 재배된 유기농산물을 취급한다. 한국의 한살림 등의 먹거리협동조합을 떠올려볼 수 있다.

포티스 테르차키스(Fotis Terzakis)는 말하고 있다.[8] 그러한 가운데 적극적 참여자들의 새로운 집단이 조직되고 있고 정치화하고 있다. 물론 이는 바로 고전적인 좌파의 풍경 저편에서 일어나고 있는 일이다.[9] 긴급한 상황에서의 실천들이 가지는 정치적 성격과 조직방식에 대한 물음들, 그것이 사회변화에 대해 가지는 의미에 대한 물음들은 무엇보다도 매일매일의 필요를 충당하는 구조들을 건설하는 가운데 제기되었다.

이런 상황전개로부터 다음의 질문들이 따라 나온다. 위기 속에서 물질적이면서도 정치적·윤리적인 변화를 위한 수단이 되기 위해, 해체된 집단들이 어떻게 [다시] 네트워크를 이룰 수 있을까? 이 집단들은 사회의 공동체화라는 과제에서 얼마나 주인공의 역할을 맡고 있을까, 그리고/아니면 이들은 국가기구의 접수라는 [고전적] 좌파의 정권교체 프로그램을 호위할 뿐인가? 신자유주의가 초래한 생필품 조달의 막다른 골목에서 빠져나오는 탈출구—'마지막 비상구'(Last Exit)—가 되고 있는 이 집단들은 삶을 재구성하기 위한 실험실들이 될 수 있는가, 혹은 이 집단들은 차라리 물품부족경제[10]의 보다 값싼 행정단위가 아닌가?[11]

일상의 재생산을 자주관리하는 일을 엑소더스 개념으로 기술할 수

8 [이와 관련된] 논쟁은 그리스에도 역시 새로운 것이다. 여기서 반복해서 인용되는 저자들은 그리스에서 이 주제에 관한 많지 않은 최초의 출판물들의 저자들이다. 그 밖에도 나는 온라인상의 논문들, RednoteBooK(http://rednotebook.gr)과 풀란차스 연구소(http://poulantzas.gr)의 자료들, 신문기사들, www.solidarity4all.gr/support-articles/Αρθρογραφία의 자료들을 가지고 작업했다.

9 [실업에 따른] 우울증에서 벗어나기 위해 갓 해고된 사람들과 원하는 것보다 적게 일하는 사람들은 스스로 건설한 구조들 속에서 그들의 잠재력을 사용한다. 이를 통해 [해고 등에 의해] 구멍이 숭숭 뚫린 일상에 의미를 부여하고, 자신들 및 사회안전망 아래로 떨어진 사람들을 구제할 공간을 창출한다. 이리하여 그들은 동시에 위기 이전의 시기엔 단지 가족이나 직장만이 제공할 수 있었던 사회성의 장(場)을 창출한다.

있는가라고 물을 수도 있겠지만, 그리스에서 연대네트워크가 가지는 긴급한 성격 때문에 엑소더스의 전략들이 적절한가 아닌가 하는 질문은 더 이상 논쟁의 대상이 아니다—위기 속에서의 변화의 방식을 둘러싼 정치적 협상이 일어나는 영토를 구성하는 것은 차라리 어떻게의 질문들, 즉 엑소더스의 실천을 어떻게 할 것인가의 문제이다.

마지막 탈출: 모두를 위한 연대

글 초두에 인용했던 사회적 음악원의 자기설명에서 우리는 엑소더스

10 [옮긴이] Mangelwirtschaft. 영어로는 shortage economy. 헝가리의 경제학자인 야노스 코르나이(János Kornai)가 그의 논문 "economics of shortage(hiánygazdaság)"(1980)에서 동유럽 공산주의 국가들의 계획경제하에서 진행된 1970년대의 (나아가 1980년대에까지 계속된) 만성적인 물자부족을 비판하기 위해 만든 용어이다. 이 글의 저자는 질문의 한 선택지—하지만 저자 스스로는 곧 부인하게 될 선택지—를 구성하기 위해 이 용어를 사용한 것으로 보인다. 즉, 그리스의 만성적 물자부족과 과거 동유럽 국가들에서 벌어진 물품부족경제를 연상에 의해 결합하는 사람들을 비판적으로 고려하고 있다. 저자가 보기에 둘 간의 유비관계는 단지 피상적인 수준에서만 성립할 것이다. 왜냐하면, 저자도 시사하고 있듯, 첫째, 그리스의 물자조달 위기가 신자유주의에 의해 초래된 것이고, 둘째, 물품조달을 담당하는 단체들과 집단들은 중앙정부의 계획에 따라 조직된 것이 아니라 자생적으로("밑바닥으로부터") 생겨난 것이기 때문이다.

11 이 물음들에 다른 고전적인 물음이 연결된다. 그런 실천들은 자본주의 시스템의 모순들이 만들어내는 균열 속에서 자라나는 "다른 세계"의 싹인가, 아니면 반대로 균열들을 다시 메워서 이 시스템의 내구성을 강화하는 접착제인가? 이 마지막 논변은, 자본주의 체제 내에서 대안적인 연대네트워크 및 생산네트워크를 건설하려는 시도가 가진 정치적 의미를 회의적으로 보는 반(反)자본주의적 비판의 관점에서 일반적으로 원용된다. 이와 관련하여, 대안경제에 대한 논쟁을 점화시킨 최초의 그리스 논자 중 한 명인 조르고스 리에로스(Giorgos Lieros)는 그의 책 『이미 존재하는 새로운 세계』에서 다음과 같이 말한다. "대안경제가 무엇을 할 수 있는가의 문제를 반자본주의적 관점에서 비판하는 일은 적절한 것이다. 하지만 현재 위기가 진행 중인 나라에서 어떤 좌파인사가 이 비판이 대안경제 바깥에서 수행될 수 있다고 목소리를 낸다면, 이는 그가 마치 사회 바깥에 위치해 있는 양 처신하는 것이다. 우리는 대안경제들을 단지 사회가 안고 있는 모순들의 프리즘을 통해서만 바라볼 수 있고 오직 이를 통해 대답을 구할 수 있다."(Lieros 2012: 37)

실천들이 가지는 의미와 목적에 대한 토론에서 분명한 입장을 취하고자 하는 의도를 분명히 인지할 수 있다. 사람들은 "박애주의적 제스처"에[12] 거리를 두고 자신들을 여타 저항운동의 한 부분으로 이해하고 싶어 하며 자주관리가 가지는 민주적이고 돈을 지불하지 않는 성격을 강조한다. 이런 논조는 다수 단체들의 자기설명에 공통적이다. 카테리니(Katerini) 지역의 사회적 의료원인 알레코스 프티카스(Alekos Ftikas)는 모든 정치정당으로부터의 독립을 천명하며 자선단체로 남고 싶어 하지 않는다. 이 의료원은 의사들에게뿐만 아니라 환자들에게도 사회적 의료원의 건설에 참여하기를 요구한다. 이에 더해 현재 진행되고 있는 다수 병원들의 폐쇄에 대항한 투쟁에서 의사 노동조합들과의 연대가 천명되고 있다.[13] 갈라치(Galatsi) 지역의 '중개상 없는 시장'이라는 단체에 따르면, 우울증의 한가운데서 "매우 고무적인 새로운 유형의 투쟁과 연대의 계기들이 생겨나고 있다. (…) 이들은 밝은 빛이 깃든 어떤 장소로 나아가면서 사회를 다르게 조직화할 가능성을 미래로 투사하고 있다."[14]

12 "박애주의적 제스처"에 거리두기는 무엇보다, 연대의 이념에 대한 최근의 선호 속에서 또한 많은 보수적인 인사들도 궁핍한 사람들에게 손을 뻗치며 새로운 박애주의적 수사를 구사하고 있다는 사실에 원인이 있다. 이런 박애주의적 제스처에는 교회, 다양한 주류 언론들의 원조 캠페인, 기업들의 이미지 캠페인, 그리고 또한 황금새벽당[그리스의 극우정당—옮긴이]의 나치들이 속한다(또한 Lieros 2012: 158 이하 참조).

13 현장의 목소리는 이렇다. "카테리니의 사회적 의료원은 그들[그리스에서 신자유주의적 정책을 추진하는 자들—옮긴이]이 강제하는 야만에 대한 우리의 응답이다. 우리는 우리의 존엄과 우리의 희망을 곧추세우기 위해 모였다. 우리는 동료시민들에게 동정의 논리를 가르치려는 게 아니라 공공의료체계를 무상으로 이용할 수 있는 권리를 위해 함께 싸우려는 것이다." www.otoposmou.gr 참조.

14 www.solidarity4all.gr/structure/κίνηση–αντίστασης–αλληλεγγύης–γαλατσίου–χωρίς–μεσάζοντες.

이런 것들이 트로이카와 신자유주의적인 유럽 그리고 그리스 정부 내에서 이를 지지하는 자들에 대항한 공동의 프로젝트를 위해 사회를 활성화시킬 수 있는 새로운 형태를 연대네트워크들이 제시한다는 희망을 그리스에서—최종적인 것은 아니지만, 아르헨티나에서의 경험에 시선을 두고[15]—불러일으키는 말들이다. "연대경제는, 생산활동을 인수하여 지배적인 정책과는 물론이고 시장의 관례들과도 충돌하는 집단적 성격들을 창출한다는 테마를 의제화한다. 연대의 단위들은 생산활동을 조직하고 실질화하기 위한 민주적 절차의 이념을 갱신하고 시험하며 생산노동에 대해 급료를 지급하는 평등주의적 형태들을 적용한다"고 좌파 정당 시리자의 정치경제학자이자 경제자문인 페트로스 리나르도스-릴몬(Petros Linardos-Rylmon 2012)은 말한다.

시리자 당의 어떤 분파들은 이러한 기획들에서 정권인수를 위한 중요한 사회적 토대를 본다. 왜냐하면 올해의 선거에서 간발의 차로 승자가 된다면, 좌파당[시리자—옮긴이]은 해체된 사회국가라는 배경하에 그리고 국제시장으로부터 불어 닥칠 것이 뻔한 바람에 직면해서 살얼음을 걷는 것과도 같이 해나가야만 할 것이기 때문이다(Candeias 2013: 17 이하 참조)—좌파 정권은, 좌파들이 선거에서 승리할 경우 자본들과

15 [옮긴이] 1990년대 메넴 대통령 하에서의 아르헨티나를 가리키는 것으로 보인다. 메넴은 '자유시장 경제정책'이란 미명 아래 외채이자를 갚기 위해 대부분의 국영기업, 공기업을 민간기업에 매각하였다. 1995년 경제위기 당시 IMF 등으로부터 67억 달러의 긴급차관을 도입한 아르헨티나는 IMF의 권고에 따르지 않을 경우 대외신용도의 하락으로 더 이상 국제금융기관에 손을 내밀 수 없는 사태가 발생할지도 모른다는 점을 우려하여 IMF의 차관공여조건을 순순히 받아들여 각종 세율인상과 강력한 탈세단속, 공공지출 동결 등의 초긴축조치를 취했다. 그리고 90년대 아르헨티나에서는 통신, 전기, 가스, 수도, 철도, 방송, 석유, 체신, 전화 등 모든 부문에서 민영화가 진행됐다. 그러나 민영화가 급속하게 진행되면서 전기, 전화, 수도료 등 공공요금이 일제히 올라 서민생활을 압박하기 시작했고, 민영화에도 불구하고 외채는 계속 늘어났다.

투자자들이 그리스를 떠날 때 나라의 생산적 기반을 바로 세운다는 과제를 떠맡아야 하는 시민사회 일부의 적극적인 지원을 받아야 한다. 이렇게 시리자의 여러 계파로부터 '모두를 위한 연대'(Solidarity4all)라는 네트워크조직이 탄생했다. 이 조직은 다양한 단체들의 결합을 위한 정보제공자 및 연결자 역할을 하고자 한다.

'모두를 위한 연대'는 "주민들의 연대활동과 자주관리활동을 긴축정책을 끝내기 위한 투쟁의 일부로" 본다. 이 활동들은 "생존을 보장하는 동시에 또 하나의 다른 미래, 또 하나의 다른 사회를 위한 대안적인 제안을 구축한다."(Solidarität für alle 2013: 2). 이 조직은 웹사이트에서 "자기조직화의 새로운 형태들의 전개"(같은 곳: 3)를 근본적으로 진보적인 전개로 해석하고 그 속에서 "사회변화의 강력한 추동력"을 본다(같은 곳: 15).

나아가 '모두를 위한 연대'가 품고 있는 열정적인 희망은, 단체들이 직접민주주의적 결정구조를 가꾼다는 점에 근거를 가진다. 이러한 결정구조 안에선 참여자들의 회합이 가장 중요한 위원회가 된다. 나아가 단체들이 새로운 방식의 노동분업과—단체들의 종류에 따라 다른—급료지급 방식을 도입하고 결국엔 생산까지도 여러 판로들 및 여러 생산품들, 여러 환경친화적 표준에 맞춘다는 점에 희망의 근거가 놓여 있다(Lieros 2012; Nikolakopoulos/Kapogiannis 2012 참조).

이를 잘 보여주는 범례가 그리스에서 아마도 가장 잘 알려진 두 신생협동조합기업이다. 노동자들에 의해 인수된 공장인 VIOME와 『편집자들의 신문』(*Zeitung der Redakteure*)이 바로 그것이다. 두 협동조합은 충분치 않은 이윤 때문에 폐쇄되어야 했고 결국 근로자들에 의해 인수되었던 기업들에서 일어난 장기파업으로부터 생겨났다. VIOME는 그동안 환경친화적인 세척제를 생산과정의 표준으로 도입했고, 이젠 공장 노동자들이 기업의 대변인들로서 공적인 성격의 인터뷰에 모습을 드러내고 있다. 『편집자들의 신문』은 그리스의 가장 큰 자유주의 신문인 『엘레프테로튀피아』(*Eleftherotypia*)의 파산에서 생겨나서 오늘날엔 그리스 최고의 언론인들에 의해 운영되고 있다. 이들은 자기 자신의 사장들로서 진짜로 독립적인 기사를 써도 된다는 점에 기뻐하고 있다.[16] 그러나 이 두 유명한 사례 말고도 협동조합 운동은 현재 눈에 띄게 활황을 맞고 있다. 이 운동은 커피숍, 이탈리안 음식점, 컴퓨터 조립판매상, 책방, 출판사 등 집단협업이 이루어지는 모든 종류의 개별영업장을 포괄한다. 2012년 11월까지 93개의 협동조합기업들이 노동부에 등록되었다(Solidarität für alle 2013: 18 참조).

새로운 판로를 개척한 사례로 '중개상 없는 시장'을 들 수 있다. 여기선 농산물 생산자가 도시에 마련된 센터에서 직접 소비자공동체에게 판매하고 이런 방식으로 가계의 22퍼센트에 이르는 생필품을 조달한다. 중개상이 없기 때문에 생산물의 가격이 싸지고 동시에 농부들은 도매상에게 보다 더 나은 가격으로 판매한다. '모두를 위한 연대'에 따르면 이 운동은 지역의 수요를 충족시키기 위해 해당 지역의 생산을 지원하고, 식량주권의 사례를 제공하며 생필품 조달 문제를 탈집중화되고 참여적인 구조로 바꾸는 데 모델을 제시한다(같은 곳: 17 참조).

16 이 신문은 그 사이 신문시장에서 수위를 차지하게 되었고 매우 좋은 평판을 얻었다—그도 그럴 것이 우리는 여기서 그리스의 가장 유명한 언론인종업원집단에 대해 말하고 있다(이 신문의 성격을 이해하려면 파업이 중요한 역할을 한 협동조합신문으로서 [독일의] 『쥐트도이췌 차이퉁』[*Südeutsche Zeitung*]과 비교해 보아야 할 것이다). 물론 정기적인 봉급을 주기에는 이윤이 충분치 않다. 돈이 있을 때만 봉급이 지급되는데, 이는 항상 그런 것은 아니다. 자유와 경제적 취약 간의 양가성은 이 신문의 광고문구에서 잘 드러난다. "우리는 돈이 없다—그래서 우리는 우리가 원하는 것을 쓴다."

경제 전체의 차원에서 대안적인 생산·조달·판매의 잠재적 구조—이것은 생각 가능하다—를 만들기 위해, 단체들은 웹사이트 상에서 서로 협조해야 한다. 이렇게 이 단체는, 연대구조의 건설을 지원하고 거기에 정치적으로 개입하며 연대네트워크들로 하여금 반트로이카 정책을 위한 사회적 기반을 만들 능력과 좌파 정부와의 협동작업을 준비할 능력을 지니게 해주는 태도를 가꾸고 지원하기 위해 만들어졌다.

하지만 경제 전체 차원에서의 생필품 조달이라는 비전과 현실 사이의 틈을 메우기에는 아직 갈 길이 멀다. 대부분의 단체들은 자신들이 사회국가의 공동화와 내수시장의 붕괴가 가져온 균열을 메우는 것은 불가능하다고 분명히 시인하는 형편이다.[17] 포티스 테르차키스는 연대경제의 기획을 좌파의 통치방식을 위한 기반으로 만들기 위해서는 잘 조율된 역사적·정치적 힘이 필요하다고 말한다. 물론 이 힘은 예견 불가능한 다양한 변수들과 역학관계 및 시간요인에 의존해 있기 때문에 조율이 쉽지 않을 것이다(Terzakis 2013 [2012] 참조).

하지만 실질적인 연대가 이루어지고 있는 현장을 들여다보면 새로운 집단성과 민주적인 상호관계의 새로운 형태가 다른 사회적 조직화의 명백한 가능성을 보여준다는 것을 알 수 있다는 점에 사람들은 모두 동의한다. 지금-여기에서의 연대는 점점 더 비참해지는 세계로부터 빠져나오는 마지막 비상구이자 상호성과 협업을 통해 이루어지는 사회의 윤곽을 가시화하는 자원이다(Lieros 2012; Nikolakopoulos/Kapogiannis 2012;

17 갈라치로부터 들리는 생생한 목소리는 다음과 같다. "'중개상 없는 시장'이 사회적 센터들이 안고 있는 굶주림의 문제를 해결할 수 없다는 것은 명백하다. 이 단체는 농경제 분야를 조직하기 위한 어떤 총괄적이고 완성된 계획도 가지고 있지 않다." www.solidarity-4all.gr/structure/κίνηση–αντίστασης–αλληλεγγύης–γαλατσίου–χωρίς–μεσάζοντες.

Linardos-Rylmon 2012 참조).

국가와 함께 그리고 시장과 함께

이제까지 제시된 사례들은, 자주관리되는 자율적 기반시설이 결코 "국가와 소비 저편의" 깨끗한 구성물이 아니라 항상 국가 및 소비와 어떤 관계를 맺기 위해 고심한다는 것을 보여준다. 많은 단체들은 지역자치단체 및 지역행정단위와 연결되어 있는데, 이들 자치단체 및 행정단위는 그들 편에서 화폐 없는 시장, 사회적 슈퍼마켓, 재활용의류나눔터, 식품급식소를 위한 플랫폼으로 기능하고 지역의 주민공동체를 위한 자원과 기반시설을 제공한다. 다수의 중개상 없는 시장들은 지역자치단체에 의해 운영되고,[18] 사회적 의료원 또한 종종 공적인 구조들에 의존해 있다.[19] 특히 시리자의 인사들이 그리고 있는 청사진에서는 "사회적 경제를 건립하는 일에서 지역자치단체들이 경제적·사회적 삶을 새롭고 대안적으로 조직하기 위한 결정적인 기반을 제공한다."(Pantos 2013)

조르고스 리에로스는 그의 책 『이미 존재하는 새로운 세계』에서 "사회적 경제는 종종 국가와 갈등관계에 있지만, 그보다 자주 협상관계에 있다"고 강조한다. "사회적 경제와 이에 의존해 있는 사람들의 삶에 어떤 정당이 권력을 쥐는가의 문제는 전혀 아무래도 좋은 문제가 아니다."(Lieros 2012: 38) 라틴아메리카를 참조하면서 그는, 어떻게 좌파 정

18 아테네의 지역자치단체인 카이사리아니(Kaisariani), 갈라치, 엘리니코(Elliniko)의 활동을 보라.

19 최초의 가장 중요한 사회적 의료원들과 약국들 중 하나는 엘리니코 지역의 좌파 시장에 의해 개점되었다.

부들이 운동의 힘에 기반하여 권력을 장악하게 되었고 신자유주의적 전략 저편의 길을 개척했는지, 그리고 사회국가를 재건한 것은 물론이고 또한 대안경제의 다양한 네트워크들이 벌이는 활동을 지원했는지 상술한다(같은 책: 33 이하 참조). 자본주의의 틀 안에선 어차피 자율성을 바랄 수는 없다고 해도, [라틴아메리카의] 운동들은 적어도 운동들에 의존해 있거나 심지어 일련의 운동들로부터 탄생한 정부들을 지지할 선택지가 있었다. 운동들은 이 정부들과 함께 그들의 활동과 자율성을 확장할 수 있었다(같은 책: 40 참조).

[이에 반해] 이런 네트워크들에 공공연히 적대적인 기존 그리스 국가에 대해선 이 논변이 부정적인 방식으로 입증되었다. 그리스에서는 많은 단체들이 점점 더 국가의 억압에 직면했다.[20] 중개상 없는 많은 시장들이 검속을 당했고 경찰력에 의해 해산당했다. 또한 마약거래의 혐의가 있다는 명분으로 사회적 의료원에 대한 일련의 일제단속이 이루어졌는데, 이는 반발과 분노를 불러일으켰다.

[시리자가 집권하여] 정권이 바뀔 경우 국가와의 관계가 어떻게 전개될지는 두고 봐야 할 일이다. 이 관계를 고찰하면서 조르고스 리에로스는 "사회의 적극적 부분들과 국가 간에 서로 영향을 미칠 수 있는" 가능한 공간에 대한 아르헨티나 이론가 라울 치베키(Raúl Zibechi)의 서술을 인용한다. "이 공간은 단지 사회적일 뿐만 아니라 또한 전통적으로 생각되어 왔듯 국가에 의해 구성되어 있지 않다. 따라서 이 공간은 안정적이고 지속적인 집단적 실천을 통해 운동들과 국가의 연결을 가능하

20 자주관리되는 엠브로스(Embros) 극장, 하이다리(Haidari)에 있는 사회적 센터 이스토스(Istos) 그리고 아테네, 테살로니키(Thessaloniki), 크산티(Xanthi)의 점유가옥들에 대해 경찰의 일제단속이 반복적으로 이루어졌다.

게 해준다. 이 실천을 우리는 새로운 통치방식이라고 부를 수 있다."(Zibechi 2010 [2007]: 241) 이것이 시리자가 승리할 경우 "우리 시대의 국가"가 갖추어야 할 형식들로서 토론되고 있는 구상들이다.

하지만 비공식적이고 대안적인 경제형태가 증대하면 이는 최종적으로는 국가의 조세 및 재정 메커니즘과 갈등을 일으킬 것이라고—리에로스는 이에 동의할 것이다—포티스 테르차키스는 말한다. 그렇게 되면 이는 우리가 국가 및 국가의 억압장치들과 충돌할 것에 대비해야 하는 정치적 한계지점이 될 것이다(Terzakis 2013 [2012]: 15).

사정은 시장과의 관계에서도 마찬가지이다. 대안적 협동조합과 노동공동체는 시장의 구조에 따라 그리고 소비의 논리 안에서 통용되는 공급과 수요의 구조에 따라 해나간다—비록 그들이 저렴한 혹은 정치적으로 올바르게 생산된 상품을 판매한다고 하더라도 말이다. 노동협동조합의 수가 급속히 증대하면서 입법자들은 2011년에 법을 제정하였는데, 이 법은 실업자 등과 같이 "사회적 취약계층"을 다시 사회 안으로 통합시키려는 목적으로 "공익기업"의 설립을 규제한다. 이 법의 비판자들은 이로써 국가가 사회안전망 아래로 추락한 사람들에 대한 책임을 포기하고 위기 속에서 유행이 되어버린 "사회적 기업가정신"[21]의 명령 아래 이들을 다시 시장순응적인 자기책임귀속 및 하청기업화 속에 다시 방치하는 것이라고 주장한다(Evstathopoulos 2011 참조). 생산협동조합은 자가조직화를 위한 필수적이고 진보적인 단위이면서도 국가적 차원의 후생복지의 영역에 시장논리가 융합될 수 있는 수문 역할을 할 수 있다.

파올로 비르노(Paolo Virno)는 탈주운동을 노동자들의 공장이탈에 대한 마르크스의 성찰과 결합시켰다. 북아메리카가 산업화되는 동안 임금노동자들이 농부로서 그리고 자립적인 "자유로운 생산자"로서 더 나은 삶의 조건과 노동조건을 위해 서부를 향해 도시의 공장을 떠났다는 사실에 그는 주목한다. 그들의 공장이탈은 새로 건립된 미국에서 노동력 부족을 불러왔기 때문에 자본주의적 생산방식의 구조를 잠식했다고 비르노는 마르크스에 기대어 말한다(Virno 2010: 23 이하 참조). 비르노는 엑소더스를 이렇게 임금을 주는 자로부터 노동이 대규모로 탈주하는 것으로 이해한다. 이때 그는 앨버트 허시먼(Albert O. Hirschman)과 더불어 "탈출" 전략(가능하기만 하다면, 불리한 상황을 떠나는 것)을 "항의" 전략(이 상황에 대한 적극적 저항)과 엄격히 분리한다. "유리한 시나리오를 적극

21 [옮긴이] soziales Unternehmertum (영: Social Entrepreneurship). 이윤추구를 주목적으로 하는 고전적 의미의 기업가정신 대신 환경, 빈곤, 먹거리 등의 사회문제를 해결하는 것을 주목적으로 하는 기업가정신을 말한다. 1976년 빈민들에게 무담보 소액대출 운동을 하며 그라민 은행을 설립하여 빈곤퇴치에 앞장선 공로로 2006년 노벨 평화상을 수상한 방글라데시의 무함마드 유누스(Muhammad Yunus)가 그 고전적인 사례로 꼽힌다. 하지만 특히 2008년의 금융위기 이후 자본주의 시장경제의 대안으로 혹은 시장경제의 보완시스템으로 '사회적 경제'라는 이름 아래 관심의 대상이 되고 있다. 본문에서는 사회적 경제가 갖는 맹점, 즉 시장자본주의 체제를 그대로 유지한 채 국가가 개인들에게 생존의 과제를 떠넘기게 될 수 있다는 점이 비판되고 있다. 하지만 이 글의 저자가 사회적 경제에 대해 하는 비판이, 아래에서 언급되듯, 고전적 반자본주의 좌파가 연대경제에 대해 하는 비판과 겹치는 것은 우연이 아닐 것이다. 왜냐하면 사회적 기업가정신 및 사회적 경제 자체가 이 글의 저자가 말하는 연대경제와 많은 부분에서 겹치는 특성을 가지기 때문이다. 이 글의 저자는 '생존이라는 위급한 문제'에서 출발한다는 점이 (그리스에서의) 연대경제가 가지는 특성이고, 이것이 사회적 경제와 연대경제를 구별하는 본질적인 면이라고 시사하는 듯하다. 하지만 저자는 고전적 의미의 반자본주의와 사회적 경제 사이에서 연대경제가 가지는 구별점을 체계적으로 일목요연하게 제시하고 있지는 못하다.

적으로 산출"하는 "탈출" 전략은 "미리 확정되어 있는 조건들과의 충돌 ["항의" 전략]보다 더 큰 과단성을 필요로 한다."(같은 책: 30)

상탈 무페(Chantal Mouffe)는 자신의 책 『엑소더스냐 진지전이냐』(*Exodus oder Stellungskrieg*)에서 엑소더스에 대한 이런 견해에 대한 몇 가지 반박을 정식화했다. 그녀가 제기하는 주요 반박은 엑소더스에서 어떤 부정(否定)이 이루어진다는 것, 그러니까 "정치제도 내에서 실질적인 힘을 행사하는 기구들", 즉 정당, 노동조합 및 국가의 다른 심급들과 관계를 구축하는 걸 거부한다는 것이다. 무페에게 정치적인 것의 주요 조건은, 최종적인 것은 아닐지라도, 국가의 여러 제도들과 경합을 벌이는(agonistisch)[22] 협상의 실천들에서 성립한다. 따라서 그녀는 엑소더스의 전략을 탈정치적 구상으로, 즉 정치적으로 완전히 불투명하고 기껏해야 메시아주의적으로만 생각할 수 있을 뿐인 어떤 저편의 장소를 움켜잡으려고 하지만 결코 반(反)헤게모니적인 기획을 달성할 수 없는 구상으로 파악했다. 그녀의 생각에 따르면 시민사회의 역할은 무엇보다도 [시민들의] 요구를 명시화하고 제안들을 구체화하여 이것들을 정치적 결정권한을 갖는 제도적 기구들에 제출하는 것이어야 한다(Mouffe 2009 [2005]: 29).

[무페 등이 구사하는] 탈정치화의 논변은 고전적인 것이다. [이 논변

22 [옮긴이] 알려져 있듯이, 무페의 '경합적 민주주의'에 따르면 당사자들 간의 적대관계 혹은 적어도 갈등관계가 근본적 합의를 통해 최종적으로 해소될 수 없다는 데에 정치의 본질이 있다. 이런 경합하는 정치 당사자들은 '공통의 상징적 공간'을 공유한다는 점에서 '친구'인 동시에 이 공간을 서로 다른 방식으로 조직하려 한다는 점에서 '적'이다. 이 글의 저자에 따르면, 무페는 이에 따라 엑소더스의 구상 아래 이루어지는 실천들은 공인된 정치제도와의 이런 경합적 관계를 결여하고 있는 것으로 보지만, 아래에서 볼 수 있듯, 그리스에서 이 실천들은 국가의 여러 제도들과 (나아가 시장과도) 일종의 '경합적' 관계를 이루면서 구성된다.

에 따르면, 엑소더스 전략에서 보이는] 삶의 조건을 직접 개선시키기 위한 실천들은 공공영역에서 입장들 간에 필요한 협상을 방치할 것이고 이와 함께 권력장악이나 [권력]단절의 문제와 같은 정치적 문제들에 대한 토론을 피해갈 것이다. 여기에 다음과 같은 비판이 결합된다. 즉 탈주의 실천들은 현실도피적이고, 관계들을 보편적으로 변화시킬 필요성으로부터 눈을 돌릴 것이며, 체계의 모순들을 개인의 전략들로 해소시켜 버리고, 결국 신자유주의적 자본주의와 화해 가능한 것이 되는 위험에 처하게 될 것이다.[23]

그러나 이런 비판들은 그리스의 현재 상황을 눈앞에 두고 보면 낡은 소리로 들린다. 즉 이들은 위기 이후 변화된 조건들이 들어서기 이전에 정식화된 것들이다.[24] 몇 년 전에는 여전히 현실도피적이라고 간주되었던 실천들이 위기의 조건 아래선 새로이 평가되어야 한다는 것이 그리스의 논평자들 간의 논쟁에서 모아진 결론이다(Stavrou 2012). 특히, 테르차키스가 정식화하듯, "[위기 속에서] 창출된 공간들은 불가피하게 자본주의 경제 및 그 제도들과 이데올로기적으로 단절하는 데로 이끌어간다."(Terzakis 2013 [2012]: 13) 이 실천들이 행해지면서 반자본주의

23 이 비판은 보통 좌파 하위문화에서 볼 수 있는 갖가지 종류의 기획들을 염두에 두고 표명된다. 이에 따르면, 종종 자율적인 스펙트럼에서 유래하는 그러한 실천들은 값비싼 유기농산물로 만든 채식메뉴나 자기실현의 제스처, 그리고 사적인 것으로 숨어들어가는 경향 속에서 바닥을 드러낸다—종국적으로 이 실천들은 하위주체 계급의 삶보다는 정치적으로 올바른 소시민이나 심지어 속물시민의 삶의 양식과 보다 더 양립가능하게 된다.

24 사회적 의료원이나 급식소의 서비스에 의존해 있는 누군가에게 '그는 이웃과의 연대공동체 속에 자신을 일원으로 조직하지 말고 차라리 혁명투쟁을 위한 삐라를 만들어야 한다'고 말하는 것은 냉소적인 것 이상이다. 아슬아슬해진 일상생활 속에서 긴급한 토대를 구축하는 일에 자신을 조직화하는 사람들에게 우선 노동조합에 가입하라고, 즉 2010년 이후로 트로이카가 요구하는 임금협상에 서명하고 있는 노동조합들 중 하나에 가입하라고 주지시키는 일 또한 냉소적인 것 이상이다.

적인 욕구가 창출되고, 이와 함께 폭넓은 사회적 맥락들을 위한 단절의 물음 혹은 보다 급진적인 사회변화의 물음 역시 비로소 의제가 된다. 이때 이 실천들이 새로운 집단들을 이끌어 들이고 공동적인 것의 새로운 경험들을 창출하며, 이를 통해 정치적인 것의 새로운 이해가 생겨난다.

엑소더스 속에서 주체들의 변이

2011년의 광장점거 운동에서 벌어진 공동체적 재생산 실천들을 평가하면서 정치철학자 이자벨 로라이(Isabell Lorey)는 [이제까지의] 정치 이론이 공통적으로 고려하지 못한 채로 내버려두었던 정치적인 것의 차원들, 즉 "일상적 행위들, 사회관계들, 공동적 삶의 방식들, 삶의 형식들, 그리고 무엇보다 주체화의 방식들이 가지는 저항적인, 사회변화의 힘"이 의제가 되었다고 썼다(Lorey 2012b: 31)—즉, 사적인 것과 사회적인 것의 영역으로부터 정치적인 것의 영역으로 원심분리된 차원들 말이다. [따라서] 실천 속에서의 자기변화 및 주체되기의 과정이 그리스의 엑소더스에서 이루어지고 있는 실천들의 정치적 차원을 이해하는 데 핵심적이다. 페트로스 리나르도스-륄몬은 연대네트워크들이 "물질적인 동기들과 윤리적인 동기들 간의 새로운 균형점을 창출한다"고 썼다(Linardos-Rylmon 2012). 왜냐하면 일상에서 행위능력이 있으려면 물질적 욕구들을 충족시키는 것이 중요하기 때문이다.[25] 달리 말하자면, 엑소더스 운동에선 이미 오래전부터 알려진 [물질적 동기와 윤리적 동

25 그러니까 유토피아를 실현하려는 지향적 동기를 가진 정치적 동지들을 위한 이념적인 소규모공동체를 구축하는 것이 문제가 아니다.

기 간의] 긴장관계가 보인다. 마이클 왈저(Michael Walzer)는 『엑소더스와 혁명』(1995 [1985])에서 파라오가 다스리는 이집트에 대한 봉기 대신 집단적 탈주를 선택한 이스라엘인들의 성경 이야기를 연구한다. 이스라엘인들의 욕망은 단지 정신적-종교적인 의미에서 약속된 땅에 도달한다는 이상주의적인 것이 아니라, 또한 "젖과 꿀"이라는 비유 속에 반영된 물질적인 동기를 가진 것이었다. 왈저에게 이 [이상주의와 물질적 욕구 간의] 긴장관계는 해소될 수 있는 것, 해소되어야만 하는 것이 아니라 엑소더스 이야기의 필수적인 한 요소이다(같은 책: 62 이하 참조).

갈라치 지구의 '중개상 없는 시장' 운동은 이를 다음처럼 말한다. "투쟁이 오늘날 띠는 형태는 생존투쟁이다. 우리에게 이 생존투쟁은 트로이카 체제의 위기로부터 빠져나오는 기본전제이자 빠져나오기 위한 투쟁과 동일하다. 생존투쟁은 매우 정치적인 투쟁이다."[26] 이에 따르면 정치적인 것은 무엇보다도, 물질적인 것을 쟁취하기 위한 투쟁 속에서 새로운 행태[27] 및 새로운 인간상이 생겨난다는 점에 있다. 실천이 이런 인간학적인 차원에서 이루어지면서 물질적으로 필수적인 것으로부터 이상적으로 정치적인 것을 향해 활시위가 당겨진다.

그러니까 신자유주의가 자기 자신을 책임지는 개인으로서의 근로자와 소비자, 즉 자신의 이익을 최우선으로 놓는 홉스적인 주체를 산출하는 반면, 연대네트워크들은 "우리"의 새로운 공리들, 즉 협동, 협조, 연대 등의 공리들을 촉진한다(Portaliou 2014). 이 연대네트워크들 안에서

26 이 단체의 프로그램에 대한 설명은 www.solidarity4all.gr/structure/κίνηση−αντίστασης−αλληλεγγύης−γαλατσίου−χωρίς−μεσάζοντες에서 볼 수 있다.

27 [옮긴이] Verhaltensweise를 '행태'로 옮겼다. 하지만 Verhaltensweise는 단순히 외면의 모습뿐만 아니라 내면적 심정의 습관이나 태도까지를 의미한다. 이러한 점이 연대네트워크 운동으로 하여금, 곧 서술되듯, '인간학적인' 차원, 즉 주체화의 차원을 갖게 한다.

"새로운 주체들"이 길러지고, 이들의 아비투스(Habitus)[28]가 우리를 변형시키는 데로 데려간다(Terzakis 2013 [2012]: 14 참조). 하트와 네그리 또한 엑소더스 운동의 이런 점을 강조한다. 벤야민의 야만인 형상에 기대어 그들은 주체성의 생성과정, 변형과정에 대해 말한다. 엑소더스 운동에서 공동의 노동경험이 신체를 변형시키고, 이 변형이 '제국' 내에서 실제적인 대항기획을 위한 공간들을 획득할 수 있을 것이다(Hardt/Negri 2002 [2000]: 227 이하). '모두를 위한 연대'의 활동가들도 변화의 토대로 간주하는 것이 바로 이 생성과정이다. "우리에겐 상황의 위급을 경감시키는 것이 중요한 것이 아니라, 일반적인 사회적 변화의 토대로서 새로운 종류의 사회적 연결, 새로운 이웃관계, 새로운 공공성이 중요하다." (Solidarität für alle 2013: 20)

더 잘 공격하기 위한 엑소더스

와해되어가는 재생산의 하부구조에 대한 불만족에 단지 고전적 의미에서의 시위가 아니라 자급을 위한 실천들로 대처하고 있다는 데에는, 최종적인 것이라고 말할 수는 없지만, 시위 및 의회에 요구를 표현(Artikulation)하는 정치전략[29]의 한계가 지난 3년간 분명해졌다는 원인이 있다. 위기가 시작된 첫 삼 년 동안 열 번이 넘는 총파업이 일어났고, 게다가 정기적으로 대규모의 시위가 청년들의 심각한 폭력행위를 동반하여

28 [옮긴이] 프랑스 사회학자 부르디외의 개념. 후천적으로 길러져서 일정하게 구조화되고 습관화된, 이런 의미에서 무의식에 자리 잡은 개인의 성향체계를 가리킨다. 이 글의 저자에 따를 때 생존을 위한 정치적인 투쟁의 핵심이 '인간학적인' 차원에서의 주체 형성에 있다면, 부르디외의 이 개념을 원용하는 것은 자연스러워 보인다.

29 [옮긴이] 무페의 전략을 가리킨다.

일어났다는 것, 정부부처 및 관청건물이 수없이 점거되었고 [크고 작은] 파업과 시위는 매일 일어났다는 것을 생각해보라. 이는 적어도 아테네가 사회평화가 보장되지 않은 도시라는 인상을 불러일으켰다. 이런 대규모의 저항이 심각한 정치적 불안을 초래했지만, [중앙정부 위주의 제도적] 정치는 여전히 저항운동의 요구에 불투명한 채로 남아 있는 것으로 보인다. 주민들의 분노에 찬 목쉰 절규는 위기극복의 논리에서 아무것도 변화시키지 못했다. 반대로 주민들은 점점 더 권위적이 되어가는 국가에 직면하게 되었다. 국가는 점점 더 엄혹하게 속전속결로 그리고 예외상황이라는 구실 아래 법령을 통해 결정들을 관철시키고 있고 사회평화 속에서 헤게모니를 유지하는 데 더 이상 관심이 없다. 이런 배경에서 그리스의 주민들이 영원히 얼굴에 바람을 맞으며 걷고 싶어 하지 않는다는 것을, 직접 성공과 변화의 경험을 만들어내는 전략을 구한다는 것을 우리는 이해할 수 있다. 이렇게, 우리는 위기의 맥락이 헤게모니 투쟁의 방식과 관련해 패러다임 전환의 시작을 알린 것인지를 물어야 할 것이다. 즉, 지배자들이 실질적인 협상에 대해 이전 수십 년 동안보다도 훨씬 적은 여지만을 남겨놓는다면, 샹탈 무페가 요청하는, '권력에게 요구들과 제안들을 표현하는 것'은 얼마나 전망이 있는가?

그런 한에서, 이제까지의 행위 가능성들이 차단당한 것으로 보이는 오늘날, 비르노의 엑소더스 전략이 보다 적합한 것은 아닌지 또한 숙고해 보아야 한다. 왜냐하면 비르노에 따를 때 엑소더스는 하나의 행위 모델, "오늘날 행위를 차단하는 바로 그것으로부터 양분을 얻는 것"을 가능하게 해주는 모델이다(Virno 2010: 34). 즉, 좁은 의미에서의 성공적인 "저항"이나 "시위"가 불가능한 상황, 바로 그것이 이용될 수 있을 터이다. 자유로워진 잠재력들이 투입되어 상호적인 자조의 노력을 위한 공간들이 구축된다면 말이다. 이 지점에서 탈주의 실천이 가지는 건설적인 계기가 명백해진다. 왜냐하면, 비르노가 강조하듯, "불복종과 탈주는 (…) 우리를 행위와 책임에서 면제해주는 부정적인 제스처가 아니다. 탈주는 갈등이 일어나는 조건들을, 그것들에 복종하는 대신, 변화시키는 것을 의미한다."(같은 책: 30쪽) 비르노에 따르면, 엑소더스는 항상 새로운 사회적 관계와 삶의 형식을 정초하고 새로운 정치적 공동체를 구성하는 운동과 함께 진행된다.

'모두를 위한 연대'에게 연대네트워크들은 정확히, 저항의 조건들을 개선하기 위한 매개체이다. "우리는 연대와 상조부조를 각각의 모든 사회를 위한 근본조건, 적어도 자립하기 위한 근본조건으로 생각한다. 위기의 원인과 결과에 대항하여 일어서서 투쟁하기 위해선 자립이 필요하다."(Solidarität für alle 2013: 1) 이때 개별화와 빈곤화를 먹고 자라는 파시즘에 대항한 최선의 방패이자 성공적인 투쟁을 위한 최선의 토대는 정치화된 참여시민들, 연대를 통해 물질적 긴급함에서 벗어나는 시민들 자신일 것이다. 달리 말하자면, 여기선 비르노가 의미하는 바의 탈주가 "그것을 통해 더 잘 공격할 수 있기 위해" 선택되는 것이다(Virno 2010: 30).

그러나 다시금 비르노의 설명과는 반대로 "탈출" 전략과 "항의" 전략은 그리스의 현실에서 서로 명료하게 구별될 수 없고 구별되어서도 안 된다. 이자벨 로라이가 엑소더스를 이해하는 바에 따라, 공동의 엑소더스 및 거기서 일어나는 새로운 구성 행위로부터 "우리가 거부한 관계들 안으로 다시 개입하는 일에 모든 것이 달려 있다"고 우리는 말할 수 있을 것이다(Lorey 2012a: 135). 그러나 또한 비르노를 읽는 다음의 방식도 가능하다. 즉 엑소더스는 투쟁을 저편에다가 옮겨놓는 것이 아니라—

새로 구성된 공간 안에서 이루어지는 경험들을 통해—이편에서의 투쟁에 불을 붙이는 것이다.[30]

새롭게 구성하기?

우리가 그리스에서 점증하는 연대네트워크들을 '엑소더스의 실천들'이라는 개념으로 기술하고자 한다면, 탈주의 운동이 위기 속에서 불가피한 전략을 제시한다는 점이 확인될 수 있을 것이다—무엇보다, 바로 지금 더 나은 삶의 조건 및 투쟁의 조건을 창출해야 하는 긴급함을 배경으로 한다면, 그리고 [주민들의] 요구를 기존 제도들에 전달하고 표현하는 고전적 저항 전략들이 지난 몇 년간 경험한 한계에 비추어볼 때 더욱 그러하다. 연대네트워크들은 "새로운 것의 씨앗"으로 환영받고 있다. 왜냐하면 그들은 경제적이고 사회적인 삶을 협동과 연대의 선을 따라 조직할 가능성을 보여주고 있기 때문이다. 특히 그들은 잠재적으로 새로운 주체들 및 보다 급진화된 사회를, 트로이카와 유럽자본주의의 논리와 이데올로기적으로 단절할 수 있는 길들을 모색하는 사회를 산출하고 있다. 이 모든 것 속에서 그리스의 엑소더스는 시장과 국가 사이에서 모순적이고 "깨끗하지 않은" 전략으로서 움직인다. 그러나 모순성은 변형 중에 있는 사회들에 특징적인 것이다. 이미 마르크스는 그의 시대에 나타난 생산협동조합들에 영감을 받은 적이 있다. 그것들이 시

30 물론 비르노에게서 새로이 구성하는 행위는 국가영역 바깥에서 일어난다는 점이 덧붙여져야 한다. 그에게 엑소더스는, 최종적인 것은 아니지만, "국가로부터 대규모로 이탈함"으로 정의된다. 그러나 이미 언급했듯, 앞서 소개된 실천들은 철두철미하게 국가와 연결되어 있다. 동시에 이 연결은 "민주주의적 생활방식의 새로운 정립"을 요구한다.

장에 종속된 채로 머물렀다고 해도 그것들은 마르크스에게, 생산이 수평적이고 공동체적으로 조직화될 수 있음을 증명했다. 국영화과정 및 노동자를 통한 정치권력의 인수과정과 결합하여 그것들은 사회화 혹은 공동체화라는 의미에서 자본주의적 생산방식을 극복하기 위한 중요한 매개체가 될 것이다(Sablowski 2010: 126 이하 참조). 그리스에서 연대공동체의 붐은 이런 방향으로 나아가는 발걸음을 논의하는 계기이다. 운동들의 관점은 시리자의 선거승리 속에 소진되는 것이 아니라, 새로운 (자가)통치방식이라는 의미에서 '새롭게 구성하기'에 대한 물음을 의제로 삼는다. 물론 그러한 숙고들을 적용하기 위한 실험들은 유럽 및 그리스 내의 역학관계 아래서는 어렵사리 실현될 수 있을 것이다. 패권적(hegemonial) 힘들—메르켈의 독일, 유럽연합, 트로이카, 경제전쟁을 벌이는 은행들, 그리스 안의 민족주의적이고 파시스트적인 우파들—과의 갈등은 피할 수 없는 것이 되어가고 있다. 그러나 아마도 이제 변이된 주체들이 양성되고 있다. 이들은 자가조직화라는 케이크를 시음해보았고 생산과 삶을 새롭게 구성한다는 기획을 실현하기 위해 뛰어들어 이를 옹호할 준비가 되어 있을 것이다.

번역_정대훈

참고문헌

Candeias, Mario 2013: Wo bitte geht's zum Winterpalast, in: Luxemburg. Gesellschaftsanalyse und Linke Praxis 3/4, 10–21.

Evstathopoulos, Giannis 2011: Στενα προνοιακός οχαρακτήρας του νομοσχεδίου π ου κατατέθηκε. Διορθωτική τηςαγοράς η »κοινωνική οικονομία« [Der Gesetzesentwurf ist durch den Charakter der staatlichen Vorsorge geprägt. Die soziale Ökonomie ist Korrektur des Marktes], in: http://poulantzas.gr/folders.php?id=420.

Hardt, Michael und Antonio Negri 2002 [2000]: Empire. Die neue Weltordnung. Frankfurt a. M. und New York: Campus.

Hardt, Michael und Antonio Negri 2004: Multitude. Krieg und Demokratie im Empire. Frankfurt a. M. und New York: Campus.

Lieros, Giorgos 2012: Υπαρκτός καινούργιος κόσμος. Κοινωνική/Αλληλέγγυα και Συνεργατική Οικονομία [Existente Neue Welt. Soziale, solidarische und kooperative Ökonomie]. Athen: Verlag der Kollegen.

Linardos-Rylmon, Petros 2012: Αλληλέγγυα Οικονομία και ο χαρακτήρας της ανα τροπής [Solidarische Ökonomien und der Charakter des Umsturzes]. http://rednotebook.gr/details.php?id=7557.

Lorey, Isabell 2012a: Die Regierung der Prekären. Wien und Berlin: Turia + Kant.

Lorey, Isabell 2012b: Demokratie statt Repräsentation. Zur konstituierenden Macht der Besetzungsbewegungen, in: Jens Kastner, Isabell Lorey, Gerald Raunig und Tom Waibel (Hg.): Occupy! Die aktuellen Kämpfe um die Besetzung des Politischen. Wien und Berlin: Turia + Kant, 7–49.

Mouffe, Chantal 2009 [2005]: Exodus und Stellungskrieg. Die Zukunft radikaler Politik. Wien und Berlin: Turia + Kant.

Nikolakopoulos, Takis und Dimitris Kapogiannis 2012: Εισαγωγή στην κοινωνική κα ι αλληλεγγυα οικονομία. Το μετέωρο βήμα μία δυνατότητας [Einleitung in die soziale und solidarische Ökonomie. Zaghafte Schritte einer Möglichkeit]. Athen: Verlag der Kollegen.

Pantos, Panagiotis 2013: Μπορεί η αλληλέγγυα οικονομία να δώσει αριστερή διέ ξοδο στην κρίση; [Kann die solidarische Ökonomie linke Auswege aus der Krise aufzeigen?], in: http://poulantzas.gr/folders.php?id=420.

Portaliou, Eleni 2014: Κοινωνικά Δίκτυα Αλληλεγγύης [Soziale Netzwerke der Solidarität], in: solidarity4all.gr/support-article/κοινωνικά–δύκτια–αλληλεγγύης–της–ελένης–πορτάλιου.

Sablowksi, Thomas 2010: Die Produktionsweise eines Vereins freier Menschen, in: Luxemburg. Gesellschaftsanalyse und Linke Praxis 4, 123–129.

Solidarität für alle 2013: Solidarität ist die Macht der Völker! Für eine internationale Solidaritätskampagne mit der griechischen Bevölkerung. http://solidarity4all.gr/sites/www.solidarity4all.gr/files/deutsch.pdf.

Stavrou, Petros 2012: Τι είναι Κοινωνική Οικονομία; [Was ist die soziale Ökonomie?]. http://rednotebook.gr/details.php?id=5939.

Terzakis, Fotis 2013 [2012]: Πρόλογος στο: Νικολόπουλος, Τάκης και Δημήτρης Κ απογιάννης: 2012 Εισαγωγή στην κοινωνική και αλληλεγγυα οικονομία. Τ ο μετέωρο βήμα μία δυνατότητας [Prolog, in: Takis Nikolakopoulos und Dimitris Kapogiannis: Einleitung in die soziale und solidarische Ökonomie. Zaghafte Schritte einer Möglichkeit]. Athen: Verlag der Kollegen, 11–17.

Virno, Paolo 2010: Exodus. Wien und Berlin: Turia + Kant.

Walzer, Michael 1995 [1985]: Exodus und Revolution. Frankfurt a. M.: Fischer-Taschenbuch.

Zibechi, Raúl 2010 [2007]: Αυτονομίες και χειραφετήσεις. Η Λατινική Αμερική σ ε κίνηση [Autonomien und Emanzipationen. Lateinamerika in Bewegung]. Athen: Alana Verlag.

Zibechi, Raúl 2011: Territorien des Widerstands. Eine politische Kartographie der urbanen Peripherien Lateinamerikas. Berlin und Hamburg: Assoziation A.

Ziogas, Ilias 2014: Κοινωνική και αλληλέγγυα οικονομία: Παραπαίδι της Αγοράς και του Κράτους ή όχημα προς μετακαπιταλιστικές και αυτόνομες οικονομίε ς; [Soziale und solidarische Ökonomie. Stiefkind des Marktes und des Staates oder Vehikel für postkapitalistische autonome Gesellschaften?], in: http://poulantzas.gr/folders.php?id=420.

현장 사회주의
구스타프 란다우어와 마르틴 부버의 엑소더스 구상

에바 폰 레데커

엑소더스

혁명 패러다임으로 사용된 엑소더스 모티브는 계급투쟁 개념과 무게 중심을 달리한다.[1] 억압자와의 직접적인 대결이 아니라 그들 사회로부터의 탈주가, 급격한 변화가 아니라 사막에서의 오랜 방황이, 선도하는 계급의식이 아니라 끈질긴 논쟁 이후에 체결된 동맹이, 계급 없는 사회 대신에 젖과 꿀 그리고 지켜야 할 계율이 중심에 놓인다. 마이클 왈저(Michael Walzer)의 『엑소더스와 혁명』은 보다 높은 차원에서 엑소더스 모델을 혁명에 대한 다른 상상들과 대비시킨다. 그의 입장에 따르면, 엑소더스 이야기의 역사적이고 세계 내(內)적인 성격, 인간의 행동과 관

1 나는 이 텍스트에 대해 대단히 유용하고 너그럽게 비판적 코멘트를 해주신 레이먼드 고이스, 라엘 예기, 다니엘 로이크에게 감사드린다.

련된 그 "강력한 리얼리즘"(Walzer 1985: 121)은 세속적인 혁명 정치가 지속적으로 노출되곤 하는 메시아적 유혹으로부터 혁명을 보호한다(같은 책: 135).[2] 엑소더스 메타포가 한 장소에서 다른 장소로 나아가는 공간적 구상이 되었다는 사실은, 혁명을 목적론적 역사관에서 분리시키고, 특히 혁명 사건이 묵시론적 시간성 관념에 동화되지 않도록 한다. 역사 속에서 규정된 해악뿐 아니라 역사 자체로부터 벗어날 수 있다는 종말론적 환상, 즉 "이집트만이 아니라 시나이와 가나안으로부터의 구원"(같은 책: 136)이라는 환상은, 왈저에 따를 때, 정치적 선언이 최후의 날에 대한 기다림만이 아니라 최후 날에 대한 강요를 의미할 수 있는 메시아주의에 근접한다.

> 만약 메시아주의가 종교적 믿음보다 오래 살아남는다면, 그것은 여전히 믿음이 세워놓은 묵시론적 틀 속에 살아 있다. 그래서 최후의 날에 앞선 테러를 환영하고, 기꺼이 이를 감행하려는 메시아적 과격분자들의 마음가짐이, 또한 최후를 위해 죄도 불사하고, 범죄까지도 무릅쓰려는 의지마저 나타난다. (같은 책: 145)

혁명적 정치의 "묵시론적 계기"에 대한 회의는 의문의 여지없이 역사로부터 배운 학습과정에 빚지고 있다. 늦어도 러시아 혁명이 엄청난 규모로 프랑스 혁명의 **테러**를 재-연출한 이래로(이와 관련해 인상 깊은 상세한 논의로는 Adamczak 2011 참조), 투쟁을 종말론적이고 모든 수단을 신성화

2 혁명적 정치뿐 아니라 제국의 정치도 역시 "묵시론적 무의식"에 의해 추동될 수 있다는 사실을 캐서린 켈러는 9/11이후 미국 정치에 대한 인상 깊은 연구에서 입증해 보이고 있다(Keller 2005).

하는 것으로 이해하지 않는 혁명 개념이 절실히 필요해진 것 같다. 이런 점에서 반(反)묵시론적 예방책이 필요한 것은 분명하지만, 이에 반해 엑소더스 개념이 시간적 상상 대신 공간적 상상을 통해 그 의미를 드러내고 있다는 점은 쉽게 간과된다. 이집트로부터 탈출 동기는 결국 처음부터 약속돼 있던 가나안 땅의 정복에 있기 때문에, 엑소더스는 그저 호전적인 요소들을 뒤로 미루어 놓은 것처럼 보인다. 설령 우리가 이러한 유비관계를 모세 책에 서술된 이야기에만 한정하고 여호수아의 가나안 원정은 무시한다 치더라도,[3] 거기에는 옥(Og) 왕에 대한 것과 같이 여러 부류의 종족에 맞선 출정이 존재한다. 이에 대해 부버의 히브리어 번역본에서는 다음과 같이 기술하고 있다.

하나님이 모세에게 말했다.
더 이상 그를 두려워 말라.
이제 내가 그를, 그의 백성과 나라 모두를 너의 손에 쥐어주마.
너는 네가 이미 아모리인 왕에게 행한 것처럼 그에게 해야만 한다. (…)
그들은 한 사람도 달아나지 못하도록 만든 채

3 엑소더스, 곧 『출애굽기』는 총 5권의 율법서로 이루어진 모세오경의 제2서이다. 거기에 이스라엘인이 이집트에서 이주하여 모세의 10계명 공표에 따라 천막사원과 율법궤를 건립할 때까지의 이야기가 전해지고 있다. 제3서에서 제5서까지는 종교적 훈령 외에도 사막에서 계속된 사건과 고라봉기의 진압 및 몇몇 종족들에 맞선 출정들도 또한 포함되어 있다. 마지막으로 제5서는 가나안으로의 이주 이전에 맞게 되는 모세의 죽음에 대해 기술하고 있다. 그는 마지막 법령으로서 여호수아에게 지배권을 이양하고, 이로써 『여호수아서』에서 기술된 본래 가나안 점령이 시행된다. 히브리어 성경에는 이러한 분할배치가 없으며, 부버는 자신의 번역에서 그때그때 단락의 맨 처음 단어들을 "표제"로 택하는 관례를 고수했다. 그래서 『출애굽기』는 그에게서 『이름들의 책』으로 칭해진 것이다. 엄밀히 말하자면, 출애굽기 이야기는 출정 이전의 사막에서 끝낼 수도 있었을 것이다. 하지만 낯선 종족들은 이름책의 시발점인 약속의 땅에서 이미 언급되었기 때문에 그에 맞선 투쟁은 이집트로부터의 이주가 불러일으킨 예상하기 어려운 놀라운 결과로 볼 수는 없다.

그와 그의 아들들, 그리고 그의 백성들을 때려 죽였고,

그리고는 그의 땅을 점령했다. (Buber/Rosenzweig 1981 [1954]: 429)

가나안인과 트랜스 요르단인을 절멸시키는 것보다 이집트인들과 싸우는 것이 더 낫지 않았을까라고 우리는 자문해볼 수도 있다. 성경에 나온 이스라엘 출정은 순전히 허구라는 것이 고고학적 연구를 통해 입증되었지만(Dever 2003: 23-75), 그럼에도 불구하고 엑소더스 모델을 식민주의적 함축성과 떼어놓고 생각하기란 어려워 보인다. 파올로 비르노가 자본의 망명자로 선언한 북미 개척자들(Virno/Ricciardi 2005: 18)은 이러한 이미지를 강조하고 있다. 이런 점은 엑소더스 내러티브의 가장 명료한 모던적 재전유물, 즉 영국 위임 통치령에서 남아프리카로 이주한 보어인의 "대(大)행렬"과 트란스발 공화국의 건국도 마찬가지이다. 따라서 문자 그대로 장소이동을 가리키는 엑소더스 모티브가 출발점이 될 수는 없다. 이미 왈저도 엑소더스 개념을 사용하면서 시간적 메타포를 위해 공간적 메타포를 상당 정도 해체했다. 즉 약속의 땅인 가나안에 도달하기 위해서는 이스라엘의 모든 자손들이 연합을 유지하고 덕을 행해야 한다는 것이다. 특히 사회정의를 위해서 이집트에서 겪은 경험을 잊지 말라는 의무를 지켜야 한다(Walzer 1985: 108). 그러나 이러한 약속은 여전히 도중에 생기는 희생자에 대해서는 거의 고려하지 않은 것처럼 보인다.

이하의 글에서는 매우 독특한 독일-유대적 텍스트 자료와 씨름하면서 대안적 엑소더스 개념을 스케치할 것이다. 주로 내가 관심을 갖는 역사적 입장은 구스타프 란다우어의 공산주의적 무정부주의이다. 독일 유대인 출신의 시사평론가이자 선동가, 또한 번역가였던 그는 정확하게

1871년에서 1919년에 이르는 독일제국 시기를 살았다. 그의 사후 명성은 주로 뮌헨의 소비에트 공화국을 위한 "순교" 선언문을 통해 전파된 반면,[4] 동시대인들에게는 그의 저술이 널리 알려져 있었으며, 발터 벤야민과 마르틴 부버와 같은 사상가들도 잘 알고 있었다. 부버의 경우에는 란다우어와 직접 사제관계에 있었으며, 『유토피아로 통하는 오솔길』에서는 란다우어의 입장을 지속적으로 옹호하기도 했다. 부버가 이미 왈저보다 한 세대 이전에 『모스크바냐 예루살렘이냐?』에서 첨예화시키려 했던 혁명적인 혁명론적 대안(Buber 1950: 233)은 란다우어 자신에 의해 물론 흥미로운 방식으로 재규정되면서 무력화된다. 란다우어는 아주 노골적으로 유대 공동체에 대한 디아스포라적 정의(定意)(Landauer 1997: 174)를 변호했으며, 부버에게 보내는 1918년 2월의 편지에서는 팔레스타인에 대한 자신의 갈망이 부족함을 언급하고 있을 뿐만 아니라, 상황이 어찌됐든 그가 야파 대학에서 강의하기보다는 브론슈타인[5]이 러시아에서 트로츠키처럼 영향력을 행사하는 편이 더 낫겠다고 쓰고 있다(Löwy 1992: 137). 하지만 비록 간접적이지만 그는 계급투쟁과 역사유물론에 맞서서 엑소더스 개념에서 공간적 메타포가 아니라 시간성을 차용한다. 약속의 땅에 이르러서야 비로소 그 진정한 실현을 희망할 수 있는 것이 아니라, 이미 여기에서의 탈출이 불확실한 시간으로의 출발이며, 탈출은 동일한 장소에서 더 나은 미래로 안내할 수도 있고, ("사막"에서) 길을 잃게 할 수도 있으며, 어쩌면 추후에 ("이집트") 지배를

4 이를테면 란다우어에 대한 다음과 같은 표현, "스타델하임 감옥의 앞마당에서 (…) 그가 구제하려 했던 불쌍한 동물들에게 맞아 죽고 짓밟히다."라는 구절을 참조해 보라(Michel 1980: 35).

5 [옮긴이] 브론슈타인(Leib Davidovich Bronstein)은 트로츠키(Leon Trotskij)의 본명이다.

약간 변형시킨 연장선에 불과한 것으로 밝혀질 수도 있다는 것이다.

정치적 용어들이 이처럼 시간화된 사례들은 많다. 이미 18세기에 "진보"가 순수 공간 개념에서 시간 개념으로 전환되었으며, 19세기에는 더 많은 개념들이 시간화되었다. 특히 "유토피아" 개념은 우선 순수 공간 개념이었다가 섬문학(Inselliteratur)을 통해 식민주의적 판타지와 밀접하게 결합하게 되었고, 19세기 초에 이르러서 비로소 존재하지 않는 장소(Un-Ort)가 아니라 미래상이라는 의미로 변형되기 시작한다(Hölscher 1990: 768 이하). 엑소더스 모델은 이러한 미래상에 특정한 시간구조를 부여한다. 즉 이제 유토피아는 기다리는 혁명의 결과로 열망되는 것이 아니라, 변화를 촉진하기 위한 예견으로 실현되어야 한다는 것이다. 이러한 변화는 분명 부버가 『유토피아로 통하는 오솔길』에서 시도했던 것처럼 엑소더스 모델을 유토피아적 사회주의 전통에 편입시키는 것은 아닐까? 나는 이런 맥락에서 출발하여, 유토피아적 입장을 매도하는 과학적 사회주의의 통념에 맞선 부버의 논증을 따라가 볼 것이다. 그에 따르면 사회변혁이란 미래를 선취하는 것과 관련이 있으며, 과학적 사회주의 자체도 "유토피아 문제"를 범하고 있다. 나는 이러한 부버의 입장을 란다우어에게로 소급시켜서 그의 용어로 이를 상세히 기술할 것이며, 특히 부버식의 란다우어 이미지를 부분적으로 수정할 것이다. 내 생각에 란다우어의 가장 큰 장점은, 부버가 묵시론적 태도와는 반대로 예언적 태도로 강화시키려 했던 유토피아적 에너지를 중시한 데 있다기보다는(Buber 1950: 23 이하), 오히려 "실천이론적으로"라고 불러야 할 그의 통찰력에 있다. 말하자면 란다우어는 대안적 관계양식 형성이 사회변혁에서 결정적이며, 혁명의 실현 가능성은 미래의 예견과 밀접한 관련이 있음을 간파했다는 것이다. 나는 란다우어의 "행동 사회주의"나

"여기 그리고 지금의 사회주의"를 사회적 재생산 및 변혁에 대한 특정 이해에서 비롯된 "장소적" 사회주의로 특징짓고 싶다. 이 모델에서 "혁명"은 실제로 엑소더스 모티브로 아주 잘 해석될 수 있지만, 이러한 탈주 역시 장소적인 것에 그치고 있다. 즉 현장에서 그리고 약속의 땅이 아닌 곳에서 반(反)묵시론적으로 잘못된 상황에 맞서서 활동하며, 이로부터 등을 돌리지는 않는다는 것이다.

유토피아 증거의 변주들

마르크스주의적 관점에서 볼 때 오언, 푸리에, 프루동의 제안들은 나쁜 의미에서 유토피아적이다. 그 까닭은 이들이 상상의 설계도면에 대안들을 약정하고 나서, 이를 그 모델상 실현된 것으로 간주하고 싶어 하기 때문이다. 따라서 이는 해방 사회의 프로젝트라기보다는 오히려 특권을 쥔 남자들의 현실 속의 플레이모빌 놀이였던 셈이다. 과학적 사회주의의 관점에서 볼 때 이러한 "모형 실험"은 "현실적 기반"이 결여되었기 때문에(Engels 1973 [1880]: 201) "유토피아로 비난받는다."(같은 책: 194) 즉 이러한 관점에 따르면 어떠한 사회적 경향도 노동 시민들의 목가적 정착촌을 지향하고 있지는 않다는 것이다. 그러나 유토피아에 맞서 과학성이라는 카드를 꺼낸 것이 마르크스와 엥겔스만의 독창적 전술은 아니다. 아이러니하게도 이미 이른바 최초의 유토피아적 사회주의자였던 생시몽도 똑같이 자신의 선행자에 맞서 격렬하게 과학성을 피력한 바 있다(Hölscher 1990: 779). 초기사회주의 실험의 상대적인 비실효성과 관련해서 마르크스와 엥겔스가 설령 옳았다 해도, 후세대 역시 동일한 방식으로 마르크스의 변증법적 혁명 개념에 맞서 이러한 분석을 연장시킬 수 있을 것이다. 이미 레닌은 마르크스가 혁명적 계급의식을 형성하는 전체 노동자의 경향을 과대평가했다고 보았고, 결국 합리적 대안 제시라는 요청은 포기하지 않았지만, 서유럽에서 혁명의 부재에 대한 이해와 분석에 기반한 비판이론이 형성되었다(이에 대한 상세한 논의는 Geuss 2004 참조). 그리고 마르크스가 프루동과의 논쟁에서 대략적으로 가정했었던,[6] 사회적인 것의 다른 측면들에 대해 생산관계가 명백하게 우위에 선다는 관념은 사회적인 것에 대한 포스트구조주의적, 상호분과적 분석을 통해 결국 유지될 수 없는 것이 되었다. 그러나 이러한 사회적인 것에 대한 목적론과 총체성 관념은 부버도 이미 문제 삼았으며, 이때 그는 마르크스주의적 유토피아 비판을 두 가지 방식으로 전복시켰다. 부버에 따르면, 첫째, 마르크스는 "인간의 노력", 즉 실천도 사회적 경향의 일부로 봐야 한다는 사실을 간과하고 있다. 그리고 둘째, 그는 궁극적으로 "유토피아"에 대한 자신의 의존성을 감추고 있다. 사실 이러한 의존성은 구체적으로 예견된 반대 기획들을 정립한 사람들의 의존성보다 훨씬 더 큰 것이다(Buber 1950: 25).

첫째 논점은 마르크스주의적 전통에서 혁명의 객관적 요소와 주체적 요소의 구별에 대한 새로운 규정으로 해석된다. 마르크스가 혁명의 객관적 요소로 간주한 것은, 생산력 발전, 그리고 해당 사회의 조직 형태, 즉 생산관계와 모순되는 욕구충족 수단의 발전이다(Marx 1972 [1885]: 134, 1961 [1859]: 9). 마르크스의 분석에 따르자면, 당시 사회가 산업생산의 잠재력을 완전히 활용하기 위해서는 봉건군주의 특권을 중심으로 조직된 제도체계와 결별하고 부르주아적 체제를 채택할 수밖에 없

6 "인간은 새로운 생산력의 습득으로 자신의 생산양식을 변화시키며, 생계를 확보하는 생산양식의 변화와 더불어 모든 사회적 관계도 변화시킨다."(Marx 1972 [1885]: 134)

었다. 그러나 마르크스에 따르면, 이렇게 증대된 생산력 자체가 자유주의적 자본주의 속에서는 소외된 생산관계 때문에 공산주의가 약속하는 보다 큰 생산력 발전에 장애가 된다. 물론 자본주의를 뚫고 공산주의가 등장하려면 이를 위한 물적 토대가 완비되어야만 한다.

> 혁명적 요소들이 계급으로 조직되려면, 낡은 체제라는 모태 속에서 발휘될 수 있는 모든 생산력들의 완성이 전제되어야 한다. (Marx 1972 [1885]: 181)

하지만 자본주의를 뚫고 나오는 이러한 돌파는, 프랑스 대혁명에서 정점에 다다랐던 돌파가 그러했듯이, "주체적" 측면, 즉 계급투쟁을 실행하는 행위자의 주체적 측면도 포함한다(Marx/Engels 1972 [1848]: 468). 따라서 마르크스는 주체적 노력이 객관적 여건에 적합한가를 기준으로 혁명적 노력의 적절성을 평가한다. 즉 오로지 생산력 발전과 생산관계의 역동적 모순과 관련된 시도들만이 유의미하고 성공할 가망이 있으며, 그 밖의 다른 모든 것들은 "공중누각"(같은 책: 491)에 불과하고, 역사적으로 첨예화된 계급대립을 완화시키기 때문에 반동적이다(Marx 1972 [1885]: 140).

이와 달리 부버의 주장에 따르면, 란다우어는 바로 성공적인 공산주의 혁명이 생산력 발전과 노동자의 계급의식과는 아주 다른 전제조건에 의거한다는 점을 인식해냈던 사람이다.

란다우어의 분석과 기획들은 '객관적 조건에 대한 올바른 인식'을 고려한 것이다. 그러나 그는 객관적 조건을 여러 구성요소들 간의 다른 식의 교집합으로 이해했다. 즉 그가 무엇보다도 몰두한 것은 마르크스의 전통에서 때때로 전혀 문제시되지 않던 주체적 범주, 즉 역사적 행위자들의 행위능력이다. 이런 점에서 란다우어의 해석을 빌리자면, "현장"(Topie)이라는 작은 곳에서 대안적 사회성을 창출하는 것이 혁명의 조건을 마련하는 일이며, 이 회의적인 혁명가의 시각에서 볼 때 혁명이란 그에 상응하는 실천과 주체성이 이미 마련되고 행해지는 곳에서만 조용히 성공전망을 가질 수 있다.

이 같은 점을 도외시했다는 비난은 마르크스주의에 대한 부버의 두 번째 논점의 근거로 쓰이기도 한다. 말하자면 궁극적으로 정통 마르크스주의에는 유토피아 문제가 있다는 것이다. 그것은 묵시론적 역동성을 차용한 유토피아적 시간성의 지배를 받고 있다(Buber 1950: 25). 이 경우 종말론의 경고를 유발하는 동기는 앞서 언급된 왈저의 이해에서 볼 수 있었던 도덕적인 것이 아니라, 행위이론적인 것이다. 문제는 "묵시론적 무의식"(Keller 2005: viii)이 행위자로 하여금 치명적인 수단을 사용하도록 하는 데 있는 것이 아니라, 혁명이 완수되기만 하면 저절로 올바른 사회적 관계가 형성될 것이라는 잘못된 희망을 품게 하는 데 있다는 것이다. 즉 과학적 마르크스주의자는 저 은폐된, 묵시론적으로 구조화된 종말론 때문에 자유롭고 계급 없는 사회의 발생 조건을 혁명 내에서나 혁명 이후에도 증명할 수 없다는 점은 눈치 채지 못한다. 이런 점에서 부버는 다음과 같이 진단하고 있다.

> 마르크스에게서 유토피아론으로 변한 묵시사상이 출몰하고, 모든 경제적-과학적 현장론(Topik)이 순수한 비현장론(Utopik)으로 변모하는 지점은 사회 혁명 이후에 모든 것이 바뀐다는 점이다. 소위 유토피아주의자의 유토피아는 혁명 이전의 유토피아이고, 마르크스주의적 유

토피아는 혁명 이후의 유토피아이다. (Buber 1950: 25)[7]

구스타브 란다우어의 저술에서는 지금까지 살펴본 두 가지 논점이 보다 상세하게 서술되고 있다. 이를 살펴보면, 왜 "혁명 이전의 유토피아"라는 선전 자체도 아직은 유토피아적 사회주의에 대한 일면적 기술에 불과한지를 알게 될 것이다. 새롭게 규정된 혁명 개념은 혁명 이전과 이후의 일직선적 배열과 결별하고, 엑소더스의 과정 속에서 이미 "현장적"이 된 "유토피아들"만을 토대로 한다.

현장(Topie)과 재구조화

부버는 유토피아적 사회주의가 란다우어에 이르러 절정에 달한 것으로 본다. 그 까닭은 유토피아적 사회주의가 사회의 재구조화를 혁명 이후가 아니라, 혁명 이전의 과제로 설정함으로써 선행자를 넘어서는 결정적 진보를 이루었기 때문이다(Buber 1950: 80). 『유토피아로 통하는 오솔길』에서는 생시몽에서 푸리에, 오언, 크로포트킨을 거친 전통 전체에 대한 긍정도 중요하기 때문에, 이 책은 폭넓게 유토피아적 이념과 비전에 대한 변호에 집중되어 있으며, 란다우어도 매우 강력하게 예언자적 설교자로 묘사되어 있다. 그러나 란다우어가 대부분 "공허한 말의 껍

7 베른슈타인(Eduard Bernstein)이 1897년 영국의 페이비언 협회에서 행한 강연에서도 거의 이 텍스트 그대로를 옮겨 놓은 듯한 논법이 발견된다. "그럼에도 불구하고 유감스럽게도 여전히 사멸하지 않은 다른 종류의 유토피아주의가 있다. 그것은 옛 유토피아주의의 정반대 극단에 있다. 사람들은 소심하게 미래의 사회조직에 대한 온갖 논의는 기피하지만, 그 대신 자본주의 사회에서 사회주의 사회로의 급격한 도약은 가정한다. 전자에서 일어나는 모든 것은 땜질, 임시방편, '자본주의적'인 것에 불과하고, 해결책은, 어떤 날은 아닐지언정 극히 빠른 시간 안에, 사회주의 사회가 가져다준다."(Hölscher 1990: 781에서 인용)

데기"를 벗기는 일에 신경을 쓰며 보인 냉소적 반응과 사회주의적 선전 전체를 하나의 실행, 즉 크로포트킨적 의미에서 "실행을 통한 선전"에 대한 비-테러주의적 해석인 대안의 예시적 실현으로 보려고 한 것은 어느 정도 모순된다. 이러한 예시들에서 중요한 것은 "새롭고 완전한 사회질서 체계를 창안하고, 이것을 외부로부터 선전을 통해, 가능하다면 모형실험들의 사례를 통해 사회에 강요"(Engels 1973 [1880]: 194)하는 데 있는 것이 아니라, 사회 내부, 그러니까 혁명적 주체와 객체 모두를 의미하는 사회적 관계양식에서 비롯된 작업이다(Adamczak 2012). 그리고 여기에서 사회주의적 형태들의 에피소드적 실현이 차지하는 위상은 결정적이다. 란다우어에게 엑소더스의 계기들은 지역적이고 확인 가능한 것이며, 그렇기 때문에 내 생각에 "현장 사회주의"라는 제목이야말로 란다우어적 기획의 특징을 적절하게 표현한 것으로 보인다. "현장적"(topisch)이라는 형용사는 장소적이란 말이지만, 특정 토포스를 표현하기도 하며, 이는 본래 "토포스"(Topos)에서 파생된 것이다. 반면에 란다우어와 부버의 저술에서는 "토피아"(Topie)라는 신조어가 나타난다. "현장적"이란 부버에 따르면, 실제적이고 냉철하며 또한 과학적이기도 한 관찰을 통해 접근할 수 있는 모든 현상들, 즉 "구조적으로 희망적 이상에 집중된 판타지"(Buber 1950: 19)에 불과한 유토피아적 지위를 갖지 않는 것들을 말한다. 이 때문에 어떤 대목에서는 부버 자신도, 유토피아적 사회주의를 현장 사회주의로 부를 수 있다는 결론을 내리기도 한다.

> (…) 그것은 '어디에도 없는 것'이 아니라, 그때그때 주어진 장소에서 주어진 조건에 따라, 말하자면 '지금 여기에서', 그리고 지금 여기서 가능한 만큼, 자신을 실현하려는 이념이다. (같은 책: 139)

부버가 토피아라는 단어를 주관적 소망과 구별하여 객관적으로 존속하는 것을 특징짓는 데 사용한 반면, 란다우어는 이 단어를 안정적이고 통합된 사회형태와 변혁의 시대를 구분하기 위해 사용한다. 란다우어에 의하면, 토피아가 역동과 소요, 즉 혁명의 시기를 거쳐 새로운 토피아로 정착하기 위해서는 언젠가는 현재의 문제들과 과거의 모든 유토피아적 기억에서 발원되는 유토피아와 단절하게 될 것이다(Landauer 1907: 13). 하지만 란다우어는 아이러니하게도 이런 도식은 즉각 다시 철회한 반면, 자신의 저술 전체에 걸쳐 사회이론적 범주를 통해 물화를 비판하면서(같은 책: 8), 통합적이지만 중앙화되거나 동질화되지 않은 사회적 번영기를 토피아라고 부르는 어법은 고수한다. 토피아들은 모든 사회적 구조, 즉 "공동생활 전체"(같은 책: 12)를 포괄한다. 왜냐하면 여기에는 하나의 공동체 정신이 스며들어 있기 때문이다. 란다우어는 크로포트킨으로부터 물려받은 낭만주의화 속에서 서유럽의 역사 중 오로지 중세만을 이런 시기로 본다(Kropotkin 1908 [1902]: 140).[8] 하지만 사회성을 서술하기 위해 란다우어가 발전시킨 규범적 범주들은 이러한 사례와 분리될 수 있다. 게다가 그가 사회적 통합을 가리키는 용어로 하필 "정신"을 택했다는 것은 우리의 이해를 더욱 어렵게 만든다. 대부분의 해석자들은 그저 이 개념의 주변만을 맴돌고, 부버는 이를 너무나도 강하게 종교-공동체주의적 방향으로 읽어낸 반면, 나로서는 란다우어의 독특한 "정신" 개념 사용법을 면밀히 살펴본다면 혼란이 해소될

8 란다우어의 역사 이미지는 구성주의적일 뿐 아니라, 반(反)목적론적이다. 이와 관련하여 다음과 같은 진술을 참고하라. "우리는 항상 모든 과거의 시간들이 우리를 향해 작용하는, 그러한 시간의 사고방식을 버려야만 한다."(Landauer 1907: 30) "만약 우리에게 알려진 역사의 빈곤한 잔재만을 말하려 한다면, 아무리 점잖은 사람이라도 세계사에 대해 언급하는 것이 허락될 순 없다."(Landauer 1967 [1908]: 29)

것으로 본다.

란다우어가 무정부주의자로서 긴급하게 해답을 모색한 기본문제는 사회적 결속력에 대한 것이다. 왜냐하면 국가적 차원의 계약이 그런 것일 수는 없기 때문이다. 게다가 란다우어는 모든 공동체의 비전에도 불구하고 공동체화를 성취하기 위해 특정한 가치 부분을 전제하는 공동체주의자이거나 규범적 기능주의자가 결코 아니다. 그는 공동체의 토대인 철학적인 세계관적 일치를 단순하게 "수다, 허튼 소리, 보수반동"으로 치부한다(Landauer 1967 [1908]: 139; 또한 1907: 43도 참조할 것). 란다우어는 사회적 통합과 집단적 조직을 확보할 수 있는 세 가지 대안을 제안하고 있는데, 정신, 강제, 광기가 바로 그것이다. "정신"의 정의는 "강제"와의 구분 속에서 나온다. "정신"은 외적인 것이 아닌 내적 필연성, 강요된 것이 아닌 자유로운 소속성에 바탕을 둔 공동체를 특징짓는다. 광기의 범주는 정신과 강제의 사이에서 양가적 중간지대에 위치한다. 이 범주에 란다우어는 이데올로기, 종교, 대중도취감, 그리고 유토피아도 또한 귀속시킨다. 이들은 란다우어가 인정하고 있듯이 비록 정신보다는 강제에 더 친화적이지만 변혁기에는 명백하게 유용한 역할을 할 수 있다. 그러나 이것들이 연대를 결국 모래사장 위에 구축한다면 이는 비판되고 계몽되어야만 한다.

란다우어의 관찰 자료는 빈번하게 자신이 번역한 크로포트킨의 『상부상조』에서 차용되고 있다. 거기에는 기본적으로 예외 없이 비국가적이고 스스로 선택한 평등주의적 공동체화의 사례로서 길드원리로 소급되는 중세기의 열광 역시 설명되어 있다. 이해공동체나 운명공동체의 자유로운 협정이 공존의 지속을 위해 동등성을 상정하고, 서로가 자신들의 갈등을 조정하며, 무엇보다도 한 배를 탄 구성원의 한자(Hansa) 동맹서약에서 표명되듯이 서로를 책임지는 일은 란다우어에게 있어 "정신"의 완벽한 사례이다(또 이는 엑소더스에서 동맹체결이 일어난 동기와 다름없을 터이다. Walzer 1985: 71). 이렇게 상상된 길드의 소속성에서는 계약론적 의미에서의 국가소속성과는 다른, 또한 조합제도와도 다른, 다중화된 소속성 원칙이 중요하다. 란다우어에 따르면, 사람들이 많은 동맹제휴 속에 동시에 속해 있는 것, 그래서 결국에는 무수한 소속성을 지닌 자신을 인식하는 것이 인간 삶의 근본적 사회성에 가장 잘 부합한다. 따라서 길드의 공동체 관념은 전통적이지 않다. 길드는 (또는 란다우어와 크로포트킨이 생각한 것은) 예를 들어 관광 단체에서처럼 차라리 우연히 함께 모여, 평등하고 연대적인 조직화를 결정한 인간들이 자유롭게 약정을 맺을 때 탄생한다. 부버는 자신의 맨 처음 저술들 중의 하나인 『옛 공동체와 새로운 공동체』에서 퇴니에스(Ferdinand Tönnies)의 전통 "공동체"와 현대 "사회"의 구별을 끌어들이면서 "포스트 소셜 공동체" 개념을 전개하고 있다(Buber 1976 [1900]: 54). 만약 이와 같은 협정이 외적 필연성에 의해 이루어졌거나 아니면 내적으로 상호공생적으로 체결된 것이 아니라면, 그것은 란다우어의 범주에 따르자면 정신이 아닌 강제의 심급에 속한다.

그럼에도 불구하고 란다우어에게 있어서 결속의 원리인 정신과 강제를 용어상 명확히 구별하기란 쉽지 않다. 왜냐하면 정신 역시 란다우어가 이따금 "이끄는 힘"(Zug)이라 부르는 일종의 강제를 통해 작동하기 때문이다.

> 내가 정신, 결합하는 정신 또는 협동정신이라 부르는 것은 내가 나 자신 속에서 느끼고 모든 인간 속에 존재함을 알며 특히 인류 역사의 특

> 정 시기에 강력하게 출몰하여 가시화되는 어떤 것이다. 그것은 결코 본성과 다르지는 않지만, 이를 학적인 언어로 자연적 충동이라고 부를 수는 없을 것이다. 왜냐하면 정신은 오히려 많은 종족들의 감정이 되어버린 경험들, 이해관계의 보전, 이성이 결합된 복합물이기 때문이다. 이러한 정신은 개체들 속에서 동일자로 살아 있고, 그래서 번영의 시기에는 즉흥성, 자발성으로 발현되어 자치단체, 조합, 동맹을 창출한다. (Landauer 1921: 33)

이에 따르면, 정신이란 일종의 제2의 자연이 되어버린 상호공생주의일 것이다. 란다우어 자신은 상호부조라는 크로포트킨의 범주 외에도 그것의 동의어로 형제애와 자매애(Landauer 1907: 112) 그리고 무정부주의라는 개념을 사용하고 있다. "정신의 이러한 위력은 잔혹한 군도(軍刀)를 대신할 것이며, 무정부주의라는 단어는 아주 드물긴 하지만, 사람들이 그 긍정적인 의미를 오해하지 않는 경우 내가 자주 사용하고 있는 말이다."(Landauer 1977 [1924]: 178)

정신 개념은 이처럼 모호하지만, 중요한 것은 란다우어가 '정신'이라는 용어와 함께, 논증을 통한 내용적 합의나 형식적 제도화를 넘어서, 연대적 사회성이 정착될 수 있도록 해주는 개념적 장소를 점하게 된 점이다. 게다가 란다우어는 정신 개념 덕택에 무정부주의적 파괴작업에 대한 구성적 대응물을 보여줄 수 있게 되었다. 왜냐하면 강제의 철폐가 동전의 한 면이라면, 다른 한쪽 면에는 반드시 자유로운 결속의 새로운 형식이 창출되어야 하기 때문이다. 이러한 다른 측면을 위해 부버는 "구조"를 무언가 매우 특이한 것으로 파악하는 재구조화라는 개념을 만들어냈는데, 그것은 란다우어가 정신을 통한 합병이라 부른 것 속에서 지역적으로 살아 움직이는 제도를 가리킨다.

> 사회의 구조라는 것은 사회를 유지하는 것, 공동체를 유지하는 것으로 이해될 수 있다. 사회는 진정한 사회들, 곧 장소공동체와 작업공동체로 구성될 때 그만큼 구조적으로 풍부해진다. (Buber 1950: 30)

재구조화는 구조변동이 아니라, 무정부상태와 같은 그러한 구조들이 비로소 창출되는 것(아니면 만약 길드의 존재양식을 믿는다면 새로운 창조)을 말한다. 그 현대적 보완물로서 부버는 코뮌과 협동조합 외에도 평의회를 가장 상세하게 논하고 있다(같은 책: 179).

실천이론상 흥미로운 점은, 란다우어가 "정신" 또는 연대성이 주체적 태도가 아니라, 항상 이에 상응하는 실천과 재구조화의 결과라는 점을 고수한다는 데 있다. 이는 부버가 완전히 간과하진 않았지만, 유토피아적 판타지를 변호할 때 적절하게 강조하지 못한 측면이다. 란다우어에 따르면 이념에는 이에 부합하는 실천이 선행한다.

> 또 현실정치가란 외부의 조건들 속에 이념이 현실화되었을 때 비로소 그 이념을 자신의 머리 속에 받아들이는 사람일 것이다. (Landauer 1921: 265)

따라서 성공적 혁명의 물적 조건에는 상호공생적 정신을 위해 준비 작업을 하는 실천들과 제도들 역시 포함된다.

길이나 소위 움직일 다리조차도 비로소 걸어야만 보이는 것처럼, "정신이 살아갈 수 있는 (…) 구조물이 있어야 사람들을 결속시키는 정신도 생겨난다."(Landauer 1907: 108)는 점을 란다우어가 거듭해서 강조한 것은, 특히나 시대 전환기에 있었던 생활개혁 프로젝트에 대한 실망감 때문이다. 하르트 형제와 가깝게 지낸 란다우어는 그들이 베를린 프리드리히하겐에 세운 "신(新)공동체"를 처음에는 열광적으로 환영했으나, 나중에는 개인주의적 현실도피라고 격노하며 논박한 바 있다. 그는 이른바 인간 내면의 정화와 개혁을, 그것이 단지 새로운 사회적 관계형식의 형성, 경제적 존속, 그리고 일반적 변화추구의 부수효과에 불과한 것이 아니라면, 구제불능의 냉소적 모험이라 간주했다(Landauer 1978 [1903] 참조). 이러한 해방추구를 선전하기 위한 란다우어 자신의 도구는 사회주의 연맹이었다. 1908년 초여름 그는 "베를린 무정부주의자들과 그 주변"의 "선전위원회"에서 연설을 했고, 「사회주의 연맹의 12강령」에서는 토론을 위해 이를 요약하고 있다(Matzigkeit 1995: 188 참조). 연맹이 추구한 목표는 노동하는 모든 사람이 자신의 뜻에 따라 연합해야 할 "자발적 동맹의 질서"였다. 토지가 구매와는 다른 수단을 통해 사회주의자의 수중에 떨어지는 것이 아닌 한, 개개의 집단 구성원의 사명은 "정의"와 "즐거운 노동"이 예시적으로 실현되어야 할 시골 정착지에서 선전과 회합, 그리고 개척자적 작업을 수행하는 데 있었다. 최초의 구성원 후보자들이 직접적으로 집회와 관련하여 신고했고, 그다음 해에 대략 20여 개의 지역그룹이 형성되었으며, 그중에는 마르가레테 파스-하르데거(Margarethe Faas-Hardegger)에 의해 자극받은 스위스의 두

그룹과 에리히 뮈삼(Erich Mühsam)을 둘러싸고 공공연하게 스캔들을 일으킨 뮌헨그룹이 있었다. 구성원이 대략 1,000여 명에 이르렀을 때가 연맹의 절정기였다. 베를린 그룹 내에서는 지성의 중심으로서 마르틴 부버, 구스타브 란다우어, 에리히 구트킨트 그룹이 으뜸이었다(같은 책: 199 참조).

란다우어와 부버에 따르면, 사회주의 연맹이 선전한 사회구조 재형성을 위한 엑소더스 실천은, 동시대 "과학적" 마르크스주의에 대한 혁명비판 때문에 생겨난 변혁이론적 딜레마에 대한 응답이다. 란다우어는 마르크스주의적 혁명 시나리오의 두 갈래, 즉 역사유물론적 목적론과 계급투쟁을 수긍하기 어려운 것으로 생각했다. 그는 생산력 발전의 진보적 효과를 믿지도 않았다. 단지 "옛날 여자들은 커피를 우려낸 찌꺼기로 예언하였고, 마르크스는 증기로 예언했을 뿐"인 것이다(Landauer 1967 [1908]: 98). 마찬가지로 그는 개방적 혁명투쟁이 자유롭고 정의로운 새로운 사회질서를 제도화할 수 있는 능력을 지녔다고 믿지도 않았다. 부버가 포스트혁명적 유토피아주의를 비난했다면, 란다우어는 계급투쟁 변증법을 "기적을 믿는 신앙"이라고 비판한 것이다.

> 스스로도 그리 부르듯 미신이 믿는 기적, 말하자면 유물론과 기계주의가 가정하는 기적, 즉 위대함이 위대한 노력 없이 일어나고, 성숙한 사회주의가 사회주의의 유년 발단기로부터가 아니라, 자본주의의 거대한 기형아로부터 성장한다는 기적. 이러한 기적은 일어나지 않으며, 곧 이제 인간은 이러한 믿음을 더 이상 알지 못하게 될 것이다. (Landauer 1977 [1924]: 87)

한편 부버의 묵시록 진단과 유사하게 란다우어는 정통 마르크스주의적 전망에서 나타나는 일종의 정신분열증적 시간성을 비판하고 있다. 객관적으로 진행되어야 할 생산력 발전은 행위자들을 단조로운 시간의 관성적 흐름 속에 묶어놓는다. 그러나 갑자기 혁명을 통해 행위자들은 속박에서 벗어나 그 자원이 아직도 완전히 남아 있는 미래에 몸을 맡긴다는 것이다.

> 행위자들은 자신의 이념이 한 발 한 발, 돌 하나씩을 쌓아 올리듯 실현된다고 생각하지 않기 때문에, 단지 두 가지 선택지만 존재할 뿐이다. 즉, 관성적 흐름처럼 진행되는 현재 상황의 동일한 반복, 즉 그 더딘 현실이거나, 아니면 밤이 빛으로 변하고 진흙탕이 금으로 변한다는 순간적 변신의 열광적 꿈이거나 (…)! 다만 언제나 빠르게, 언제나 급작스럽게, 언제나 마술을 부리듯이, 동화처럼 또 기적같이 말이다! (같은 책: 40)

란다우어가 현장 사회주의에서 극복하고자 한 것, 심지어 전복하고자 한 것은 바로 이러한 현재와 미래의 분리이다. 즉 "현재와 미래 사이에 마술사가 그어놓은 선을 제거"하고, 그가 본래 혁명적 작업으로 본 것, 즉 사회주의적 실천의 수립과 훈련을 시작할 필요가 있다는 것이다.

> 우리는 말한다. 신발을 뒤집어 버리라고! 우리는 사회주의가 시작되도록 혁명을 기다리지 않는다. 그 대신 사회주의를 현실로 만드는 일을 시작하면, 이를 통해 위대한 격변이 일어날 것이다. (같은 책: 92)

란다우어와 부버는 사회 전체가 일반적으로 포스트혁명적 질서의 선취된 교두보가 존재할 때에만 재구조화될 수 있다고 생각한다. 엑소더스의 계기들은 이렇듯 포스트혁명적 유토피아의 패러독스를 무력화시킬 결정적인 수단이 된다. 낡은 사회의 모태 속에서는 생산력뿐만 아니라, "새로운" 사회를 유지하려는 실천적 권능과 관계양식도 또한 자라난다. 혁명이 혁명에 앞서 수립된 새로운 구조들의 방어투쟁이 아닌 한, 란다우어는 혁명에 그 어떤 직접적인 전환적 효력도 인정하지 않았다. 혁명은 "불치병에 걸린 후 수없이 재발을 겪으면서 매우 천천히 회복하는, 심한 고통에 시달리는 자를 위한 샴페인과 (…) 그리 크게 다르지 않다"는 것이다(Landauer 1907: 59). 샴페인은 가장 믿을 만한 치료는 아니지만 그것을 업신여겨서도 안 된다. 란다우어에 따르면 에피소드적이고, 결국 실패할 혁명들에는 적어도 "정신을 깨끗하게 씻어내고", "혁명에는 풍요롭고 압축적이며 거의 톡 쏘는 얼얼한 삶"이 있다는 경험과 "긍정적 합일의 감정"을 매개하는 중요한 기능이 있다(같은 책: 111). 그럼에도 불구하고 혁명으로서 이러한 고양은 좌초될 수밖에 없으며, 심지어는 목적의 완전한 전도 속에서 좌초되곤 한다. 부버는 현장 사회주의가 저지해야 할 이러한 딜레마를 다음과 같이 확인하고 있다.

> 혁명의 목적은 혁명적 행위가 이를 완전히 실현할 수 있도록 혁명 이전에 이미 형성되어 있어야 한다. 그러나 그렇지 않은 경우 그리고 바로 이 때문에, 혁명은 그 적극적 목적과 관련해서 볼 때, 아무리 정직하고 열정적인 혁명가라도 이들이 염원했던 것과는 정반대의 결과를 가져올 수밖에 없다. 이것이 혁명의 비극이다. (Buber 1950: 77)

사회 재구조화를 위한 엑소더스 모델에 대한 가장 수긍이 가는 의구심, 즉 참여자 선출의 문제에 대해 부버는 이미 『유토피아로 통하는 오솔길』에서 상세하게 논의하고 있다. 만약 소위 대안적 기획이 나중에 볼 때 종종 현존 질서에 대한 자극제로 입증되지 않는다면, 협동조합과 코뮌은 현존 질서 속으로 아예 들어오지 않든지, 아니면 자본주의적 기업이나 친족 강제공동체와 거의 구별되지 않게 되는 것은 아닐까? 참여자의 집단적 이기심에 이와 같은 실패의 책임을 묻는 부버의 전략은 (Buber 1950: 126) 분명 지나친 단견이다.

이러한 유보적 태도는 몇 가지 해당 사례들에서 표출된 '지역에 대한 만족감'에 대한 격한 거부로(예를 들면 Sharer 2011 참조) 표명되고 있다. 보도(步道) 위에 심어진 나무 주변의 지면을 흙으로 채우고 식물을 심는, 도시 조경법의 변형태를 생각해보라. 여기에서 집세의 안정과 대안적 삶의 실현은 아마도 애완견의 용변장소나 소화전을 합목적적으로 배치함으로써 더 용이하게 달성될 수 있을 것이다. 하지만 원래는 사적 경제의 주택시장을 벗어나는 것이 핵심이여야만 했다. 당연하게도 이와 같은 대립 구도는 항상 사례보다 우위에 서 있다. 과연 누가 라테 마키아또를 마시는 주부들의 여가활동을 무정부주의적 실천이라 주장하겠는가. 이는 페미니즘적 조합의 영속 농업과 그리스 위기 때 새로 창출된 공유 운동과는 정반대 아닌가!

현장적 선취에 대한 반론은 선취의 내용이나 선취의 방식을 체계적으로 겨냥하고 있다. 첫 번째 반론에 따르면, 결정적인 것, 즉 정말로 혁명적 관계들은 선취될 수 없다. 왜냐하면 이를 위해서는 척도의 문제가 제기되기 때문이다. 예를 들어 연대 경제는 분명 사회 전체적인 것과는 완전히 다르며, 직접 민주주의가 가정 활동에 적합할지는 모르나 나라 전체에서 작동하기는 어렵다. 만약 이런 이유가 아니라면 그 이유는, 예컨대 바쿠닌이 가정했던 것처럼 현존상태에서 생겨나는 상상력은 건설의 과제가 아니라 오로지 파괴의 과제만을 떠맡을 수 있을 정도로 이미 오염되어 있다는 데 있다. 두 번째 반론에서 명백해진 것은, 단계적 개선에 대한 범주적 거부 자체가 새로운 것이 어디서 유래하는지를 설득력 있게 만들 수 없다는 점이다. 반면에 척도의 문제와 관련해서는 무정부주의적 응답 시도는 추측컨대 이중적이다.

즉 한편으로 무정부주의자들이 추구하는 목표는 명백하게 사회 부문들 간에 중심이 없는 사회이기 때문에, "전체"의 조직과 통제를 추구하고 체득해야 한다는 점은 제거된다. 다른 한편으로, 오픈소스 소프트웨어 생산 및 분배방식이나 위키피디아와 같은 디지털 공유재의 출현(Wright 2010: 194)은, 사회의 재구조화가 그저 이웃집 마당에서 무슨 일이 벌어지는가를 알게 되는 것만을 의미하지 않는다는 좋은 사례가 된다. 게다가 여기에서는 선취와 체득이 본래 의미하는 바가 무엇인지 일목요연하게 다루어지고 있지 않다. 포스트혁명적 관계로는 선취의 미완이 무엇으로 나타나는지 규정하기 어렵지만, 이는 동시에 포스트혁명적 관계들이 이행단계로 남으려는 미덕이기도 한다. 이런 점에서 척도의 문제에 대해서는, 수십억 인간들을 민주주의적으로 조직하는 것이 여기에 기여할 수 있다고 대답될 수 있을 것이다. 이들 중 많은 사람들이 적어도 가계, 연합체, 사회운동에 이미 정통해 있다면 말이다. 결국 선취 불가능성이라는 반론이 귀결하게 될 유일한 형태는 거시구조로의 환원론이다. 즉 이런 노선에 있는 사람들은, 자본주의적 생산관계가 존재하는 한, 모든 관계가 물화되고, 경쟁에 지배받고 있기 때문에 자본주의적 생산관계가 폐지된 날에야 자동적으로 연대가 형성된다고 주장할 것이다. 이러한 입장은 물론 엑소더스 모델이 비로소 설득력을 갖게 된 이론적 시발점으로 되돌아가는 것이고, 또한 이와 동시에 이 글에서 단지 선별적으로만 부버와 란다우어의 논법을 따라 재현했던 논쟁으로 되돌아가는 것이기도 하다.

두 번째 버전의 반론은 내용적으로 선취의 가능성을 문제 삼는 것이 아니라, 이러한 선취가 그 지역적, 개별적 성격으로 인해 필연적으로 좌초할 수밖에 없다는 주장이다. 만일 사회주의가 한 나라 안에서 불가능하다면, 어떻게 사회주의가 농촌 공동체에서 성공한다는 말인가? 하지만 좌초된 프로젝트의 목록이 증거로 충분한 것은 아니다. 사회의 재구조화 시도가 좌초할 수 있음을 확언하는 일은 진부해 보인다. 혁명들은 더 나은 대차대조표를 제시해야 하는 것은 아니다. 그리고 좌초한 혁명들의 교육적 가치가 노동운동에서 강조되는 것처럼(Luxemburg 1982 [1904]: 88), 에피소드적 대안들에 대해서도 이전에 거의 현실성이 없었던 특정 본보기가 이를 통해 각인되고 시행되며, 선전되고 있다는 점이 이야기될 수 있을 것이다. 그러나 이런 대안들이 언젠가 성공할 수 있을 것인지, 또 그것들이 근본적인 변혁과 연결될 수 있을 것인지는 까다로운 문제이다. 이와 같은 질문에 앞서 제기된 보다 강력한 형태의 동일한 반론에 따르면, 지역적 사회운동 자체는 실패한 경우가 아니더라도 단순한 밸브 장치에 불과하기 때문에 기존 사회를 공고히 하는 역효과를 내며, 더구나 노력과 관심을 "본래의 투쟁"에서 벗어나게 한다. 여하튼 "본래의 투쟁"이 환상이 아닌 한, 이에 대해서는 주로 사례가 문제된다는 점이 반론으로 제기된다. 연대적 관계와 네트워크는, 비르노가 아래와 같이 정식화하고 있듯이, 주택과 채소밭처럼 투쟁을 위한 자원 역시 공급할 수 있다.

> 갈등이 시작되는 것은 우리가 이미 경험하고 있는 사회적 관계와 새로운 삶의 형식을 지키기 위해 탈주를 통해 우리가 구성해낸 것으로부터이다. 이제 보다 나은 공격을 위한 탈주라는 옛날 이념에 추가된 확신은, 사람들에게 속박 이외에 무언가 잃을 것이 있을 때, 싸움이 가장 효과적일 것이라는 점이다. (Virno/Ricciardi 2005: 20)

나는 진보적 엑소더스 정치와 역효과를 낳는 엑소더스 정치를 구별할 일반적 기준이 있다고 생각하지 않는다. 상황이 이렇다면, 논쟁은 원래 범주적 차원에서 자리를 잘못 잡은 것이다. 즉 모든 숙고와 반박은 비판과 반비판으로서 기존의 사회구조에 대한 개개의 실천과 정치적 관계를 동반할 때, 흡사 선험적으로 패배주의를 설교하듯이 서로 통하는 것 같다는 것이다.

란다우어는 소위 (유-)토피아주의자들의 환상이 공격당할 때 때때로 드러난 태도, 즉 특유의 영웅주의를 분석할 것을 요구하기도 한다. 이러한 영웅주의는 늘 불순하고 상대적이며 임시적인 대안에만 주력한다는 고백처럼 "평지 활동"(Brecht 1993 [1949]: 205)과는 반대되는 "험지 활동"이다. 앞선 인용에서 비르노는 엑소더스에 전투적 어휘의 옷을 입히려고 애쓴 반면, 란다우어는 신속하고 갑작스러운 혁명에 대한 자신의 유보적 태도를 영웅적이고 호전적인 정치 개념에 대한 일반적인 회의와 결부시켰다. 영웅주의의 문제에 대한 한 친구의 질문에 대해 란다우어의 『사회주의로의 호소』에서는 이러한 점을 다음과 같이 표명하고 있다.

> 『호소』에서 비영웅적인 것과 영웅적인 것이 함께 나타난다는 것은 전적으로 옳다. 하지만 만약 나에게 가장 중요한 것이 무엇인지 선택해야 한다면, 그렇지 않을 때와 마찬가지로, 비영웅적인 것, 즉 아주 조용하고 소박하며 눈에 띄지 않는 것이 올바른 경제의 시작이라고 말할 것이다. (…) 영웅적 인생관은 기만에서 자라난다. (Landauer 1929: I, 376)

여기에서 란다우어는 그가 영웅적 인생관의 "기만"으로 암시한 것을 다른 곳에서는 니체와 논쟁하면서, 그리고 그로부터 강력하게 영감을 받은 세기 전환기의 표현주의적 자기실현 구상을 통해 발전시키고 있다. 이는 란다우어 자신이 이미 남성성 규범 비판이라는 맥락에서 촉발시킨 논쟁이기도 하다. 주지하다시피 사회주의권도 포함한 전쟁 열광의 한복판에서 란다우어는 1914년에 다른 동료와의 서신교환 속에서 흡사 영웅주의의 몰아(沒我)적 측면, 즉 그가 마찬가지로 잘못된 행동유형으로 간주했던 희생정신을 비판하고 있다.

> 살아 움직이는 일회적인 상황에 도식을 적용하는 일보다 잘못된 것도 없으며, 가장 위대한 사례들에 도식을 적용하는 것, 즉 희생 도식 역시 마찬가지이다. 때때로 희생은 절대 가장 힘든 일이 아니다. 자신에게 맡겨진 직책을 위해서, 그것이 크든 작든 이를 지키는 것, 그것이 지금 절실히 필요한 일이다. (…) 그리고 사람들이 우리를 필요로 하기 때문에 우리는 살아 활동해야 한다. (…) 어디선가 하이네가 뚜렷한 이

> 유 없이 평화로운 상황 한복판에서 돛대 꼭대기로 기어 올라가, '나는 잭슨 사령관을 위해 죽는다'라고 소리치며 바다 속으로 뛰어든 선원에 대해 이야기한 적이 있다. 이것이 의미도 결과도 없는 희생의 전형적인 예이다. 모든 존중은 죽은 선원에 대한 것이지만, 이는 계속해서 전투선에 남아 있는 자들에 대한 존중이기도 하다. 즉 '자유와 아름다움'이라는 명칭을 붙일 배를 곧이어 급조하는 데 기여하리라는 희망 속에서 말이다. (Landauer 1929: II, 12)

란다우어에게 있어 "전투선에 남는다"는 것은, 그리고 이미 언급한 브레히트의 메타포에서 "평지 활동"이 말하는 것은, 페미니즘적 혁명구상, 즉 흑인 여성 페미니스트인 프랜시스 빌(Francis Beal)이 특징지은 바 있는 "혁명을 위한 생활"에서 주목할 만한 반응을 얻었다.

> 우리는 혁명이라는 것이 기꺼이 우리의 삶을 사선(射線)에 던져 죽을 각오를 하는 것만이 아니라는 점을 이해하기 시작해야 한다. 어떤 면에서 이것은 하기 쉬운 헌신이다. 혁명을 위해 죽는다는 것은 원 샷 거래일 뿐이다. 그러나 혁명을 위해 산다는 것은 우리의 일상생활 패턴을 바꾸는 것으로서 이보다 더 어려운 헌신을 의미한다. (Springer 2005: I에서 인용)

매일 매일 일상생활의 패턴을 변화시키는 보다 힘든 의무를 진다는 것은 란다우어와 부버의 전통 속에서 엑소더스를 특징지을 수 있는 훌륭한 표현인 것으로 보인다.

이로부터 또한 실제 변화가 생겨날지 여부는 또다시 이러한 의무를 짊어지려는 주체적 결정이 아니라, 이와 같은 실천들이 행해지는 맥락들에 달려 있다. 실패 없는 대안을 찾을 수 있다는 환상, 제반 사회적 관계가 기존의 것에 오염되어 있는지 여부에 따라 평가될 수 있다는 환상은 오만한 태도이며, 이는 영웅적 행동 한 번으로 "전체"가 바뀔 수 있다는, 혹은 완전히 고립된 희생적 죽음 한 번으로 이정표를 제시하려는 것과 같다. 만약 우리가 대안적 관계양식에 대해 지배적 조건들이 갖는 상대적 우위는 인정해도, 그 어떤 경제주의적-범주적 우위도 인정하지 않는다면, 실패의 가능성, 즉 부패 가능성은 동시에 엑소더스의 불가능하지 않은 성공의 조건이기도 하다. 왜냐하면 사회적 실천은 서로 영향을 미치고 있고, 다수사회에 대해 밀폐되어 있는 것이 아니기 때문에, 다수사회를 변화시킬 수 있고, 또 변화시킬 수 있었다는 것이다.

번역_고지현

참고문헌

Adamczak, Bini 2011 [2007]: gestern morgen. über die einsamkeit kommunistischer gespenster und die rekonstruktion der zukunft. Münster: Edition Assemblage.

Adamczak, Bini 2012: Maskierte Gesellschaft. Über die Beziehung von Ware und Liebe, in: Neue Gesellschaft für Bildende Kunst (NGBK) (Hg.): Bossing Images. Macht der Bilder, queere Kunst und Politik. Berlin: NGBK, 32–37.

Brecht, Bertolt 1993 [1949]: Wahrnehmung, in: Werke. Große kommentierte Berliner und Frankfurter Ausgabe. Band 15. Frankfurt a. M.: Suhrkamp, 205.

Buber, Martin 1950: Pfade in Utopia. Heidelberg: Schneider.

Buber, Martin 1976 [1900]: Alte und Neue Gemeinschaft. An Unpublished Buber Manuscript, in: Association for Jewish Studies Review 1, 41–56.

Buber, Martin und Franz Rosenzweig 1981 [1954]: Die Schrift. Band 1: Die fünf Bücher der Weisung. Heidelberg: Schneider.

Dever, William G. 2003: Who Were the Early Israelites and Where Did They Come From? Cambridge: Eerdmans.

Engels, Friedrich 1973 [1880]: Die Entwicklung des Sozialismus von der Utopie zur Wissenschaft, in: MEW. Band 19. Berlin: Dietz, 177–228.

Geuss, Raymond 2004: Dialectics and the Revolutionary Impulse, in: Fred Rush (Hg.): The Cambridge Companion to Critical Theory. Cambridge: Cambridge University Press, 103–138.

Hölscher, Lucian 1990: Utopie, in: Otto Brunner, Werner Conze und Reinhart Koselleck (Hg.): Geschichtliche Grundbegriffe. Historisches Lexikon zur politisch-sozialen Sprache in Deutschland. Band 6. Stuttgart: Klett-Cotta, 733–788.

Keller, Catherine 2005: God and Power. Counter-Apocalyptic Journeys. Minneapolis: Augsburg Books.

Kropotkin, Peter 1908 [1902]: Gegenseitige Hilfe in der Tier- und Menschenwelt. Leipzig: Theodor Thomas.

Landauer, Gustav 1907: Die Revolution. Frankfurt a. M.: Rütten & Loening.

Landauer, Gustav 1921: Der werdende Mensch. Aufsätze über Leben und Schrifttum. Potsdam: Kiepenheuer.

Landauer, Gustav 1929: Sein Lebensgang in Briefen. Zwei Bände. Frankfurt a. M.: Rütten & Loening.

Landauer, Gustav 1967 [1908]: Aufruf zum Sozialismus. Frankfurt a. M.: Europäische Verlagsanstalt.

Landauer, Gustav 1977 [1924]: Beginnen. Aufsätze über Sozialismus. Wetzlar: Büchse der Pandora.

Landauer, Gustav 1978 [1903]: Skepsis und Mystik. Versuche in Anschluß an Mauthners Sprachkritik. Wetzlar: Büchse der Pandora.

Landauer, Gustav 1985 [1919]: Briefe aus der Französischen Revolution. Berlin: Rütten & Loening.

Landauer, Gustav 1989: Auch die Vergangenheit ist Zukunft. Essays zum Anarchismus. Frankfurt a. M.: Luchterhand.

Landauer, Gustav 1997: Dichter, Ketzer, Außenseiter. Essays und Reden zu Literatur, Philosophie, Judentum. Werkausgabe. Band 3. Berlin: Akademie Verlag.

Löwy, Michael 1992: Redemption and Utopia. Jewish Libertarian Thought in Central Europe. A Study in Elective Affinity. London: The Athlone Press.

Luxemburg, Rosa 1982 [1904]: Organisationsfragen der russischen Sozialdemokratie, in: dies.: Schriften zur Theorie der Spontaneität. Hamburg: Rowohlt, 69–88.

Marx, Karl 1953 [1858/1939]: Grundrisse der Kritik der politischen Ökonomie (Rohentwurf). Berlin: Dietz.

Marx, Karl 1961 [1859]: Zur Kritik der Politischen Ökonomie, in: MEW. Band 13. Berlin: Dietz, 3–160.

Marx, Karl 1972 [1885]: Das Elend der Philosophie, in: MEW. Band 4. Berlin: Dietz, 63–182.

Marx, Karl und Friedrich Engels 1972 [1848]: Manifest der Kommunistischen Partei, in: MEW. Band 4. Berlin: Dietz, 459–493.

Matzigkeit, Michael (Hg.) 1995: »... die beste Sensation ist das Ewige ...«. Gustav Landauer – Leben, Werk und Wirkung. Düsseldorf: Dumont-Lindemann-Archiv.

Michel, Wilhelm 1980: Gustav Landauer, in: Hansjörg Viesel (Hg.): Literaten an der Wand. Die Münchener Räterepublik und die Schriftsteller. Frankfurt a. M.: Büchergilde Gutenberg, 32–35.

Sharzer, Greg 2011: No Local. Why Small-Scale Alternatives Won't Change the World. Winchester: Zero Books.

Springer, Kimberly 2005: Living for the Revolution. Black Feminist Organizations, 1968–1980. Durham: Duke University Press.

Virno, Paolo und Alessia Ricciardi 2005: About Exodus, in: Grey Room 21, 17–20.

Walzer, Michael 1985: Exodus and Revolution. New York: Basic Books.

Wright, Eric Olin 2010: Envisioning Real Utopias. London: Verso.

탈출 선택
탈출에 대한 작은 정치 지도

율리아네 레벤티슈

파올로 비르노(Paolo Virno)의 저술인 『엑소더스』에 따르면, 민주사회주의적 좌파는 국가적 대의제 문제에 고착화되어 있기 때문에 "탈출 선택(가능한 한 단점이 많은 상황을 떠나는 것)이 점차 항의 선택(이 상황에 대한 적극적 저항)보다 더 중요해지고 있다"는 것을 이해하지 못한다. 실제로도 민주사회주의 전통에서 "'이탈'이라는 행동 방식은 도덕적 비방의 대상"이었다. 그러나 도망치는 것은 무책임한 도피주의가 아니라, 다른 방식의 책임 있는 행동일 수 있다. 탈출을 통해 "갈등이 야기되는 조건에 종속"되는 것이 아니라, 이를 변화시킬 수 있기 때문이다(Virno 2010 [2002]: 30).

비르노가 탈출, 즉 회피, 도주, 탈퇴, 도망, 이탈의 모습 속에서 좌파 혁신의 잠재력을 본 유일한 사람은 아니다. 사실 이와 관련하여 그동안 일련의 유사한 입장들이 등장했다. 따라서 특히 이와 관련된 탈주 노선에 주목하면서 정치적 이론 지도를 그려보는 것도 의미 있을 것이다.

새로운 바틀비

최근 정치 이론에서 탈출이라는 모티브가 어떤 중요성을 갖고 있는지에 대해 말하려면, 비록 가상적 모습이지만 탈출이 이미 지난 25년 전부터 지적 담론에서 발휘해 온 매력에 대해 이야기해야 할 것이다. 월스트리트 점령운동 참여자들이 주코티 공원에서 허먼 멜빌의 『필경사 바틀비』를 읽고, 또한 "나는 차라리 하고 싶지 않다"라는 경구가 적힌 티셔츠가 토트백과 함께 점령운동 캠프에 등장하기 이전부터도 바틀비라는 수수께끼 같은 법률사무소 고용인의 노동 거부에는 소리 없이 등장하고 있던 급진적 부정의 힘의 아우라가 스며들어 있었다. 바틀비 경구의 정치적 수용사는 1989년 질 들뢰즈의 작은 텍스트에서 시작된다. 의미심장한 것은 이 책의 출간 연도이다. 바틀비의 거부 태도가 갖는 정치적 잠재력은 그의 대중성에 비추어볼 때 기존 상황의 틀 속에서 등장한 적극적 반대 제안을 통해서는 다 표현할 수 없을 정도로 민감한 것으로서 이는 출간 연도가 상징하는 사회적 경향, 즉 자본주의의 지구적 차원에서의 승리, 지금까지의 사회주의적 대안의 실패라는 맥락에서 이해될 수 있다.

물론 "거부"라는 개념은 바틀비의 낯선 태도에 그렇게 적합한 것은 아니다. 아마도 명백한 거부라면 고용주가 잘 다룰 수 있었을지도 모른다. 그러나 일을 처리해 달라는 자신의 요구에 대해 "나는 차라리 하고 싶지 않다"라는 대답만 반복하는 바틀비의 "온화한 뻔뻔함"을 접하면서 고용주는 어찌할 바를 몰랐다(Melville 2004 [1853]: 36). 이성을 찾고, 고용인들에게 흔히 요구되는 업무를 처리하든지 아니면 나가라는 모든 경고를 바틀비는 "특이한 온순함"으로 거부했던 것이다(앞의 책: 같은 곳). 이 때문에 변호사는 무장이 해제된 채 지금까지 알지 못했던 행동이자, 일상적인 행위 규칙에서 볼 때 이해하기 어려운 상대방의 행위 때문에 공격적 위치에서 벗어난 권력의 당혹감을 보여주고 있다. 변호사는 자신의 고용인이 보여주는 비이성적 행동 때문에 완전히 불안해진 나머지, "가장 단순한 신념에서마저 흔들리기" 시작했다. 즉 그는 "이상한 일이지만, 혹시 모든 권리와 모든 이성이 상대편에게 있는 것은 아닌지 어렴풋한 의심이 들기" 시작했다(앞의 책: 27). 실제로 바틀비의 태도는 질 들뢰즈가 견지하고 있듯이 "긍정도 부정도 아니다."(Deleuze 1994 [1989]: 13) 오히려 그에게 중요한 것은 일종의 점거다. 왜냐하면 바틀비는 자신의 고용주를 놀라게 하면서 법률사무소에서 거주하고 있었고, 그가 자신의 일을 더 이상 처리하지 않을 때조차도 그렇게 했기 때문이다. 바틀비는 항상 무력하게 행동하는 변호사에게 자신이 법률사무소를 떠나지 않을 것이라는 점을 은연중에 알려주고 있었다.

그러나 법률사무소 점거가 점령으로 귀결되지는 않는다. 점거는 새로운 권리나 새로운 이성 개념을 제도화시키는 것이 아니라, 오직 권리와 이성에 대해 익히 알려진 이해와 그 전제들을 우연적인 것으로 만들 뿐이다(Mellville 2004 [1853]: 50). 이런 점에서 조르조 아감벤은 바틀비를 독특한 방식으로 존재와 비존재의 경계에서 무관심하게 행동하는 "탈-창조"의 영웅으로 해석했다. 그는 "존재하지 않을 법하지만 존재하고 있는 것"이며, 이는 또한 "존재할 법하지만 존재하지 않는 것"을 가리키고 있기 때문이다(Agamben 1998 [1993/1996]: 72). 아감벤의 신학적 강연에서 바틀비는 일종의 메시아이다. 그러나 이 메시아는 예수와는 달리 "존재하는 것을 구원하기 위해 온 것이 아니라, 존재하지 않는 것을 구원하기 위해" 왔다(앞의 책: 71). 즉 존재하는 것에 내포되어 있지만 존재하는 것을 통해 배제된 가능성 말이다.

들뢰즈 역시 바틀비를 메시아로 본다. 그러나 그의 해석에서 중요한 것은 존재하는 것의 구원, 즉 서양 세계의 구원이다. 들뢰즈의 서술에 따르면, "바틀비는 강박증과 거식증을 보이지만, 그는 환자가 아니라, 병든 미국을 치료하는 의사, 주술사, 새로운 그리스도, 혹은 우리 모두의 형제이다."(Deleuze 1994 [1989]: 60) 들뢰즈에게 결정적인 것은 "병적으로 과장된 부정주의" 속에 침잠해 있는 바틀비, 즉 "아무것도 하지 않으려는 의지가 아니라 오히려 의지 자체가 없는" 것 같은 바틀비 자신이 아니라, 이런 부정주의가 법률을 다루는 남자이자, 월스트리트의 남자인 이 변호사에게 가하는 영향력이다. 변호사의 행위 좌표는 바틀비 때문에 동요에 빠졌고, 바틀비의 현존(그리고 비합리적 논리)와 싸우는 것을 멈출 뿐만 아니라, 그 대신에 바틀비의 현존 속에서만 집에 있는 것 같은 편안함을 느낀다고 스스로 말하기에 이르렀다. 그러나 그의 사업 친구들은 그를 이런 과정에서 다시 떼어내어, 결국에는 바틀비와 "함축적이며 결코 고백할 수 없는 타협"에 이르게 한다(앞의 책: 38). 변호사는 바틀비를 법률사무소에서 멀어지게 만드는 데 실패하자, 법률사무소를 바틀비에게서 멀어지게 만들었던 것이다. 법률사무소는 브로드웨이로 이사했지만, 바틀비는 아무도 없는 월스트리트 공간에 남겨졌고, 결국에는 제3자의 개입을 통해 체포되어 감옥에서 죽고 말았다. 왜냐하면 바틀비는 감옥에서 아무것도 먹지 않을 것을 선택했기 때문이다. 그러나 들뢰즈에 따르면 이전까지만 해도 "새로운 인간의 가능성"을 맹세할 정도로 이성에 집착했던 변호사는(앞의 책: 23), 비록 바틀비를 배반했지만 영영 “이성의 난파자”로 변해 버리고 말았다(앞의 책: 41).

들뢰즈와 아감벤 두 사람의 바틀비 해석이 갖는 메시아적 음색을 진지하게 수용할 만한 이유는 무엇보다도 여기서 중요한 입장 차이를 알 수 있기 때문이다. 물론 바틀비의 탈출은 두 가지 경우 모두에서 기존하는 권리와 이성의 저편, 즉 완전한 타자를 가리킨다. 그러나 들뢰즈에게서 이 타자는 정치적 유토피아로 이해될 수 있다. 들뢰즈는 진정으로 우애 있는 미국을 꿈꾸기 때문이다. 그러나 이에 반해 아감벤의 비전은 탈-정치적, 혹은 전(前)-정치적이다. 아감벤에게 중요한 것은 임의적 가능성들이 개방되는 문자 그대로 정치적으로 무관심한 지점, 즉 순수한 잠재력의 시초로 돌아가는 것이다. 들뢰즈가 변혁가능성, 즉 권력의 “생성” 자체에서 출발한다면, 아감벤은 순수한 개방성이 갖는 입장 없는 입장을 권력과 직접적으로 대립시킨다. 아감벤의 바틀비 강연이 정치적 논의 지평 속에서 수용되었다는 점은 물론 특히 아감벤으로부터 영향 받은 지적인 환경과 관련이 있다. 여기서 권력(특히 사법 권력)은 삶을 손상시키는 폭력이란 식으로 일면적으로 이해되고 있기 때문에, 역설적으로 개방성 윤리가 급진적 정치로 등장할 수 있는 것은 이 윤리가 모든 구체적 권력 상황과의 접촉, 즉 모든 정치를 회피하기 때문이다.

두 저자 사이의 광범위한 차이에도 불구하고 이들의 교집합이 앞으로의 바틀비 수용에서 결정적으로 중요한 이유는, 이 둘이 바틀비의 탈출이 존재하는 것에 대한 새로운 시각, 즉 존재하는 것 속에서 생성을, 필연적인 것 속에서 가능적인 것을 발견하는 시각을 열어놓았다고 보기 때문이다. 그리고 바로 이 점에서 멜빌의 점거자 이야기는 월스트리트의 점령 운동에 대해 현재성을 갖는다(Hardesty 2011). 사실 슬라보예 지젝이 한 인터뷰에서 말하고 있듯이, 월스트리트 점령 운동의 정치적 의미는 "바틀비 수업"으로 이해된다.[1] 점거가 말해주는 것은 어떤 대안에 대한 대답을 제시하지 않은 채, "나는 차라리 기존의 게임을 하고 싶지 않다"는 것이기 때문이다. 그러나 점령 운동을 체념이라고 비난하면서 "사이비 행동주의적 압력"을 행사하는 대신, 실패한 사회주의 체제의 오류를 퇴행적으로 반복하지 않으면서 자본주의에 대한 대안을 고안해 내려는 까다로운 과제를 진지하게 수용하는 것이 중요하다. 오늘날의 시점에서 좌파에게 지금 당장 중요한 것은, 지젝이 포이어바흐에 관한 마르크스의 11번째 테제를 변형해서 말하고 있듯이, 세계를 해석하는 데 있다. 이런 식으로 바틀비를 본다면 메시아적 음색은 완전히 사라진다. 비-행위는 실용적으로 볼 때 정치적 사고가 발전하기 위해 필요로 하는 필수적인 후퇴의 계기가 된다. 지젝에 따르면, 이러한 후퇴의 목적은 자본주의에 대한 값싼, 그리고 추상적이고 형식적인 부정의 차원을 떠나 이에 대한 대안의 문제로 이행하는 것, 즉 우리가 무엇을 원하지 않는지를 확정짓고, 그 대신 우리가 무엇을 원하는가 하는 "어려운 문제"를 열어놓는 데 있다(Žižek 2012: 1007).

그러나 바틀비의 "차라리 하고 싶지 않다"는 말이 행위 영역과 관련된 전략적 후퇴를 위한 공식이 되는 순간 이는 문학적 교본으로부터 완전히 자립화된다. 주목할 만한 것은 그동안 바틀비가 실제로 사회운동의 간판스타가 되어야 하는지에 대한 의심 역시 증가하고 있다는 점이다(예를 들어 Dörfler 2012). 최근 사회비판의 몇 가지 동기와 관련해 볼 때 바틀비의 모습은 광채를 잃고, 반대로 병리적 측면이 눈에 띄게 강화되고 있다. 바틀비의 탁하고 무표정한 눈은(Melville 2004 [1853]: 46),

1 이 인터뷰(2012년)는 유투브에서 볼 수 있다. www.youtube.co/watch?v=lgR6uaVqWsQ. 이와 유사한 논의는 Žižek 2012: 1006 이하.

한병철이 주목하고 있듯이, "하지 않겠다"는 부정적 잠재력이 아니라, 우울한 동기 상실과 무감정을 말해준다는 것이다(Han 2010: 49). 한병철은 "바틀비 사례"를 "피로 사회"라는 자신의 시대 진단의 맥락에서 논의한다. 이에 따르면 서양 사회에서는 우울증적 인격 장애의 엄청난 증가가 관찰되며, 이는 새로운 형태의 소외가 증상적으로 표현된 것으로 해석되어야 한다. 그리고 이는 분명 사회의 모든 부분은 아니지만, 일부 중요한 부분을 포괄하는 노동 세계의 구조변화에 기인한다. 이러한 틀 속에서는 고용인의 창조성, 자발성, 독창적인 특징이 억압되는 것이 아니라, 오히려 요구되고 활용된다. 그리고 사람들은 질서에 복종하고 규칙을 준수한다는 점에서가 아니라, 오히려 프로젝트 수행에 있어서 자기 책임적이고 창조적으로 일한다는 점에서 복종적이다. 오늘날 우울증으로 진단되는, 이러한 다양한 행위 억제적 증상들은 경쟁의 징후 속에서 영원히 자신을 최적화하라는 주문과 동전의 양면을 이루는 것처럼 보인다(Ehrenberg 2004 [1998]: 171). 물론 이것은, 한병철이 논의하고 있듯이, 바틀비의 문제는 아니다. 그의 증상은 완전히 탈진된 고단한 성과 주체들, 즉 프로젝트 중심의 도시에서 자신의 개성을 완전히 투자하면서 항상 새로운 계약을 위해 경쟁하는 성과 주체들의 증상이 아니다. 멜빌에 따르면, 바틀비에게 제시된 일은 서류를 베껴 쓰고 교정본을 읽는 "아주 지루하고, 피곤하고, 재미없는 활동"으로서 이는 아무런 자기 주도적 활동도 필요로 하지 않는다(Melville 2004 [1853]: 23). 바틀비는 훈육 사회의 주체이며, "새로운 자본주의 정신"이 지배하는 통제 사회의 징조 속에서 거부라는 이중적으로 쓸모없는 모델을 통해 자기 자신을 보여주고 있다(Boltanski/Chiapello 2003 [1999]). 바틀비는, 적어도 부분적으로는, 시대에 뒤떨어진 사회에 기원한다. 그러나 새로운 사회에서는 아무것도 하지 않으려는 그의 태도가 해결의 전조가 아니라, 문제의 일부로 나타난다.

이런 맥락에서 볼 때, 바틀비의 공식 "나는 차라리 하고 싶지 않다"에 대한, 그것도 여기서 말하는 나라는 주체에 대한 새로운 해석도 가능하다. 오늘날 프로젝트용 고용인들이 자신의 삶을 사회적 조건과 무관하게 "자유롭게" 만들어야 하고, 따라서 실패 역시 개인적 실패로 장부에 기록되어야만 하는 주체성 이데올로기 때문에 고통 받고 있지만, 이러한 이데올로기에 대한 저항이 개인적 행위나 개인적 선호의 차원에서 추구될 수는 없다. 바틀비는 달리 표현하면 집단을 강조하는 월스트리트 점령 운동에서 등장한 그의 팬들이 선호하는 것보다 더 비사회적이다. 사실 바틀비는 자아의 고립 때문에 파멸했다는 식으로도 그의 이야기를 독해할 수 있다. 변호사는 반복해서 바틀비의 고립적인 모습에 연민을 느낀다고 말하고 있다. 이것이 바틀비에 대한 그의 첫 인상이자 마지막 인상이다. 그 탁한 눈동자가 열려진 채로 초췌하게 움츠러든 그의 시신을 아무도 오지 않는 감옥에서 변호사가 발견했을 때, 그가 주목한 것은 교도소를 둘러싸고 있는 장벽의 "놀랄 만한 강력함"이다. 그는 "장벽의 이집트식 특징이 자신을 짓누른다"고 말한다(Melville 2004 [1853]: 72). 주체성 이데올로기라는 예속으로부터의 탈출 선택은 집단적 특징만을 가질 수 있을 뿐이다.

새로운 공동체

"허먼 멜빌의 고전 소설[바틀비 이야기—저자]의 비밀은 거부의 절대성에 있다"고 마이클 하트와 안토니오 네그리가 『제국』에서 쓰고 있다.

그러나 이 거부는 "너무나 절대적이어서 바틀비는 완전히 텅 빈 것처럼 보인다. 즉 아무런 특징도 갖고 있지 않은 남자, 아니면 르네상스 철학자들이 말했을 법한 것으로, 단지 인간일 뿐 그 밖에 아무것도 아닌 인간임. (…) 그리고 이야기의 전개 과정에서 바틀비는 너무나 타락한 나머지 점차 벌거벗은 인간에, 벌거벗은 삶, 벌거벗은 존재에 다가가며, 실제로 그는 이른바 무덤으로 악명 높은 맨해튼 감옥으로 사라져 없어지고 만다."(Hardt/Negri 2003 [2000]: 215) 사실 (노동, 권위, 예속에 대한) 순수한 거부는 정치적인 측면에서 볼 때 일종의 사회적 자살이기도 하다. 이런 점에서 끝으로 두 저자는 "우리들의 탈출선, 우리들의 엑소더스는 구성적이어야 하며, 현실적인 대안을 제시해야 한다. 단순한 거부를 넘어서 그리고 이러한 거부의 부분으로서 새로운 생활방식을 창조해야 하며, 무엇보다도 새로운 공동체를 만들어야 한다. 이러한 기획은 단지 인간일 뿐인 사람의 벌거벗은 삶이 아니라, 인간으로서의 인간, 즉 공동체에 대한 집단적 인식과 사랑을 통해 풍부해진 완전한 인간성으로 나아가야 한다."(앞의 책: 216)

이제 당연히 주목할 만한 것은 "완전한 인간성"이란 비전을 통해 메시아주의가 탈출이라는 정치적 이론으로 돌아가고 있다는 점이다. 네그리와 하트는 제국의 중요한 마지막 단락에서 성 프란체스코에 의거하여 "생명권력과 공동체주의, 협동과 혁명이 사랑, 단순함, 순수함 속에서 하나가 되는" 새로운 생활 형태를 간구하고 있다(앞의 책: 420). 이런 식으로 "경건성을 가장한" 반-제국 비전에 대해서는 많은 비판이 있지만(Marchart 2005: 12), 여기서 관건은 권력 및 지배 관계 전체로부터의 구원이라는 관념과 엑소더스라는 이념이 서로 결합되어 있다는 점이다. 이는 하트와 네그리에 대한 샹탈 무페(Chantal Mouffe)의 날카로운 비판에서 나타나듯이 탈정치화 작용을 야기할 수 있다(Mouffe 2005: 특히 30, 33). 이런 점은 다중들의 단순하고 순수하고 사랑에 찬 자발성이라는 비전이 갖는 조화로운 특징만이 아니라, 이러한 관점으로부터 도출되는 해방적 정치 개념에도 해당된다. 즉 이런 식의 몽상적 관점에서는, 마르틴 자(Martin Saar)가 논평하고 있듯이, "해방적 정치가 정치적인 것의 완전한 형태 변화를 대가로 상상됨"으로써 투쟁과 갈등이 단지 "붕괴의 단계로 보일" 뿐이다(Saar 2013: 186). 사실 여기서는 이렇게 정치적인 것의 급진적 형태 변화가 중시되고 있기 때문에, 결국에 가서는 이를 통해 정치적 차원 자체가 부정되고 만다.

이런 점에서 하트와 네그리에게 이질적인 다중들을 구성하는 분산된 개별자들이 반-제국이란 의미에서 결집할 수 있는 정치 조직의 문제는 의도적으로 규정하지 않은 채 남겨진다. 흡사 이런 조직은 전혀 필요하지 않다는 생각인지도 모른다. 왜냐하면 하트와 네그리가 때때로 말하고 있듯이 "포스트모던적 공화주의"라는 반-제국은 제국, 즉 오늘날의 세계적 형태의 자본주의 자체 속에서 이미 그 징조를 드러내고 있기 때문이다. 따라서 진정한 형태의 다중, 즉 공화주의적 반-제국을 위해 해방된 형태의 다중이 상궤를 깨는 것은 단지 시간문제일 수 있다. 이와 관련해서 하트와 네그리가 주장하는 것은, 우리가 오늘날 강화된 "의사소통과 사회적 네트워크, 인간 사이의 서비스 활동과 사회적 언어를 통해 형성된" "생산적 세계"에 참여함으로써 동시에 "자본주의 역사상 그 어느 때보다도 더 급진적이고 근본적인 공동체성의 일부가 되었다"는 점이다(앞의 책: 313). 그리고 이른바 세계화가 진행됨에 따라 국민국가가 약화되는 경향은 이들이 볼 때 조만간 이미 본질적으로 노마드적인 다중들의 탈주권적이고 탈국가적인 자율 통치로의 변화를 보여준다.

이들에 따르면, "해방은 제국을 뚫고 다른 쪽에 도달하는 과정이어야 한다."(앞의 책: 230)

이런 식의 사고는 무페가 지적하듯이, 제2인터내셔널의 결정론과 그 예언, 즉 "경제적 모순은 필연적으로 자본주의를 붕괴시킬 것"이며, "오늘날 다양한 급진적 투쟁 간의 관계에 대한 근본적 질문" 역시 몰아낼 것이라는 예언을 떠올리게 한다(Mouffe 2005: 34). 하트와 네그리는 다중들이 이질성에도 불구하고 이미 비물질적 노동과 노마디즘을 통해 세계적 공동체성에 정향되어 있다고 보기 때문에, 이들에게는 오늘날 다양한 정치적 투쟁 속에서 표현되는 이해관계나 요구들이 실제로 공통된 것으로 구체화될 수 있는지, 그리고 그렇다면 어떻게 가능하며, 또한 (당연히 비지역적일 순 없는) 어떤 조직 형태가 요구되는지 등의 문제들은 제기되지 않는다. 단순하고 순수하고 사랑에 찬 공동체에 대한 비전과 마찬가지로 이러한 공동체 형성과 관련된 생각은, 다중이란 본질적으로 이질적이라는 이 두 저자들의 확언에도 불구하고 차이를 배제하는 것에 기초하고 있다. 또한 이러한 맥락에서 무페가 올바로 말하고 있듯이, 동시에 이러한 배제는 규범적 질서 형성에 있어서 다원적 세계의 인정을 주장하는 정치적 도전에서도 벗어나 있다는 점에서(앞의 책: 37), 이런 "엑소더스 정치"의 "공화주의적" 탈출선은 결국 "정치로부터의 탈출"로 나아간다(Marchart 2005: 12).

하트와 네그리와 유사하게 파올로 비르노 역시 "슬픈 실존적 전략"으로 이해될 순 없는 엑소더스 개념을 제시한다(Virno 2010 [2002]: 49). 비르노에 따르면, "엑소더스"란 "공화국의 기초 세우기"이며, "이 '공화국' 이념"은 "국가적 질서"와의 이별을 요구한다. 즉 비르노에 따르면, "공화국이 있는 곳은 더 이상 국가가 아니다."(앞의 책: 50) 하트와 네그리처럼 비르노의 반-국가적 공화주의가 확언하고 있는 것은, 후기 자본주의적 생산 관계가 이와 관련된 사람들 사이에 공통점을 산출하고 있다는 점이다. 이 공통점이란 이러한 생산 관계에 맞서, 그리고 이로부터 해방되어 더 이상 국가적 조직을 필요로 하지 않는 공화국을 건설하려는 공동의 관심 영역으로 돌아설 수 있는 잠재력이다.

비르노의 진단에 따르면, 포스트 포디즘의 징후 속에서 노동, 정치적 행위, 사고의 영역이 서로 혼성되고 있다. 물론 한나 아렌트(Hannah Arendt)는 20세기 초반만 해도 아리스토텔레스에 의거하여 이들을 깨끗하게 구별한 바 있다(Arendt 1981 [1958]). 어쨌든 포스트 포디즘 시대의 생산자들은 숙련된 예술가, 연극배우, 혹은 피아니스트, 거장들처럼 노동하면서도 물질적 작품을 산출하지는 않고, 아렌트가 말하는 정치적 행위처럼 퍼포먼스와 성과 활동을 통해 타인의 현존, 즉 특정한 공적 영역에 정향되어 있다(Virno 2005 [2002]: 47 이하). 그러나 포스트 포디즘 시대의 생산자들은 연극배우와는 달리 대본(자신에게 미리 주어진 작품)이 아니라, "인간 종의 능력", 즉 자신의 지성을 실현한다(앞의 책: 62). 의사소통적 협동을 통해 작동하는 지성, 사고 및 언어 능력은 포스트 포디즘 시대의 가장 중요한 생산력이 되었다(앞의 책: 65). 이러한 변화 과정 속에서 사고는 전통적 규정에서 말하는 개별적이고, 뒤로 감추어진 은밀함에서 벗어났으며, 그 결과 인간 활동의 세 가지 영역(사고, 정치적 행위, 노동)은 노동 자체가 예측 불가능하고, 공적인 외적 공간과 결부된 정치적 행위의 특징을 취하는 방식으로 융합되었다(앞의 책: 63). 물론 임금 노동 때문에 지성의 공적 특징은 생산력으로 호명되면서 억압되고(앞의 책: 67), 지성 실현의 협동적 특징은 인격적 의존성과 노예근성 형태로 유지된다(앞의 책: 69).

비르노에 따르면 국가는 이러한 맥락에서 이중적으로 문제가 되는 역할을 한다. 즉 한편으로 국가 관료체제의 과도한 성장은 다중들의 풍부한 협동을 "전복"시키고, 이들의 "고유한 표현"을 강탈하는 "지성의 국가화"이며(앞의 책: 68), 다른 한편으로 그리고 보다 중요한 것은, 국가가 다중 정치의 반대 개념이라는 점이다. 비르노에게 국가는 (점차 시대에 뒤떨어진) 국민 개념과 밀접한 연관 속에 있지만, 다중 개념은, 하트와 네그리에서처럼(Hardt/Negri 2004), "국민으로 묶기에는 적절치 않고, 정치적 결정의 국가 독점에는 잠재적으로 대립하는 것"을 말한다(Virno 2005 [2002]: 10). 비르노는 이질적 다중과 국가 간의 대립을 구조적인 것으로 보지 않는다. 왜냐하면 이는 예측할 수 없는 다중의 이질성이 모든 공동(국민, 혹은 이보다는 덜 실체적인 대중)의 정치적 결정을 침범함으로써 다중 개념은 공동 결정을 둘러싼 투쟁이 갖는 원리적 종결 불가능성을 보여주기 때문이다. 이와는 달리 비르노가 꿈꾸는 것은, 하트와 네그리처럼, 다중의 정치적 역할을 적극적으로 긍정하는 신학적 잔재가 있는 꿈이다. 즉 다중은 이질적 다양성을 보편자의 지위 자체로 채워야 하며, 이를 통해 동시에 국가적 주권과 대의제 논리에 종말을 고해야 한다는 것이다.

아마도 이런 상태는 정치적 행위 자체가 자유의 표현이 되는 것을 말하며, 이런 논의를 보아도 비르노가 한나 아렌트에 의존하고 있음을 알 수 있다. 그래서 비르노의 정치적 행위 개념 역시 대체 불가능한 단일성을 갖고 있는 개개인들의 협력을 통해 공동의 세계를 구성하는 공화주의적 공론장 이념과 융합되어 있다. 이러한 생각은 이미 아렌트에게서 볼 수 있듯이 상호 인정과 공론장 참여자들 기저에 놓여 있는 합의를 전제한다. 따라서 본래 정치적 문제란 어떻게 그리고 어떤 사람들 사이에서 이런 합의가 성립할 수 있는가에 있으며, 이는 자유로운 협력이라는 멋진 그림으로부터 나온 것이다(이 점에 대해서는 Rancière 2008 [2000]; Rebentisch 2011b). 물론 파올로 비르노는 다중의 다수성이 정치적 영향력을 갖기 위해서는 통일성을 필요로 한다는 점을 분명히 알고 있다. 그의 해결책은 아렌트식이다. 즉 "하나는 더 이상 약속이 아니라, 전제이다." 왜냐하면 다수성이란 "전체적인 것, 즉 일반적인 것, 공통적인 것의 개별화"로서, 아마도 모든 것은 결국 사고 및 언어 능력을 통해 "인간 종이 갖는 공동의 능력"에 참여하는 것이기 때문이다(Virno 2005 [2002]: 13). 비르노가 믿고 있듯이 다중의 통일성은 결코 주권적 결정을 통해 형성되는 것이 아니다. 왜냐하면 그가 말하고 있듯이 이러한 통일성은 "배경이자 조건으로서" 일반 지성 속에 이미 현존하고 있기 때문이다(앞의 책: 같은 곳). 따라서 이를 "토대"로 차이가 실현되어야 하며, "다수성으로서의 다수"의 존재 방식이 실현되어야 한다(앞의 책: 같은 곳). 이런 의미에서 비르노의 서술에 따르면, "다수는 합의를 체결하지도 않으며, 주권자에게 어떠한 권리도 부여하지 않는다. 왜냐하면 다수는 이미 공동의 '악보'를 사용하고 있기 때문이다. 즉 다수는 이미 일반 지성을 공유하고 있기 때문에 일반 의지를 통해 하나가 되는 것은 아니다."(Virno 2010 [2002]: 59)

그러나 다수의 통일성 문제가 일반 지성에의 참여를 통해 해결되어야 한다는 가정은 뜻밖의 것이다. 특히 비르노가 염두에 두고 있는, 본질적으로 지식과 의사소통에 정향된 "인지자본주의"를 볼 때, 사회적 불평등이 드러나는 곳은 바로 지성의 장, 즉 사고 및 언어 능력의 장이기 때문이다. 이러한 점은 오늘날 특히 견고한 차별 속에서 진행되는 경쟁 속에서 드러나며, 이는 이미 사고 및 언어 능력을 교육하는 차원에서 확인할 수 있다. 사실 이성과 언어의 능력은 타고난 것이 아니라, 사회적으로 획득되며, 바로 이런 이유 때문에 이 능력들은 우리를 "사회화시키고, 동시에 분리"시킨다. 이러한 능력은 "경쟁과 투쟁의 대상"이다(Menke 2013: 167). 따라서 일반 지성에 참여한다는 것은 매우 다양한 입장으로부터 가능하며, 이것이 곧바로 비르노가 가정하고 있는 것처럼 보이는 그러한 차이들에 선행하는 공통성을 보여주는 것은 아니다. 물론 비르노는 일반 지성을 단지 역량이론 차원만이 아니라, 내용적으로도 규정하고 있다. 즉 포스트 포드주의 시대에 일상적 경우가 되어버린 서로 모르는 사람들 간의 의사소통 속에서 사고와 언어의 가장 일반적인 주제, 즉 "상투적 말들"이 나타난다는 점에서도 일반 지성의 보편성이 드러난다는 것이다(Virno 2005 [2002]: 23-29). 그러나 이런 규정을 통해서 비르노는 차이의 문제, 그리고 보편자와 특수자의 매개라는 지적이고 정치적인 도전 역시 뛰어넘어 버리고, 그 대신에 상투적인 말들로 축소된 생산으로서의 의사소통이 갖는 잠재적 해방 능력에, 우리의 직관에 반하는 희망을 걸려고 한다. 이 의사소통이란 오늘날 비르노 자신이 다른 맥락에서 서술하고 있듯이, 기술과 절차와 같은 생산 수단이 특히 문화산업을 통해 제공되는 영역을 말한다(앞의 책: 58).

그러나 일반 지성이 역량이론적 차원과 내용적 차원에서 비르노가 생각하던 역할, 즉 다중의 통일성을 보장하는 역할을 수행할 수 없다면, 엑소더스에 대한 비르노의 입장, 즉 "일반 지성의 자율적이고 긍정적인 표현"으로 이해된 탈출 역시 그 토대를 잃게 된다(앞의 책: 73). 왜냐하면 다중의 통일성이 전제될 수 없다면, 그 통일성의 실현 문제가 새롭게 제기되기 때문이다. 물론 그 방식은 필연적으로 각각의 실현 방식, 따라서 공동 세계의 구체적 모습을 둘러싼 투쟁의 가능성을 포함해야 한다. 다시 말해서, 다중의 통일성이 전제될 수 없다면, 이는 오직 대의제를 통해서만, 즉 다중의 이질성이 항상 잉여적인 것으로 남게 될 대중의 주권적, 정치적 결정의 형태로만 존재한다는 것이다. 이 때문에 현재의 공화주의와는 엄격히 구별되는 민주주의에 대한 이해에서 중요한 것은 이런 대의제를 권력 및 지배에 대한 적응으로 가시화시키면서 동시에 여기에 이의를 제기하는 것이다. 따라서 보편자의 장소는 현재 무엇이 이를 채우고 있든 원칙적으로는 빈 공간으로 규정되어야 한다 (Rebentisch 2012).

그렇다면 우리는 다시 항의 선택으로 가야 할까? 그렇기도 하고 그렇지 않기도 하다. 그렇다고 말할 수 있는 이유는 이미 보았듯이, 항의 선택에 대한 완전한 거부는 특정한 형태의 국가 기구만이 아니라, 국가 기구 자체로부터의 이탈이란 의미에서 차이와 권력의 문제를 부정하기 때문에 구조적으로 볼 때 종말론적 희망사항을 통하지 않고는 이 문제에서 벗어날 수 없다는 데 있다. 이에 반해 그렇지 않은 이유는, 이 글 처음에 인용했던 비르노의 진술, 즉 좌파가 탈출 선택을 과소평가하고 있다는 점을 쉽게 무시해서는 안 된다는 점이다. 사람들은 하트, 네그리, 비르노처럼 이러한 선택을 대의제의 논리, 간단히 말해 (국가적 그리고 초국가적) 제도의 조직과 제정의 문제로부터의 완전한 탈출로 이해하려고 하지는 않는다. 이런 점에서 올리버 마차트(Oliver Marchart)는 마이클 왈저(Michael Walzer)처럼 엑소더스 담론이 무조건 메시아주의의 모티브와 동일시되어서는 안 된다는 점을 지적하고 있다(Walzer 1995 [1985]). 엑소더스 담론은 결정적으로 "세속적" 의미도 갖고 있다는 것이다. 즉 "모세는 메시아가 아니며", 가나안 땅은 "현실적으로 달성할 수 있는 정치적이고 지리적인 목표"이지, "메시아의 왕국"인 것은 아니다

(Marchart 2005: 14 이하). 모세적 형태의 엑소더스에서 중요한 것은 애굽에 대한 특정한 부정이지, 모든 권력의 추상적 저편은 아니다.

그러나 오늘날 이렇게 실용적이고 세속적인 형태의 엑소더스로 주목할 만한 것은, 단지 "인지자본주의"의 요구로부터의 엑소더스만이 아니다(Virno 2005 [2002]: 61). 아마도 인지자본주의의 속에서는 "타인과의 관계에서, 즉 의사소통능력과 언어능력을 발휘하는 데서조차 자신이 임금 노동자로 축소되었다고 보는" 사람만큼 불쌍한 사람은 없을 것이다. 이러한 상황에서 특히 끝없는 그물로 연결된 다람쥐 쳇바퀴에 사로잡혀, 소외된 형태의 노동관계에 맞서 새로운 노동관계의 장점을 변증법적으로 방어하는 데 몰두하는 사람들에게 떠오른 것이 탈출 전략이다(Rosa 2013; Stäheli 2013). 그리고 이와 함께 아직 한 번도 충분히 착취당하지 못한 비참함에 빠져 있는 사람들이 제안하는 조치들 역시 등장한다.

최근 마우리치오 라자라토가 강조했듯이 이러한 조치들을 볼 때 분명한 것은, 앞서 말한 "인지자본주의" 형태의 자본주의에 대한 일면적 비판 역시 한계에 이르렀다는 점이다. 왜냐하면 오늘날의 위기는 특히 문화, 교육, 용역 제공 활동과 같은 "인지적" 영역에 강력하게 각인되어 나타나기 때문이다(Lazzarato 2012 [2011]). 그러나 이런 맥락에서 결정적인 것은, 2008년 금융 및 경제 위기에 대한 반발에서 나타난 엑소더스는 무엇보다도 혁명적 지평을 갖고 있는 것이 아니라, 어쩔 수 없이 부분적으로만 이루어졌다는 점이다. 바로 이 때문에 후퇴의 형태들은 이미 실제적으로 연대 공동체의 형성과 맞물려 있으며, 이는 유토피아가 아니라 살아남는 문제이다. 여기서 특징적인 것은 국가로부터의 탈출 자체가 찬미되지는 않는다는 점이다. 그리스의 새로운 연대 네트워크에 대한 마르가리타 초모우(Margarita Tsomou)의 서술에 따르면, 중요한 것은 자기 통제적이고 자율적인 사회시설의 폐쇄적 영역으로 후퇴하는 것이 아니라, 이러한 시설을 통해 국가에 대한 새로운 관계, 따라서 다른 형태의 국가, 다른 통치방식을 획득하는 데 있다(이 책에 실린 초모우의 글 참조). 특히 여기서 드러나는 것은 이러한 사회운동의 정치적 미래이다. 과연 공동체 차원에서의 연대 원칙이 사회로 꿰뚫고 들어가는 것이 성공할 것인가. 분명 탈출 및 항의 전략은 이를 위해 함께 협력해야 할 것이다.

번역_문성훈

참고문헌

Agamben, Giorgio 1998 [1993/1996]: Bartleby oder die Kontingenz/Die absolute Immanenz. Berlin: Merve.

Arendt, Hannah 1981 [1958]: Vita activa oder Vom tätigen Leben. München: Piper.

Boltanski, Luc und Ève Chiapello 2003 [1999]: Der neue Geist des Kapitalismus. Konstanz: UVK.

Deleuze, Gilles 1994 [1989]: Bartleby oder die Formel. Berlin: Merve.

Dörfler, Sebastian 2012: An die Arbeit. Warum Bartleby sich selbst abschaffen müsste, in: Polar 13, 9–11.

Ehrenberg, Alain 2004 [1998]: Das erschöpfte Selbst. Depression und Gesellschaft in der Gegenwart. Frankfurt a. M. und New York: Campus.

Han, Byung-Chul 2010: Müdigkeitsgesellschaft. Berlin: Matthes & Seitz.

Hardesty, Michele 2011: I would prefer not to. http://peopleslibrary.wordpress.com/2011/10/26/"iwould-prefer-not-to-"/.

Hardt, Michael und Antonio Negri 2003 [2000]: Empire. Die neue Weltordnung. Frankfurt a. M. und New York: Campus.

Hardt, Michael und Antonio Negri 2004: Multitude. Krieg und Demokratie im Empire. Frankfurt a. M. und New York: Campus.

Lazzarato, Maurizio 2012 [2011]: Die Fabrik des verschuldeten Menschen. Ein Essay über das neoliberale Leben. Berlin: b_books.

Marchart, Oliver 2005: Der Auszug aus Ägypten. Eine Einleitung, in: Chantal Mouffe: Exodus und Stellungskrieg. Die Zukunft radikaler Politik. Wien: Turia + Kant, 7–23.

Melville, Herman 2004 [1853]: Bartleby, der Schreiber. Eine Geschichte aus der Wall Street. Frankfurt a. M. und Leipzig: Insel.

Menke, Christoph 2013: Ästhetische Gleichheit: die Ermöglichung der Politik, in: ders.: Die Kraft der Kunst. Berlin: Suhrkamp, 158–175.

Mouffe, Chantal 2005: Exodus und Stellungskrieg. Die Zukunft radikaler Politik. Wien: Turia + Kant.

Rancière, Jacques 2008 [2000]: Zehn Thesen zur Politik. Berlin und Zürich: diaphanes.

Rebentisch, Juliane 2011a: Masse – Volk – Multitude. Überlegungen zur Quelle demokratischer Legitimität, in: WestEnd. Neue Zeitschrift für Sozialforschung 8. 2, 3–18.

Rebentisch, Juliane 2011b: Erscheinen. Bruchstücke einer politischen Phänomenologie, in: Demonstrationen. Vom Werden normativer Ordnungen. Ausstellungskatalog. Nürnberg: Verlag für moderne Kunst, 364–373.

Rebentisch, Juliane 2012: Die Kunst der Freiheit. Zur Dialektik demokratischer Existenz. Berlin: Suhrkamp.

Rosa, Hartmut 2013: Beschleunigung und Entfremdung. Berlin: Suhrkamp.

Saar, Martin 2013: Die Immanenz der Macht. Politische Theorie nach Spinoza. Berlin: Suhrkamp.

Stäheli, Urs 2013: Entnetzt euch! Praktiken und Ästhetiken der Anschlusslosigkeit, in: Mittelweg 3622. 4, 3–28.

Virno, Paolo 2005 [2002]: Grammatik der Multitude. Untersuchungen zu gegenwärtigen Lebensformen. Berlin: ID Verlag.

Virno, Paolo 2010 [2002]: Exodus. Wien und Berlin: Turia + Kant.

Walzer, Michael 1995 [1985]: Exodus und Revolution. Frankfurt a. M.: Fischer.

Žižek, Slavoj 2012: Less Than Nothing. Hegel and the Shadows of Dialectical Materialism. London und New York: Verso.

투쟁으로서의 엑소더스
라운드테이블

다니엘 로이크, 디드리히 디데릭센, 라엘 예기, 이자벨 로라이[1]

다니엘 로이크: 엑소더스 개념으로 다양한 사회 실천들을 포괄하려는 아이디어는 마이클 왈저의 책 『엑소더스와 혁명』에서 크게 영향 받은 것입니다. 왈저는 벌써 1960년대에 이 모티브가 길게 지속될 매력을 갖고 있음을 확인하고는 놀라워합니다. 왈저에게 엑소더스는 세 가지 본질적인 특징을 가진 것으로 규정됩니다. 첫째, 주어진 상황을 떠나 밖으로 나가기. 둘째 현재의 문제들에 실험적으로 대면하면서 사막 위에서 방황하기. 셋째, 새로운 권력이나 삶의 방식을 구성하면서 찬사된 땅에 도착하기. 그러므로 왈저의 정의에 따르자면, 분명하게 정치적 성격을 띠는 기획만이 사실상 엑소더스로 이해될 수 있습니다. 즉 떠난다 함은,

1 다니엘 로이크 주재로 진행된 디드리히 디데릭센, 라엘 예기, 이자벨 로라이와의 대화로, 정치적/비정치적 탈출 운동들, 좋은/나쁜 삶, 가내수공업-이데올로기로서의 자기구성, 구글을 설립한 히피들에 관해 논의한다.

그저 개인주의적인 혹은 집단적인 현실도피의 의미를 갖는 체념이나 포기를 뜻하지 않아야 합니다. 이자벨, 당신은 여러 글에서 엑소더스라는 모티브를 항상 다시 차용하곤 했습니다. 당신이 보기에 왈저의 이런 정의는 현재의 저항 운동들을 분석하는 통찰을 줄 만큼, 흥미로운 것으로 보입니까?

이자벨 로라이: 우선 현재 상황을 평가해보면, 다음과 같은 실천들이 점차 늘고 있는 것 같습니다. 다니엘 당신이 방금 왈저를 언급하며 정의한 것보다는 그 개념을 더 정확하게 만들어야 합니다. 빠져나가기, 실험하기, 그리고 도착하기의 운동만이 문제가 아니기 때문입니다. 정체성이나 대의와 같은 개념들로 구성되던 고전적인 정치적 실천들이 수포로 돌아간 후, 최근에는 점차 더 많은 사회 운동들이 정체성 비판적, 대의 비판적 성격을 띠고 있는데, 그것들 또한 엑소더스-실천들이라고 부를 수 있습니다. 다양한 예들이 있습니다. 저는 여러 글에서, 점거 운동 및 민주화 운동들 또한 그에 속한다고 말하기도 했습니다. 장소점거 운동뿐 아니라 그로부터 출현한 장기적 연대네트워크들 또한 이런 운동들에 속합니다. 그리고 난민 운동들, 혹은 난민들 사이에서 점차 늘고 있는 정치화 운동, 또 Kotti & Co[2]와 같은 세입자 운동 또한 그에 속합니다. 그리고 스페인이나 이탈리아에서는 Contri Sociali[3]의 구축이라든가 여타 반-제도화의 움직임 같은, 전혀 다른 차원도 강하게 확인됩니다. 물론 제가 사용하는 엑소더스 개념은 왈저의 것이 아니라 이탈리아

2 [옮긴이] 독일 베를린 크로이츠베르크의 구 사회주택 지역의 세입자들의 조직으로, 높은 임대료에 저항하고 공공임대주택의 확대를 주장하는 등 주거정책 일반에 관한 비판적 목소리를 내고 싸운다.

의 아우토노미아-운동 전통에서 나온 것으로서, 안토니오 네그리와 파올로 비르노와 같은 이론가들에게 기댑니다. 따라서 자본주의적인 생산 방식에 대한 비판과 분리될 수 없습니다. 여기서 정치적인 것은 고립돼 있지 않고, 사회적, 경제적 성분들과 연결됩니다.

디드리히 디데릭센: 현재의 실천들을 묘사하기 위해 '엑소더스'라는 새로운 메타포를 도입함으로써 우리가 얻는 소득이 무엇입니까? 이것이 우리의 전체 논쟁에 대한 제 근본적인 질문입니다. 당신이 방금 언급한 그 모든 예들은, 하나의 새로운 정식을 필요로 할 만큼, 기존의 알려진 사실들과 달라 보이지 않습니다. 왜 '엑소더스'라는 새로운 개념을 말해야 하죠? 저는 엑소더스에 대한 아주 분명한 상을 갖고 있습니다. 엑소더스는 정치적 동기에서 나타난 난민 운동 외에도, 싱가포르의 다이빙 동호회 회원들의 활동(Tauchstation)을 가리킬 수도 있습니다. 이 또한 [일상의 삶에서 벗어나려는 사람들의] 집합적 활동이니까요. 하지만 [엑소더스 운동들의] 공통분모는 역시 '환경으로부터의 실질적인 떠남'에 있어야 합니다. 요컨대, 어떤 정치적 투쟁이 단지 새로운 방법을 사용한다는 이유로, 그것을 엑소더스라고 부를 수는 없습니다. 가령 세입자 투쟁은, 이 싸움이 최근에 다른 식으로 전개된다는 이유만으로, 엑소더스를 구성한다고 볼 수는 없습니다. '나가기'와 '들어가기'에 대해 한 번 더 말해봅시다. 만일 저처럼 교외에서 성장한 세대에 관해 인생사적

3 [옮긴이] 건물점거 운동을 통해 점령된 건물을 일컫는 말로서 직역하자면 '커뮤니티 센터'이다. 이 점령된 공간은 흔히 노동자와 빈곤층을 위한 주거 시설로 활용하거나, 활동가들의 정치적 이니셔티브, 문화 행사 및 지역 사회 봉사를 위한 공간으로 사용되며, 특히 대의민주주의에 대한 급진적 비판, 관료적 계층구조의 거부, 정치적 자율성 및 사회적 의사결정 과정의 참여 등을 요구하는 운동의 상징 혹은 거점지로 이해된다.

으로 말해보자면, 인구밀도가 높은 도시로 들어가는 운동이 엑소더스 운동일 겁니다. 즉 부모 세대가 교외로 흩어져 들어갔던 그 엑소더스로부터의 탈출 말입니다. 그리고 '도시로 들어가는' 이 탈출은 당연히 역행적인 성격(etwas Regressives)을 갖는 것이기도 합니다. 왜냐하면 사람들은 과거에 이미 그 도시에 있었으니까요.

다니엘 로이크: 모든 것을 다 엑소더스라고 말한다면 그 개념이 무뎌진다는 당신 논점은 이해가 갑니다. 그렇다면 실제로 한 장소에서 다른 장소로 옮겨가는 물리적 이동만을 엑소더스로 이해해야 한다고 보십니까? 하지만 은유적으로 이해되는 운동도 있지 않습니까? 가령 '벗어남'에 참여하는 운동 말입니다. 만일 제가 베를린 중심부에서 사람들과 함께 공동체를 세우고, '난 더 이상 현재의 삶의 형식에는 관심이 없어. 나 자신의 새로운 삶의 형식을 구성할거야'라고 말한다면, 그 또한 엑소더스의 형식 아닙니까? 내부로의 엑소더스 말이죠.

디드리히 디데릭센: 저라면 이런 운동 중에서, 실제로 문화적 환경 집단과의 접촉을 끊는 경우만을 엑소더스라고 부르겠습니다. 사람들은 철저하게 환경과 단절하는 데 성공할 수도 있으니까요. 하지만 어떤 특정한 정치적 방법론을 다른 방법론으로 바꾸는 경우까지도 엑소더스라고 해버린다면, 그 개념은 혼란을 초래하며 적절치 않습니다.

이자벨 로라이: 하지만 '떠나는 것'만이 핵심은 아닙니다. 즉 부정하기, 거부하기, 그것만이 중요한 문제인 것은 아닙니다. 즉 이동의 운동, 그러니까 공간적 이야기만이 중요한 것은 아닙니다. 비르노가 잘 정식화

했듯, 반-작용적인 저항뿐 아니라, 주어진 대안들을 부수는 것이 근본적으로 중요합니다. 이 [엑소더스] 모티브의 계보학은 1970년대까지 거슬러 올라갑니다. 즉, 이 모티브 자체는 새로운 것이 아닙니다. 하지만 이 모티브는 어떤 특정한 종류의 정치적 실천, 그러니까 이분법적 논리를 부수는 실천을 개념화할 수 있도록 해줍니다. 부순다는 것은 동시에 새로운 가능성을 연다는 것입니다. 즉 엑소더스의 순간에는 특정 상황들이 거부되고 멈추어지는 동시에 구성의 가능성이 열립니다. 엑소더스와 구성은 분리될 수 없습니다.

디드리히 디데릭센: 하지만 당신이 방금 말한 것은, 정치적으로 행동한다는 것의 의미가 무엇인지에 대한 일반적 대답일 뿐입니다. 그리고 누군가가 일전에 그것을 엑소더스라고 불렀다고 해서, 반드시 [이 개념을 사용해야 할] 적절한 근거가 확보되는 것은 아닙니다. 굳이 엑소더스 모델이 아닌 다른 수많은 모델에서도 '거부'는 '구성'과 연관됩니다. 그렇다면 왜 우리가 굳이 이 부담이 큰 개념을 사용해야 합니까?

이자벨 로라이: 그 개념은 운동 자체로부터 나온 것이지, 우리 뇌가 만들어낸 추상적인 구성물이 아닙니다.

디드리히 디데릭센: 모든 운동들이 뇌 자체죠.

다니엘 로이크: 다시 한 번 이 개념을 옹호해 보겠습니다. 이 개념이 현재의 정치적 운동을 묘사해 주는 흥미로운 개념처럼 보이는 이유 중 하나는, '정치'와 '삶의 형식'의 연관 때문입니다. 엑소더스 개념에 핵심적

인 것은, 젖과 꿀이 흐르는 축복받은 땅이 약속돼 있다는 것입니다. 엑소더스 운동들은—비단 부정의와 착취가 만연하기 때문만이 아니라—현재 상황에서는 좋은 삶의 영위가 불가능하기 때문에, 이 상황을 떠나려는 운동들입니다. 그러므로 엑소더스 운동들은 윤리적 차원을 소지하고 있습니다. 이 운동들은 좋은 삶이라는 카테고리를 정치적 투쟁과 결합시키니까요. 달리 말해, 엑소더스 운동들은 실존에 관한 미학, 즉 참여를 본질로 하는 실존 미학을 진지하게 여깁니다. 푸코는 이를 아주 간명하게 표현한 바 있습니다. '전사적(militant)이기 위해서, 우리는 슬프지 않아야 한다'고 요구하면서 말이죠. 점거운동은 바로 이 요구를 새롭게 교체해 보다 활기차게 만들었습니다. '정치적으로 참여한다면 (당신은 도덕적으로 옳은 일을 하는 것이다, 뿐만 아니라) 강렬함의 경험과 연대의 경험이 당신을 기다릴 것이다, 즉 새로운 주체성 형식의 축복받은 땅이 당신을 기다릴 것이다.'

라엘 예기: 방금 당신이 말한 강렬함과 연대의 경험은 사실상 모든 정치 운동 안에 항상 이미 있던 것 아닙니까? 그 각기의 고유한 방식으로 강렬함과 연대의 경험을 내포하지 않는 정치적 운동이 어디 있겠습니까? 당연함의 경계가 위반되고 해체되는 특수한 상황만으로도 벌써 강렬한 연대의 경험은 가능할 것입니다. 하지만 우리가 이를 스스로 시인하고 긍정하면서 이 계기들에 해방적 가치를 부여한다는 점, 그것이 새로운 것이겠지요. (전적으로 아주 새롭지는 않다 해도 말입니다. 이것이 바로 신-좌파를 특징짓는 경험이겠죠.) 정확히 말하자면, 바로 이것이 새로운 삶의 형식의 출현이고, 우리가 당장 정치적 성공을 거둘 수 있느냐 아니냐를 넘어서 중요하다고 생각하는 바이겠지요.

다니엘 로이크: 하지만 윤리적-미적 측면을 부정하는 정치적 운동도 있지 않습니까. 가령 정당 정치에 기반한 개혁주의의 지지자들도, 엘리트 중심의 혁명주의의 옹호자들도, 자신들의 정치가 삶의 형식과는 아무 관련이 없다고 말합니다. 즉 이들은, 삶의 형식이 [정치의 과제가 아니라] 개인이 선택할 문제라는 자유주의적 입장을 방어하거나, 삶의 형식보다는 물질적 부정의에 대한 투쟁이 더 중요하다는 혁명적 원칙론을 펼칠 뿐입니다.

라엘 예기: 하지만 그 두 유형[의 정치]는 이미 유행이 한참 지난 것들입니다. 저는 당연히, 현재의 성공적인 운동들은 정확히 그런 유형의 정치—가령 엘리트 정치—에 맞서는 반대 운동으로 발전된 것이라고 말하겠습니다. 우리를 정치에 나서게 만드는 주요한 약속 가운데 하나가 다음의 것이라는 점은 부정할 수 없는 사실입니다. '이미 설립된 제도들을 뒤흔드는 것은 즐거움을 줄 것이다.' [모든 정치적 실천이] 항상 이런 의도에서 비롯되지는 않는다 해도, 이런 즐거움이 항상 수반되는 것은 사실입니다. 그리고 어쩌면, 이런 즐거움은 또 손쉽게 직접 추구될 수 있는 것도 아닐 겁니다. 한나 아렌트는—그녀가 보기에—지나치게 자기 스스로에게 열중하는 독일의 68 좌파들을 향해서, '정치 운동 안에서 우리는 **세계**를 변화시켜야지 **자기 자신**을 변화시켜서는 안 된다'고 일갈했습니다. 이런 양자택일의 관념은 분명히 잘못된 접근법입니다. 하지만 거기에도 뭔가 중요한 게 들어 있긴 하죠.

다니엘 로이크: 그럼 당신은 엑소더스 실천들이 점차로 늘어왔다는 사실을 일반적으로 부정한다는 얘깁니까?

라엘 예기: 전체적으로 그런 실천이 증가해왔다고 말할 수 있을지 잘 모르겠습니다. 그건 당연히 엑소더스라는 개념을 어떻게 정의하느냐와 관련된 문제입니다. 일련의 새로운 저항 실천들이 늘었다는 건 확실한 사실입니다. 하지만 그 실천들 모두가 당신이 앞서 언급한 엑소더스의 성격을 공유하지는 않습니다. 이 실천들 가운데 다수는, 일단은 반작용적입니다. 즉 이 실천들은 경제적 교환고리들 속으로 파고드는 것들이고, 무엇보다도 현재의 급성적인 위기 상황에 대한 반작용들이기도 합니다. 스페인과 그리스에서는 바로 이런 사태들이 거대하게 늘고 있고, 이 실천들은 모든 가능한 형태의 생계보장 정책들을 추구합니다. 하지만 이 실천들은, 적극적/의도적으로 새로운 집합적인 삶의 형식을 추구하는 실천들과는 분명히 구별돼야 합니다. 물론 이자벨이 언급한 Kotti & Co 같은 실천들이나 환영할 만한 세입자 투쟁들이 늘고 있다는 것은 사실입니다. 우리는 베를린의 크로이츠베르크(Kreuzberg) 강제 철거 당일 아침 7시에 벌써 2,000명의 사람들이 거리에 모인 것을 목격하기도 했지요. 이런 일들은 정말로 주목할 만한 현상입니다. 하지만 저는 여기서도 엑소더스 개념으로 사태를 파악해야 한다고는 생각하지 않습니다.

저는 오히려 이 새로운 정치화의 물결들이, 자기 자신에게서 시작한다는 태도와 정확히 반대되는 것을 보여준다는 점에서, 흥미롭다고 생각합니다. 최근의 이 정치화의 물결들은, 80년대의 급진 좌파들에게서 나타났던 도그마를 다시금 새롭게 의문에 부치고 있으니까요. '우리는 단지 우리 스스로를 위해서만 투쟁할 뿐 어떤 대리-정치를 하지 않는다'는 도그마 말입니다. 당시 이 자율운동의 슬로건은 교조적이자 공상적이었던 '프롤레타리아트를 위한 투쟁'을 거부하는 것으로서 나름대로 정당한 것이었으나, 정치적으로 볼 때 분명한 한계도 지니고 있었습니다. 반대로 오늘날의 시위형식들 대부분은 '일반화 가능한 요구들'을 포함하는 방식으로 정치적입니다. 그런 한에서 오늘날의 저항 형식들은—'우리는 이 사회 대다수의 사람들과는 완전히 독립적으로 새로운 삶을 실험해보겠다'는 의미의 엑소더스라기보다는—'명백히 극복돼야 할 지배적인 관행들'에 맞서는 것들입니다. 제 말은, 오늘날의 이 저항 형식들이 대리-정치의 성격을 띤다는 것이 아니라, 오늘날의 이 저항들에서는 특수한 삶의 관심사만을 대변하지는 않는 요구들이 피력된다는 것입니다. 우리가 무정부주의자들에게 가했던 비난—'그들은 사나워진 소시민에 불과하며, 그들이 말하는 자율이란 결국 스스로의 목가성을 돌보는 가내 수공업자의 너 스스로 하라는 의미와 다를 바 없다'는 비난—은 오늘날의 이 저항 운동들에는 더 이상 적용될 수 없습니다. 그렇기 때문에 저는 이 운동들을 '엑소더스'라고 묘사하는 것이 과연 옳은지 모르겠습니다.

엑소더스-메타포의 사용에 관해 또 다른 [비판적] 물음을 제기해봅시다. 이집트가 어디입니까? 그러니까 오늘날 여하간 우리가 떠날 수 있는 이집트가 과연 있습니까? 오늘날에는, 60년대에 그랬던 것처럼, 공동의 가치들을 중심으로 통합된 강한 공동체가 더 이상 없습니다. 즉, 모든 문화적 이탈을 광신적 모욕으로 파악하는 그런 공동체는 더 이상 없습니다. 오늘날에는 심지어 신규 기업체의 사장마저도 주거공동체(WG)에 함께 삽니다. 우리가 벗어나야 할 강한 사회적 동질성(Homogenität)이 더 이상 존재치 않는다면, 엑소더스 행위는 본원적으로 그 해방적 작용을 상실할 것입니다. 고전적인 '하차하기'와 결부돼 있던 표상, 즉 어떤 한 사람을 무조건적으로 통합해 '요람에서 무덤까지' 돌봐주려는 사회에서 나는 하차하겠다, 사회는 한 사람을 항상 잡아 가두는

다리 여럿 달린 괴물(Krake)과 같다는 표상은 오늘날의 상황에는 더 이상 맞지가 않습니다. 오늘날 많은 사람들은 오히려, 어느 누구도 그들을 통합하고 싶어 하지 않는다는 문제에 직면해 있습니다. [나를 구속하는] 통합보다는 차라리 [나를 통합하지 않으려는] 배제가 문제인 것이죠.

이자벨 로라이: 다시 한 번, 서로 다른 엑소더스 개념들을 분명히 해봅시다. 제가 중요하게 보는 것은, 단박에 벗어남이라는 일회적 행위, 즉 단 한번에 [모든 것을 전적으로 새롭게 만들어내는] 구성이 아닙니다. 동질성에서 떠나는 것, 즉 출애굽이 문제가 아니라, 동질성의 조직화 [방식, 즉 동질성을] '어떻게' [조직할 것인가]가 핵심입니다. '우리는 우리를 위해서만 투쟁한다'는 자율 원칙에 대한 라엘 당신의 비판은 마치 모든 대의제 비판 운동들에 대한 비판처럼 들립니다. 하지만 대의제 비판의 기지(Witz)는, '우리는 스스로를 위해서만 싸운다'고 말하는 데 있는 것이 아닙니다. 대의제 비판은 정치적 실천의 다른 논리를 찾아내려는 시도입니다. 그러므로 대의제 비판 운동은 당연히, 이 운동에 임하는 당사자들 스스로에게만 중요한 함축을 갖는 것이 결코 아닙니다. 이 비판은 사회의 급진적인 정치적 변화를 추구하니까요. 물론 위로부터의 전제적인 혹은 직접적인 수단을 청구하지 않으면서 말이죠. 그리고 정치적으로 중요한 엑소더스가 무엇인가라는 물음은 실효(Effizienz)의 기준들만 가지고는 결정될 수 없습니다.

디드리히 디데릭센: 여러분이 엑소더스라고 묘사한 실천들이 정말로 증가했는지, 다시 한 번 점검해봅시다. 정치의 문화적 차원을 부정하는 경향은 감소하고 있습니다. 이는 오래 지속되어온 과정입니다. 그것

이 과연 성공이나 실패와 관계되는 문제인지는 모르겠습니다. 여하간, 거의 모든 [실천의] 기호론적-문화적 차원에 대한 감수성이 있습니다. 그것이 바로 정치적 실천뿐 아니라 모든 실천들의, '위험스럽지 않으며 또한 기꺼이 향유되는' 차원입니다. 그리고 이것은—주의해서 표현하자면—부르주아적으로 보호되던 성장과 전적으로 양립불가능하지도 않은 현상[으로서, 이미 오래전부터 있어 왔던 차원이라고 하겠습니다]. 그에 반해 [오늘날 새롭게 나타나는] 운동의 다른 형식은, 탈규제화 및 사유화 그리고 현재의 위기들에서 비롯된 모든 종류의 자기 구제 행동들입니다. 그러나 이 운동에서도, 부정의에 대한 인식은 고전적인 형태의 정치적 경험으로 이어집니다. 이런 운동을 조직하는 사람들은 자기들의 이질성 안에서 갑자기 공동의 경험, 즉 권력에 대한 적대성의 경험을 하게 됩니다. 이 적대성 속에서 그들은—얼마간의 자기변형은 겪겠지만, 각자의 이질성(Hegerogenität)이나 개인성을 상실하지는 않으면서—하나의 그룹이 되는 것을 경험합니다. 이로써, 그들 서로 간의 또 그들과 적대자들 간의 다름은 더 이상 자의나 취향에 맡겨지지 않습니다. 점령운동(Occupy)이 바로 그런 경우입니다. 그런데 이 운동에서 흥미로운 점은 '점령'이라는 그림이 정확히 엑소더스에 반대된다는 것입니다. 우리가 갖고 싶은 것들은 바로 여기에 있다. [이것이 이 운동의 모토이니까요.] 우리가 점령해야 할 고지들이 여기 있다는 의미에서만이 아니라, 조직화의 형식으로서의, 제도화의 형식으로서의, 사무실로서의 사물들이 이미 여기 있다는 의미에서 말입니다. 엑소더스 실천들이 아니라, 이런 은유적 의미를 갖는 점령 실천들이 강하게 늘고 있습니다.

따라서 이집트는 더 이상 없습니다. 뿐만 아니라 떠남도 더 이상 없습니다. 노동자들이 공장을 떠나는 것은 더 이상 가능하지 않습니다. 그들은 벌써 오래전부터 바깥에 있었으니까요. 즉 이미 오래전부터 완전히 다른 착취의 패러다임이 작동하고 있으니까요. 그것은 더 이상 우리가 단지 떠날 수 있는 뭔가가 아닙니다. 캘리포니아의 60년대에 공동체들로의 엑소더스를 추구했던 사람들[4]은, 바로 이 착취 패러다임이 출현하는 데 일조했습니다.

다니엘 로이크: 좌파의 역사와 현재 상황에 대해서 저는 당신과 다르게 진단합니다. 저는 90년대와 2000년대에는 다른 사회를 묘사하려는 모든 시도들에 대한 알레르기 반응을 보이는 긴 겨울나기의 국면이 있었다고 생각합니다. 이 '묘사 금지'는, 특정한 교조적-맑스주의적 물화 현상들에 대한 비판 때문에, 나름의 타당성도 갖고 있었습니다. 하지만 이제는, 그런 금지에 맞서 대안적 삶의 형식을 실험해보려는 시도들이 전적으로 새롭게 나타나고 있다고 생각합니다. 그런 시도들은 물론 특정한 정치이론의 발전 덕분에 가능해졌습니다. 지젝, 바디우, 그리고 최근 몇 년간 시작된 공산주의의 컴백으로부터 자기조직화 및 자율에 집중하는 무정부주의적 전통들의 재발견에 이르기까지의 정치이론의 발전 말입니다. (그리고 저는 후기-노동자주의[postoperaistische] 경향도 거기 속한다고 봅니다.) 따라서 국가를 정복하는 것, 정치적 교착상태를 추구하는 것,

4 [옮긴이] 60년대 미국의 캘리포니아 지역에서 출현한 반문화 운동을 가리킨다. 주류사회의 관습과 부르주아적 삶의 양식에 반감을 표하며 새로운 삶의 태도를 추구한 히피즘의 형태로 전개되었다. 주로 중산층 출신의 젊은이, 학생, 지식인이 그 중심에 있었다. 자본주의적 물질주의와 억압적 성 관념, 노동 윤리를 부정하고, 대마초 등 환각물질 체험을 통한 의식의 해방, 집단 거주와 프리섹스, 동성애 및 페미니즘 옹호, 록 음악과 축제적 삶의 추구 등 생활혁명의 양상을 띠었다.

영웅적으로 급진적인 단절을 창출해내는 것이 주요 문제가 아닙니다. 대안들은 벌써 구성되고 있기 때문에 권력장악의 문제가 제기되지 않는다는 것이 핵심입니다.

라엘 예기: 하지만 그럴 경우 문제는, '그것이 과연 정치적인가?'입니다. 이 물음에 어떻게 답해야 할지 결정하기는 결코 쉽지 않다고 생각합니다. 어떤 프로젝트라도, 소위 전략적인 한시성(Vorläufigkeit)의 성격을 가질 때에만, 즉 보편성에 대한 긴장 관계 안에서 표현될 때에만 정치적인 것으로 분류될 수 있습니다. 그러므로 정치적 프로젝트는 전체 사회의 변형에 대한 관점을 포함해야만 합니다. 그런 관점을 갖고 있지 않다면, 그건 차라리 구글을 설립한 히피들에 불과하거나, 아니면 (선한 근거에서) 함께 겨울을 나는 사람들에 불과하겠죠. 제가 반작용적인 조직화라고 불렀던 것을 폄하해서는 안 됩니다. 집합적으로 자신들을 조직화하지 못한다면 그저 가난에 머무를 수밖에 없는 많은 사람들이 있습니다. 빈곤을 총체적 배제나 존엄상실과 직결되지 않도록, 정치적 중재 가능성들을 포함하면서 조직하는 데 성공하는 이들은 바로 이 사람들입니다. 그리고 이것이 중요한 선입니다. 하지만 다른 측에는, 그저 쾌적한 사회 안에서 아름다운 옛-건물에 살기를 원하는 사람들이 꾸리는 네오-부르주아적 운동들도 있습니다. 이 사람들은, 사회적으로 차단된 삶의 형식들을 창출하지요. 이들이 추구하는 삶은 (집합적인 프로젝트가 아닌) 정상적인 프로젝트들 안에서의 삶입니다. 자기조직화는 결코 가치 그 자체가 아닙니다. 자기조직화를 그 자체로 가치 있는 일로 간주하는 것은 [내 집을 꾸미는 데 필요한] 건축자재들을 파는 가게에나 해당되는 관점입니다.

그에 대하여 오늘날 젊은 급진적 좌파들이 제기하는 정당한 비판이 있습니다. 이 급진 좌파들은, 현재의 사회 안에서 이미 좋은 삶이 전개되고 있다는 전제에서 출발한 최근의 시도들에 대한 경험에서 중요한 것을 배워야 한다고 말합니다. 이런 시도는 특권들을 옹호하는 데로 귀착될 뿐입니다. 즉, 좋은 지역에서 저렴한 주거공간을 갖고 있는 자들, 즉 강제퇴거에 대한 두려움을 느껴야만 하는 것은 아닌 자들을 옹호하는 데로 말입니다. 대안적인 삶의 형식들이 양가적이라는 사실을 잘 보여주는 다른 예는 자유 학교들입니다. 이 학교들은, 종래의 지배적인 교육에 대한 대안으로서는 분명히 타당한 것이었습니다. 그러나 오늘날 소위 '사회적인 문제구역'에 살면서 자유 학교를 선택하는 사람들은 자신의 아이를 교양 없는 계층 출신의 아이들과 부닥칠 일 없는, 완전히 동질적인 환경 속으로 보내는 것입니다. 우리는 어쩌면 [대안적 삶의 형식들의 양가성을 문제 삼기 위해] 다음과 같이 말할 수도 있을 겁니다. 오늘날 일반학교들에서도 대안 교육이 실시되고 있으며, 이는 결국 70년대의 사람들이 [대안적 프로그램으로] 창출해낸 프로젝트들이었다고 말이죠. 이것이 바로 제가 생각하는 양가성입니다.

이자벨 로라이: 하지만 당신은, 3-40년 후에 그것들이 소시민성과 특권들로 드러났다는 이유로, 70년대의 프로젝트들과 선도적 정책들을 추후적으로 가치 절하할 수는 없습니다. 정치적 실천들은 그 이후의 전개와 관련해 보자면 항상 우발성과 양가성을 가질 수밖에 없습니다.

라엘 예기: 하지만 우리는 이 경험을 성찰해보아야만 할 것입니다. 이 긴장 관계는 항상 다시 새롭게 숙고되어야 하고 또 균형 맞춰져야 합니다.

이자벨 로라이: 당연히 그렇습니다. 하지만 당신은 결코 확실성을 가질 수는 없을 겁니다. 정치적 실천은 봉쇄의 양태를 띨 수 없으며, 고립된 군락을 이룰 수 없고, 한 나라 안의 닫힌 공동체에 기반할 수 없다는 당신 생각에 저도 물론 동의합니다. 최근 10년간의 운동들이 보인 특징은, 급진적인 포섭 주장이었습니다. 그리고 이것이 새로운 점입니다. 제가 사용하는 엑소더스 개념은 왈저의 엑소더스 개념과 달리 도시에서 빠져나가는 공간적 운동만을 가리키지 않습니다. 때문에 제 '엑소더스' 개념은, 도시의 핵심 권역들 속으로 들어가는 엑소더스도 있을 수 있다고 말할 수 있게 해줍니다. 좋은 삶의 문제 또한 개인적 행복의 약속이라기보다는 오히려 라틴 아메리카에서 'vuen vivir'라고 불리는 것을 테스트한다는 의미로, 달리 생각해야 할 것입니다. 이것은 동사형—'잘 산다'이기 때문에, '좋은 삶'이라는 개념과는 다른 내포를 가집니다. '잘 산다'는 것은 처음부터 집합적이고 사회적인 차원을 갖습니다. 나는 민족적으로도 개인주의적으로도 '잘 살 수' 없습니다. 그렇다면 '잘 산다'는 것이 어떻게 실행될 수 있는 것인가? 이것은 당연히 다른 [논의를 더 요하는] 문제입니다. 하지만 저것이 최소 요구주장인 것은 사실입니다. 정치이론과의 결합점도 여기에 있습니다. 민족국가의 경계선 안에서 사는 것은 국가로부터의 몰락이라는 아이디어를 포함하지 않습니다. 게다가 국가는 사회적 관계이기 때문에, 국가를 단 한 번의 의지 행위를 통해 제거한다는 것은 여하간 가능하지가 않습니다. 사유든, 신체든, 관계든, 어떤 것을 단 한 번의 의지 행위를 통해 떠난다는 것은 불가능합니다. 뭔가를 달리 만들기 위해서, 즉 다른 사회성들을 창출하기 위해서 공간을 만들고 구성의 가능성들을 창출해내는 것, 그것이 오히려 핵심입니다.

라엘 예기: 이 새로운 사회성들이 대체 어느 정도까지나 다르게 구조화된다는 말입니까?

이자벨 로라이: 가령 수평성의 요구를 예로 들어보지요. 이 새로운 사회성들은 강압적인 프로그램으로 제시되지 않고 공동의 관심사들이 수평성의 장치에 따라 협상되어야만 의미를 가집니다. 이때 흥미로운 점은, 특정 장소나 특정 상황에서 모인 무척 이질적인 사람들이 수평성을 실천하고 싶어 한다는 것입니다. 그리고 이 실천은 좌파 집단을 넘어 사회 속으로 넓게 진입해 들어갑니다. 이 말은 당연히, 수평성이 항상 곧 이루어진다는 뜻이 아닙니다. 수평성의 시도는 실패로 돌아갈 수도 있고 항상 다시 새롭게 교섭되어야만 합니다. 하지만 어쨌거나 여기서 드러나는 점은, 벌써 완성된 하나의 프로그램을 가지고 시작하는 좌파 행동주의는 더 이상 작동할 수 없다는 것입니다.

디드리히 디데릭센: 다시 한 번 정치적 실천들이 가져다 줄 수 있을 통합이라는 문제로 돌아가 봅시다. 특정 실천들이 그 출발에 있어 우발적이며 그 결과를 전망할 수 없다는 말은, 우리가 그에 관해 아무 생각도 해서는 안 된다는 의미가 아닙니다. 우리는 이미 좌파(운동)들의 역사를 볼 수 있습니다. 그리고 우리가 여기서 하고 있는 이 모든 이야기는 좌파들의 역사에 관한 고찰이고, 그로부터 배우려는 시도입니다. 그러므로 저 또한 이제 다시 한 번 엑소더스 개념을 구출하자고 제안하고 싶군요. 하지만 전적으로 새로운 고안이라는 의미의 엑소더스가 아니라, 공장으로부터 '나가기'(Auszug)라는 노동자들의 실천과 연관돼 있던 좌파 운동의 실제 역사 속에 들어 있는 그 엑소더스 개념을 구출해내자는

것이 저의 제안입니다. 저는 '투쟁'의 후속개념으로서의 엑소더스가 흥미롭다고 생각합니다. 과거의 투쟁은 여전히 영토적으로 사유될 수 있었고 장소로서의 공장에 연관됐습니다. 그 투쟁은 또 점거의 몸짓들과 함께 수행됐습니다. 그것도, 우리가 여기서 점거하는 것은 바로 이 사람에게 속한다는 요구와 함께 말이죠. 우리가 이 투쟁을 오늘날의 균열내기 모델의 형식으로 수선한다면, 우리 일상의 삶의 영역들, 삶의 표현들, 조직화의 형식들 등에 부합될 수 있을 것입니다. 그 경우 엑소더스는 이 효과들의 연관을 드러내는 메타포나 그림 같은 것일 수 있겠죠.

이자벨 로라이: 근사하네요! 저 또한 엑소더스를 정확히 그렇게 이해하고 싶네요. 그렇게 이해하면 과거의 투쟁 개념이 거부의 계보학을 뜻했던 것처럼, 엑소더스는 오늘날의 신-자유주의적 사회관계들을 중단시킨다는 의미를 갖게 되겠지요. 그렇게 되면 이 개념은 조직화라는 계기와도 분리되지 않을 수 있습니다. 하지만 오늘날에는 흔히 엑소더스, 즉 시간과 공간의 단절이라는 계기가 구성을 위한 전제가 됩니다. 여기서 최근 몇 년간 좌파 진영은 조직화의 형식들, 고전적인 효율성 기준들에 의거해 측정될 수 없는 조직화의 형식들을 강하게 찾아내고자 했습니다.

라엘 예기: 제가 보기에도 좋은 생각인 것 같습니다. 그 결론을 합의로 확정할 수 있겠네요! 엑소더스를 투쟁의 후속 개념으로 이해하자는 이 아이디어는 제게도 만족스럽습니다. 우리가 정치적 행위자로서 펼칠 수 있는 권력도 함께 이야기될 수 있으니 특히 좋습니다. 고전적인 투쟁의 경우에는, 정치적 행위자가 구현하는 권력이 생산을 마비시키는

힘이었다면, 현대적 조건하에서는 무엇이 결정적인 사회 영역들을 차단시키는 잠재력을 갖는지 자문해볼 수 있겠습니다.

디드리히 디데릭센: 정서적 투입들 또한 핵심일 겁니다. 대규모화된 서비스 산업에 대해 우리가 일상적으로 느끼는 나쁜 기분이라든지, 아니면 우리가 요즘 감사합니다 뒤에 항상 듣게 되는 뭘요(Gern)!와 같은 미사여구에 대해 느끼는 좋지 않은 기분들을 면밀히 숙고해 보는 것. 이것이 벌써, '더 이상 함께 하지 않음' 즉 투쟁의 선행-형식(Vorform)일 것이고, 이는 노동과정을 물리적으로 중단시켰던 과거의 형식들과는 완전히 다른 성격을 띱니다. 오늘날의 투쟁에서는, 전적으로 언어적이기만 한 합의 방식, 짜여진 각본의 규약이나 강령의 언어 등은 더 이상 작동하지 않습니다.

다니엘 로이크: 우리는 오늘의 대화에서 특히 다음의 두 가지 사안에 대해 논쟁했습니다. 하나는 정의(Definition)의 문제입니다. 엑소더스는 오늘날 벌어지는 일련의 현상들에 유의미하게 적용되는 개념인가? 그리고 다른 하나의 논점은 통합의 위험에 대한 평가에 있었습니다. 저는 엑소더스를 투쟁의 후속 개념으로 파악하자는 제안을 다음과 같이 이해합니다. 투쟁이라는 개념은 정의상으로도, 내용적으로도 중요한 포인트를 갖습니다. 엑소더스 정치들이 빠질 수 있는 유혹에 대한 반응을 보여준다는 것. 그것이 투쟁 개념의 포인트입니다. 개혁주의 특유의 유혹은 순응 혹은 부패에 있고, 혁명 특유의 유혹이 아마도 전제주의 혹은 스탈린주의에 있다면, 엑소더스 특유의 유혹은 통합 혹은 회복일 것입니다. 투쟁 개념은 이 문제들에 대해 답합니다. 왜냐하면 그 개념은

엑소더스 안의 집합적 차원, 즉 조직화하고 보편화하는 차원을 동시에 강조하기 때문입니다.

이자벨 로라이: 그리고 고안해내고 새로이 구성하는 차원도요. 그것이 바로, 세계 곳곳에서 세력을 구축한 좌파들의 일상화된 사유를 문제화하고 압박하는 차원입니다.

다니엘 로이크: 오늘 대화에 참여해 주신 여러분 모두 감사합니다.

번역_이행남

2부

2부 논단 / 오늘날 사회의 모순들

드론의 비상
표적살해 행위에 나타난 윤리와 경제의 상호작용

주자네 크라스만

•

I.

오바마 대통령의 임기와 더불어 미국의 대테러 정책은 드론을 이용한 표적살해[1]의 형식으로 나타나고 있는데, 분명한 사실은 미국의 이러한 정책이 불법적이고 부당하다는 것이다. 국제법에는 이러한 평가를 가능하게 하는 몇몇 항목이 있다. UN헌장 제2장(4절)은 다른 나라에 대한 위협이나 폭력의 투입을 근본적으로 부정하고 있는데, 제51장에서는 긴급한 혹은 적어도 현재하는 무장공격에 대한 자기방어권을 인정하고 있다. 물론 이때도 당연히 법적 기준을 준수해야 한다고 한다. '국제인도주의법'은 군사적 갈등상황에서 군대 투입의 규칙을 정하고 있

1 어떤 상황으로 인해 '원격조종비행체계'(RPAS)나 '무인비행체'(UACV)라는 공식명칭들이 일상 언어에서도 거의 사용되지 않는다.

는데, 예컨대 비참여자의 생명을 보호하고, '불필요한 고통'과 '과도한 상해'를 피해야 한다고 한다. 이와는 결을 달리하는 비판적 논의도 있다. 예컨대 테러는 처음부터 전쟁 법률과는 다른 법률의 지배를 받아야 한다는 것, 즉 테러리스트들은 원리상 전쟁의 병사들이 아니라 형법상의 범죄자로 다뤄져야 한다는 것이 그 논의의 핵심이다.[2] 이는 무엇보다 그들을 체포했을 때 그들에게 형벌 절차의 권리를 제공해야 한다는 것을 의미한다. 하지만 표적 살해된 자들은 스스로 방어할 기회, 그리고 자신의 비난받는 행위에 대해 법으로 변명할 기회를 전혀 갖지 못하기 때문에 비판가들은 '표적살해'를 탈법적 사형형식이라고 말한다(예컨대 Amnesty International 2005를 보라).[3] 또한 정치적 지도인물들에 대한 표적살해, 즉 정치적 살해도 국제적으로 주목받는다. 이는 의심의 여지없이 어떤 정부든지 야당인사들을 적으로 규정하여 사살목록에 올릴 수도 있다는 정치적 식견에 빚지고 있다.[4]

그런데 미국 행정부에서 표적살해 문제는 국내 문제에서 제기되지 않았고, 다만 오늘날까지 여러 테러네트워크(알카에다와 그 추종세력들)[5]와의 "전쟁" 문제에서 제기되었다. 바로 '전쟁'이라는 말의 용법에 표적살해의 정당성을 옹호하고자 하는 의도가 들어 있다. 이 문제는 본질

2 이 논쟁에 대해 UN 특별보고관인 M. 샤이닌(Martin Scheinin)과 Ch. 하인즈(Christof Heyns)가 미국 해군 네이비실에 의한 오사마 빈 라덴의 살해에 대해 쓴 글을 참고하라. www.ohchr.org/en/NewsEvents/Pages/DisplayNews.aspx.

3 현실적 논의를 표시하기 위해 나는 앞으로 표적살해라는 말을 영어의 "targeted Killing"으로 표시할 것이다. [참고로 독일어로는 gezielte Toetung이다—옮긴이]

4 (정치적) 암살 개념과의 법적 차이는 Canestaro(2003)를 보라.

5 최근까지의 공식적 입장에 대해 다음을 보라. The White House: National Security Strategy, Washington, D.C., Mai 2010: www.whitehouse.gov/sites/default/files/rss_viewer/nationalsechrity_strategy.pdf.

적으로 9.11 직후 생겨난 두 개의 법안에 기초한다. UN헌장 제51장에 따라 미국에 자기방어권을 부여한 UN의 두 결의안과 장차 닥칠 테러 공격을 피하기 위한 모든 군사적 수단을 간구하는 위원회에 전권을 부여하는 것이 그것이다.[6] 이 두 법안이 의심되는 현장에 자동적으로 드론공격을 할 수 있는 권한을 준 것은 아니지만, 미 행정부로 하여금 테러공격을 무장공격으로 해석하게 함으로써 자신들의 행위가 국제인도주의법의 규칙을 따른다는 기본적인 법적 전제를 갖출 수 있게 해준다(Vogel 2010: 108 참조). 과거 미 국무부의 법률자문관이었던 H. 코흐(Harald S. Koh)는 표적살해 행위의 정당성에 대해 다음과 같이 말한다. "국제법의 문제로 보자면, 미국은 가공할 9.11 공격에 대한 대응으로 알카에다나 탈레반 등과의 군사적 갈등에 빠져 있는데, 미국은 국제법의 자기방어권에 상응하여 무력을 사용해도 된다. 그리고 국내법의 문제로 보자면, 의회는 2001년 군사력사용권(AUMF)을 제정함으로써 필요하고 적절한 모든 무력사용을 승인했다. 바로 이 국내법과 국제법은 오늘까지 계속되고 있다."[7]

잘 알려졌듯이 오바마 대통령은 법치국가 원리를 존중하면서 전임자인 부시 대통령의 안보 정책, 특히 그의 심문방식을 철폐하고자 했다. 그는 2009년 5월 21일 새로운 국가안보전략을 역설하는 가운데 이를 명확히 했다. "이제 나는 분명히 하고자 합니다. 우리는 알카에다 및 그 추종자들과 전쟁 중에 있습니다. 우리는 우리 기구들을 새롭게 하여 이

6 UNCR Res. 1368(12. September 2001) UN Doc. S/RES/1368; UNCR Res. 1373(28. September 2001) UN Doc. S/RES/1373; AUMP, Pub L. 107-40, 115, Stat. 224(2001).

7 미국 국제법학회 연례회의, 2010년 3월 25일: www.state.gov/s/l/releases/remarks/139119.htm.

위협에 대처해야 합니다. 그러나 우리는 법의 지배와 적법 절차에 대한 지속적인 자신감으로, 견제와 균형 그리고 책임감으로 이 일을 수행해야 합니다."[8]

이러한 근거에서 볼 때 드론의 체계적 투입이 반대로 관타나모 수용소를 다른 방식으로 지속하는 것으로 읽힐 수 있는데, 이는 법의 아이러니라고 할 수 있다. 저명한 법률가인 존 벨링거(J. Bellinger)가 오바마 임기 3년차에 『워싱턴포스트』지에 기고한 글은 이러한 사실을 잘 보여준다. "미국의 무인정찰기(드론) 공습으로 알카에다나 탈레반으로 의심되는 사람들은 관타나모 수용소에 갇혀 있는 사람들보다 두 배나 더 많은 죽임을 당했다."[9] 과거 CIA 국장이었던 레온 파네타(Leon Panetta 2009)가 말했듯이, 테러극복 투쟁에서 오바마는 드론의 투입을 전략적으로 지향하고 있는데, 드론 전략이 과거에는 별로 중요하지 않았지만, 지금은 "유일하게 이용 가능한 수단"이다.

그렇다면 어떻게 서로 다른 이런 평가에 이를 수 있는가? 간단히 말하자면 우선 전시냐 평화의 시기냐 하는 서로 다른 독해방식의 싸움처럼 보인다(예를 들어 Blum/Heymann 2010과 Kretzmer 2005를 보라).[10] 법적으로 말하자면 이 두 패러다임은 대테러 투쟁에서 드론의 투입을 "무장갈등"의 범위 안에 있는 군사작전으로 볼 것인지 평화 시의 치안행위의 역할로 볼 것인지의 문제로 요약된다. 국제인도주의법에 따르면 전시에는 상대 병사가 구체적 위험에 처해 있건 그렇지 않건 간에 그를 살

8 www.whitehouse.gov/video/President-Obama-Our-Security-Our-Values#transcript.

9 이와 연관하여 Becker/Shane(2012), Mazzetti(2013: 246 이하), Wittes(2010)를 참고하라.

10 표적살해 행위의 정당성에 대한 다양한 논의로부터 이와 연관된 본질적 측면들을 간략하게 대조하는 것만으로도 충분할 것이다.

해해도 문제가 되지 않는다. 그는 적군을 대표하며, 이런 의미에서 제도화된, 잠재적 위험을 표현한다(Kessler/Werner 2008: 298 참조). 반대로 대테러 투쟁이 국제적 차원에서 수행되는 위험을 방어하고 형사소추하는 경찰업무에 속한다고 할 경우 여기서는 인권보호를 위한 국제규범들, 특히 생명권이 중요하게 된다. 살해는 절대적 필요성이라는 조건에서만 허락된다. 예컨대 구체적 위기상황에서 타자를 구하기 위해서만 허용되며, 혐의자가 도피하려고 할 때도 허용된다. 이때 언제나 '온건한, 적절한 수단'이라는 원리가 적용되어야 한다. 대테러 투쟁을 체계적으로 수행하는 한 형식으로서의 표적살해는 여기서 어떤 위치도 차지할 수 없어 보인다.

하지만 둘째, 상황은 훨씬 더 복잡하다. 한편으로 오바마 행정부의 법 이해는 비판의 대상이 된다. 자기방어권에 대한 과도한 해석이 그 한 가지 핵심이다. 이러한 해석과 더불어 정부는 무장 갈등을 즉각적 개입의 전제로 삼을 수 있을 만큼의 지위를 갖는 것으로 국제인도주의법에 규정하고자 한다. 정부는 이러한 방식으로 개별 공격이 올 때마다 이를 무장공격으로 선언할 필요도 없이 언제나 그리고 거의 어디서나 네트워크의 세포들을 군사적으로 즉각 타격할 힘을 얻게 된다(Schaller 2012: 13 그리고 Shaw 2013: 542 참조). 더 나아가 예컨대 파키스탄에서 표적살해 전술은 CIA의 (따라서 군사조직이 아니라 비밀요원들의) 관할에 있으며, "목표 적합성"에 대한 결정과정과 기준들도 불투명하다.[11]

다른 한편 이 전술에서 전투드론의 투입을 포함하여 테크놀로지가 노골적으로 숭배된다. 대테러 투쟁에서 미국의 드론 정책은 서방 정부

11 이에 대해서는 특히 스탠퍼드 로스쿨과 뉴욕대 로스쿨의 연구보고서(2012)와 유엔 보고관 필립 앨스톤의 보고서(Philp Alston 2010)를 참고하라.

들로부터 거의 아무런 비판도 받지 않는다.[12] 물론 드론의 투입과 구매의 문제가 여전히 정치적 의제로 다뤄지긴 하지만 말이다.[13] 더 나아가 유럽의 국가들은 다양한 적용가능성을 가진 드론 테크놀로지의 발전에 참여하고 있다. 시장은 다가올 10년 안에 군사 영역에서만이 아니라 민간 영역에서도 드론 영역의 엄청난 성장이 있을 것으로 기대한다.[14]

따라서 "드론의 비상"[15]은 규범적-도덕적 논의만으로 해명되지 않는다. 오히려 이것은, 앞으로 이에 대해서는 논의하게 될 테지만, "좋은 정부의 경제"(Foucault 2004)라는 물음과 연관이 있다. 이 물음은 좁은 의미의 경제성이나 이윤과 연관되어 있기보다는,[16] 드론의 투입이 현실적

12 벨링거(Bellinger)가 확인했듯이(2011) 미국의 드론 정책에 대해 다른 정부들은 찬성도 비판도 하지 않는다. "대신 그들은 오사마 빈 라덴의 살해에서 했던 것과는 다른 방법을 광범위하게 주시했다." 독일 주민들도 안전 문제와 연관이 있을 때 전투드론의 투입을 분명하게 거부하지는 않는다. 『국제정치』라는 잡지에서 행한 설문에 따르면, 응답자의 12%는 보편적 허용을, 59%는 특정한 조건 아래서 허용을 주장한다. 독일 국민의 27%만이 무장드론을 금해야 한다고 한다. www.spiegel.de/politik/deutschland/mehrheit-der-deutschen-unterstuetzt-kampfdrohnen-einsatz-im-notfall-a-896387.html.

13 전투드론 구입을 위한 최근의 진술이 보여주듯이 여기에는 윤리적 문제가 포함되어 있다. FDP의 국방위원회 간사인 헬무트 쾨닉스하우스는 『프랑크푸르트 알게마이네 차이퉁』과의 인터뷰에서(2014. 1. 3.) "우리 병사들과 연합군들"을 보다 잘 보호하기 위해 도입을 주장했지만, '윤리적 문제도 간단히 처리해서는 안 된다'는 말로 "주민의 도덕적 지지"의 문제를 모호하게 처리하고 만다.

14 군사 영역에 대해서는 베커(Becker 2013)와 벤야민(Benjamin 2013)을 보라. 민간 영역에 대해서는 유럽위원회 보고서(2012)를 보라.

15 예컨대 이와 동일한 제목의 영화 〈드론의 비상〉(Rise of the Drones, 2012)은 드론 기술의 다양한 사용가능성을 보여준다. www.pbs.org/wgbh/nova/military/rise-of-the-drones.html. 또한 앤더슨(Anderson 2010)과 쇼(Shaw 2012)의 글도 보라.

16 드론의 투입이 경제적으로 저렴한지의 문제는 상대적으로만 측정될 수 있는 다른 문제이다. 드론의 투입이 비행기를 투입하는 것보다 확실히 저렴하다. 이에 반해 조종하고, 대기하고 협력하는 문제들을 포함할 경우 인건비가 훨씬 더 나간다. 미 공군의 프레데터 승무원 168명은 24시간 대기상태로 있어야 한다(Benjamin 2013: 21; Sauer/Schoernig 2012: 372 참조).

안보 문제에 대한 적절하고 효과적인, 간단히 말해 적합한 대답인지를 따진다. 드론의 비상은 처음에는 법의 문턱 아래에서 작동하지만 여기서부터는 법의 문제를 불러오는 포괄적인 전환의 지평에서 수행된다. 군사 영역에서도 민간 영역에서도 등장할 수 있는 안전을 사회적인 것으로 보는 새로운 사유가 작동한다.

따라서 드론은 특별히 안보체제에서 "수용 가능한 것"(Foucault 2005 [1980]: 28)일 수 있다. 그런 한에서 드론은 행위자로 무대에 등장할 수 있지만, 자율적 행위자로 등장하는 것은 아니다.[17] 오히려 드론은 말 그대로 인위적 조형물이다. 드론은 테크네(techne, 그리스어로 수공품, 예술, 완성, 학문 등을 의미했다)로서 기술, 실행, 방법 등만이 아니라 앎의 특정한 형식들도 포함한다. 따라서 드론의 투입은 노하우만을 필요로 하는 것이 아니다. 드론 기술 그 자체는 오히려 새로운 앎을 산출한다. 테크놀로지는 특정한 진술과 실행들을 가능하게 하고 한계 짓는 실천적 담론이다(Barad 2012: 32). 드론을 안보체제 내에 자리를 잡게 하는 것, 그리고 또한 경찰력 투입과 군사력 투입의 차이를 포함하여 이미 정치적-법률적으로 정착된 질서를 혼란에 빠뜨리는 것 등은 앎과 명료화의 형식들이다.[18] 이로부터 드론의 투입이 정당한지, 그리고 드론의 투입이 무고한 사람에게도 해를 끼치는 간섭효과를 가지는 것은 아닌지 하는 문제가 제기될 경우, 표적살해에서 드론만큼 정교한 기술이 없다는 논리로 이 문제를 해결하고자 한다. 따라서 표적살해는 간섭의 윤리와

17 '행위자-네트워크 이론'(Akteur-Netwerk-Theorie)에 포함된 생각들은, 만약 드론이 확고한 사물로 현상할 경우, 이런 독해방식과 아주 유사하다(Leander 2013). 전략적-군사적 장치의 문제를 없애버리는 물신화에 대한 비판에 대해 다음을 보라. Shaw/Akhter(2012) 참조.

18 이에 대해서는 Krasmann(2012)을 보라.

경제(효율성)를 통합하는 약속으로, 또한 한 순간 서로 떨어져 있는 것으로 보이는 법과 안보를 다시 일치시킬 수 있다는 약속으로 등장한다.

II.

'국내안보와 테러방어' 위원회의 감독관이었던 존 브레넌(John Brennan)은 드론 투입의 정당성에 대한 공개적 입장표명에서 드론이 정교함을 약속한다는 사실을 다음과 같이 표현한다.[19] "알카에다 테러리스트와 죄 없는 민간인을 보다 효과적으로 구별할 수 있게 하는 무기가 그 이전에 결코 없었다. 멀리서 조종되는 비행기로 공격하는 것보다 민간인의 위험부담을 더 최소화할 수 있는 도구를 상상하기는 어렵다."[20] 테러리스트와 무고한 시민을 구별하는 기술의 능력이라는 말은 인문적 담론을 제기한다. 그것은 과도한 손실과 불필요한 고통을 피해야 한다는 규범적이고 도덕적인 요청을 제기한다(Mayer 2009). 그리고 동시에 목표를 지정하여 수행되는 간섭이 가장 효과적이라는 생각이 이와 결합한다. "스마트한 무기들"과 "스마트한 폭탄들"은 지적인, "깨끗한" 전쟁수행을 위한 형식의 구성요소이다. D. 페트로스(David Petraeus)와 J. 마티(James Matti) 장군이 편집한(Petraeus/Matti 2006: 제1장, 1-103) 봉기 진압을 위한 실제 지도노선은 그런 전쟁수행을 다음과 같이 선전하고 있다. "훌륭한 지능을 가진 반란 진압군은 다른 건강한 기관들을 손상

19 데리다의 의미에서(Derrida 2003: 53) 약속은 "다른 사람들 가운데서 수행적인 것이 아니라" 이미 진술과 수신자로의 방향 전환 속에 함유되어 있다.

20 테러로 맞대응하는 미국의 대테러 전략의 효율성과 윤리. www.wilsoncenter.org/event/the-efficacy-and-ethics-us-counterterrorism-strategy.

시키지 않고 암 섬유만을 제거하는 외과의사와 같다." 게다가 드론비행은 사람이 탑승하지 않으며, 따라서 비행사의 목숨을 걸 필요가 전혀 없다. 하지만 만약 드론이 "민주적 전쟁수행을 위한 기적 같은 새로운 무기"(Sauer/Schoernig 2012)라고 하더라도 문제는 그렇게 간단하지 않다. 즉 드론은 미국에게만 기회를 주는 것이 아니다. 더 나아가 이 테크놀로지는 "대량의", "표적", "효과적인" 등과 같은 어휘의 의미 지평에서 수용될 수 있는 폭력의 합리적 투입이라는 서구적 이해방식에 상응한다.

그런데 표적살해 개념은 무엇보다도 국가 차원에서 계산되고 숙고된 실천임을 시사한다.[21] 게다가 영어의 "smart"라는 단어의 어원은 "지적인, 간교한, 민첩한, 우아한, 맵시 있는" 등의 의미 지평에서만이 아니라 "상처를 내다, 태우다, 물다, 고통을 주다" 등과 같은 의미 지평에서도 움직인다. "'스마트 포탄들'은 실제로 '스마트'하지 않다."(Kreps/Kaag 2012: 276) 그런데 그러한 일이 국가에 의해 적지 않게 의도되며, 표적살해를 위한 드론의 투입은 공개논쟁에서 서로 다른 반응으로 나타난다. 한편에서 전략적-전술적 장점으로 간주되는 것이 다른 편에서는 도덕적 분노와 정치적 저항의 근거가 된다. "많은 사람들에게 드론은 대체할 수 없는, 비대칭적 장점을 산출할 수 있는 기술적 '게임 체인저'임을 약속한다. 즉 드론은 문자 그대로 어디서나 어느 시간에나 위험부담 없이 살해할 능력이 있다."(Kahn 2013: 200) 반대로 이 테크놀로지가 시각적으로 보여주는 심각하게 비대칭적인 상황과 관련하여 비판이 제기된다(Coeckelbergh 2013). 드론의 눈에서는 치명적 폭력행사가 동시에 "유쾌한" 상황으로 서술되는데, 왜냐하면 그런 폭력 행사가 멀리서 수

21 Nils Melzer(2008: 4). 멜처는 표적살해를 의도, 의식적 결단, 숙고 등의 계기들과 연관지어서 정의한다.

행되며(Sifton 2012), "말 그대로 인간과 관련이 없는 것"으로 현상하기 (Bowden 2013) 때문이다. 드론을 통한 분쟁지역의 간섭은 군사적 투입이나 경찰의 투입이라는 전통적 패러다임과는 다른 분류체계로 해석할 수 있으며, 이 경우 익명의 상대자는 "고가치의 목표물"이라는 형태의 얼굴을 하나 얻게 된다. 그 상대자는 형벌 절차라는 권리에 대해 어떤 것도 해보지도 못한 채 인격체가 된다. 이러한 사실을 법 이론가인 P. 칸(Paul Kahn)은 다음과 같이 말한다(2013: 200). "드론은 과거 암살자에 대한 기술적 상응물이다. 드론은 암살자의 일을 하지만, 인격체 개인(암살자)이 현존해야 할 위험부담을 전혀 갖지 않는다." 이렇듯 유연하게 투입할 수 있는 테크놀로지의 전략적 장점은 비판의 대상이 된다. 왜냐하면 이 테크놀로지는 주저 없이 언제나 새로운 목표물들도 제거할 수 있기 때문이다.[22] 이러한 비판이 얼마나 정당한지는 우리가 목표하는 간섭이 우리 시대 안보체제에서 이해될 수 있을 만큼 합리적인 것으로 파악되는지에 달려 있다.

먼저 예측할 수 없을 뿐 아니라 어느 정도는 불가피한 새로운 위협들이 정치적으로 전면에 들어섰다. 우리는 그 자체로 무엇이라 말할 수 있는 재난들(예컨대 테러공격이나 환경재난 등), 하지만 그 구체적 현상형식과 범위를 계산할 수 없는, 제어할 수 없고 예측할 수 없는 위험으로 간주되는 재난들을 고려해야 한다. 이와 관련하여 민간 영역에서 안전에 대한 논의가 있어 왔는데, 이 논의는 "탄력성(/복원력)"과 "준비"라는, 권한을 방어력의 강화라는 문제로 파악하는 사회적 기술들을 다룬다

22 전쟁드론의 전 세계적 금지와 국제법적 주목을 끌기 위한 그리고 "전쟁수행, 감시, 억압 등을 위해 드론 기술을 안정적으로 사용하는 것에 대항하는" 평화 정책적 이니셔티브에 대해서는 다음 사이트를 보라. http://drohnen-kampagne.de/

(Lentzos/Rose 2008). 간단히 말하면 다음과 같다. 시민들은 스스로를 저항능력이 있는 주체들로 드러내야 하며, 동시에 언제나 곧 일어날 재난들에 주목해야 한다. 안전은 항구적이고 일상적인 과업으로서, 국가를 안전의 공급자로 여겨 안전을 국가에만 떠넘겨서는 안 된다. D. 챈들러(David Chandler 2013: 211)가 말하듯이 "안전은 사회적인 것이 되었다."[23] "민간 차원의 안전"(Zoche/Kaufmann/Haverkamp 2011)이라는 말은 이러한 패러다임 변환을 지시한다.

그런데 바로 이런 연관에서 안전의 "사회화"(Sozialisierung)라는 이 현상은 흥미를 크게 끌지 않는다. 오히려 사회적인 것이 새로운 형태로 등장한다. 말하자면 안전 정책에 대한 관심은 주민에 혹은 시민사회의 탄력성(/복원력)에 집중되는 것이 아니라(Reid 2013: 362 이하 참조), 취약한 "핵심 체계들"의 저항력에 집중된다(Collier/Lakoff 2014). 이 체계들은 두 가지 관점에서 "복합적인 것"으로 간주된다. 첫째, 그것들은 비선형적, 우연적 형태들로 생겨나고 진척된다(Dillon 2007). 그것들은 네트워크 양식으로 조직되어 연결되며, 다른 한편 이제부터 살펴보아야 할 전형적인 물질성(구체성, materiality)의 형태로 연결된다. 그에 따르면 핵심 체계들의 물질적 구조, 따라서 이 체계들이 구성되고 기능하는 방식은 안전을 위한 간섭들을 우선적으로 고려하도록 형성된다. "이 체계들의 물질성은 안전과 관련하여 말하고 행할 수 있게 하면서 동시에 억제하는 효과를 가진다."(Aradau 2010: 492) 여기에서 안전 정책이 무엇보다 취약한 체계로 규정하는 "위기의 하부구조들"이라는 개념에서 전통적으로 서로 구별되는 경제, 사회적 질서, 정치질서 등의 영역들이 서

23 1970년대 환경운동에서 기원하는 탄력성(복원력)이라는 개념은 하이에크의 신자유주의 경제이론에서도 그 기원을 갖는다(Rosenow 2012; Walker/Cooper 2011).

로 엮인다. 위기의 하부구조들의 폐지 내지 방해는, 내무부의 전략보고서에서 말한 것처럼, "지속적으로 작용하는 공급결핍"을 가져올 수 있으며, 그리고 마침내는 "공개적 안전의 엄청난 교란이나 엄청난 결과들"을 가져올 수 있다(BMI 2009: 3). 위기의 하부구조들에는 항구와 같은 무역의 핵심장소나 컴퓨터나 인터넷 같은 핵심 기술들이 포함된다. 연결점들, 기능체계들 그리고 과정들이 결정적으로 중요한 영역들이다. 말하자면 안전을 집중적으로 고려해야 하는 것들에는 서비스, 소통수단들, "상품집산지"[24] 등이 있다. 시민들 역시 "탄력의 문화"를 장려한다는 의미에서 인터넷, 웹사이트, 트위터 등과 같은 새로운 매체들에 맞춰 동원될 수 있는 자원으로 인식된다. 서로 결합하고 연결하는 문제가 본질적인 것으로 되었으며,[25] 사회조직체들도 결합체로 형성된다(de Landa 2006).[26] 사회에 대한 사회학적 개념—그리고 이와 더불어 안전의 수신자들—은 그런 조정프로그램들에서 "다양"하게 확산된다(Foucault 2004).

푸코는 사물에 대한 권력행사의 형식과 경험적으로 매개된, 통계학적 데이터들과 계산크기들로 기술되는 실재의 요소들을 매개하는 가운데 발생하는 "순환들"의 조정 사이의 차이를 구분하는데(같은 책: 73 이하), 우리는 여기서 정당하게도 그 구분을 상기해볼 필요가 있다. 앎의 대상으로서의 그리고 지배의 수신자로서의 생명정치적 몸체는 근본적으로 비인간적 성질로 상정된다. 정보화된 삶은 순환으로 그리고 "다양성들의 문제"(같은 책: 27)로 평가된다(Thacker 2013).

24 BMBF에 의해 제시된 연구범위와 주제에 대해서는 다음을 보라. www.bomb.de/de/15034.php.

25 이에 대해서는 다음을 보라. www.fokus.fraunhofer.de/de/espri/index.html.

26 우리 시대 사회이론에서 이에 상응하는 구상들이 안전에 대한 학문적 논의들 저편에서도 발견되는데, 눈여겨볼 만하다. 예를 들어 Urry(2005)를 참고하라.

당연히 이런 조정형식들은, D. 챈들러(David Chandler 2013: 211)가 관찰한 것처럼, 완고한 관계로 진입해 간다. 탄력성(/복원력) 개념은 "살아 있는 환경"에 대한 간섭의 "비공식적" 형식들을 지향하고 있는데, 여기에서 이 개념은 예컨대 시민과 국가 사이에는 공식적-법적으로 규정된 관계가 있어야 한다는 전통적인 자유주의적 이해와의 단절, 동시에 규범적으로 수신될 수 있는 개인들이라는 생각과의 단절도 표시한다. 그 중에서 안전의 과업은 순환들에의 분리된 그리고 정향된 간섭들을 가지고서 탈중심화되고 다양화되며, 중단 없이 새롭게 정당화될 수 있다.

다시 말하지만 테러진압과 봉기진압에서 네트워크 개념은 상당히 오래전부터 중심적인 개념이 되었다(특히 다음의 글이 뛰어나다. Cebrowsk/Garstka 1998). 이에 따르면 적(敵)은 현대 국가들의 고전적 질서에서 판독될 수 없다. 사람들은 오히려 네트워크 형태로 조직된, 산재해 있는 저항형식들에 저항하기 위해, 군사전략적 추론에 따르면, 네트워크 형식의 조직체들과 조직기술들을 대치시켜야 한다(Arquilla/Ronfeldt 2001a; Petraeus/Mattis 2006). 주권국가가 영토 내에서 효력이 미치는 법을 형성하였다면, 테러네트워크들은 (지역들을 포괄하는) 결합체로 생겨난다(Galloway/Thacker 2007: 16 참조). 이 네트워크들은 모듈 방식으로 유연하게 조직되며, 네트워크로서 의사소통, 계획 그리고 조직 등의 개폐지점을 통해서야 비로소 형성된다. 네트워크들은 말 그대로 그리고 은유적 의미에서 영토의 경계들을 넘어선다. 따라서 테러네트워크는 주권국가들의 대면의 논리로 측정할 수 없다. 그것은 비대칭적 전쟁수행이라는 일탈적 도덕을 전개한다. 말하자면 "광범위하게 퍼져 있고 네트워크 마디들로 조직된 초국가적 테러리스트들은 신속하게 그리고 적절한 때에 모여들어 동시 공격을 촉발시켰다."(Arquilla/Ronfeldt 2001b) 전사들은 시민들 사이에 섞여서 그 속에 사라지기도 하고 뜻밖에 나타나기도 한다(이에 대해서는 다음을 참조하라. Mendel 2010: 735).

테러네트워크들은 파괴적 잠재력을 가진다는 점에서 그리고 대량살상무기를 이용하거나 그런 무기들로 변형시킬 능력이 있다는 점에서 국가와 같은 눈높이를 가진다(Kahn 2008). 물론 그들은 국가에 상응하는 지배권을 행사할 수는 없다. 따라서 이러한 위협을 사전에 제어하기 위한 선제적 개입이 효력이 있을지는 의문이다. 적어도 여기에서 네트워크라는 말이 결코 은유적이지 않다는 사실이 드러난다(de Goede 2012: 216 참조). 네트워크들은 실재의 재현일 뿐 아니라 세계를 전략적으로 포착할 수 있게 하는 분배와 판독의 독특한 방식이기도 하다. 전투드론을 통한 표적 개입은 테러네트워크의 심장을 볼 수 있게 한다. 이 개입은 지도인물들이 모여 있는 연결점들을 무해하게 만들고, 테러리스트들의 준비행위들을 무력하게 만들고자 한다. H. 뮌클러(Herfried Muenkler)가 말하듯(2013), 드론은 전쟁수행을 "재대칭화한다." 드론들은 테러네트워크의 형태로 존재하는 위협을 확인하는 데 적합한 대응이다. 그것들은 이런 의미에서 "그저 또 다른 무기 체계"가 아니다(Henriksen 2014: 7). 드론을 수단으로 하는 표적살해를 개입의 한 가지 옵션으로 가능하게 하는 이유는 배치된 네트워크들과 정교함의 약속이 이처럼 함께 작용하기 때문이다.

III.

네트워크들은 인지적 형태로만이 아니라 그와 동등하게 존재론적 형태로도 묘사될 수 있다. 네트워크들은 스스로를 계속 기록하는 결합방식들로 구성된다. 하지만 네트워크들이 그 자체로 폐쇄적이지 않다는 사실은 이 네트워크들을 특정한 것으로 확인할 수 있다는 것, 그것들의 실존을 인정할 수 있다는 것을 의미한다(Galloway/Thacker 2007: 12 참조). 말하자면 네트워크들이 폐쇄적이지 않기 때문에 이 네트워크들을 특정한 것으로 확인할 수 있게 된다. 현상학적 표상에 따르면 객체는 언제나 관찰자의 시선과 함께 구성되는데, 이런 현상학적 표상은, S. 베버(Samuel Weber)가 말하듯이(2006: 150), 이 표적살해의 실행에서 특별한 전환을 경험한다. "표적을 정하는 활동이 네트워크와 상관없이 일어나는 것인가? 혹은 그런 활동이 '네트'가 작동하게(work) 하는 방식의 본질적 구성요소인가?" 스스로를 재생산하는 체계들이 중요하다는 사실에서 출발할 경우 드론의 투입은 이러한 방식의 위협에 대응하는 최적의 '상대자'이다. 위협이 정의상 언제 어디서나 구체화(물질화)될 수 있듯이(Shaw 2013: 542, 552; Massumi 2007 참조), 드론은 거의 언제 어디서나 뜻밖에 나타날 수 있다. 위협이 지속되는 한 성공적 타격이 사멸은 아니지만, 네트워크가 실존한다는 경험적 증거가 된다. 그것은 결코 실패가 아니다. 오히려 표적살해는 이러한 형태에서 전술적, 정치적 옵션으로 드러난다.[27]

자크 데리다에 따르면(Derrida 2003: 54 이하), 약속은 약속의 위반이라는 "위협"을 자기 안에 간직하고 있다. 약속은 "깨질 수" 있어야 하며, 그렇지 않을 경우 한갓 "예언"에 불과하다. 그런데 드론의 투입에서 정밀

27 그런데 경험적으로 보자면 테러네트워크를 겨냥한 표적살해의 성공은 다양한 요소들에 의존한다. 예컨대 집단화의 조직 정도, 자원, 동기부여 그리고 지정학적 위치 및 정치적 조건들 등에 의존한다. 더 상세한 것은 Byman(2006)과 Mendel(2010)을 보라. 드론의 투입이 민간희생자의 친척들에게만 허용되는 것이 아니라 테러 집단에게도 허용된다는 사실에 대해 여러 번 우려와 비판이 제기되었다.

함의 약속은 깨지지 않는다. 반대로 그 약속은 정치적 수사로 꾸준히 유지되며, '정밀함은 이미 그 자체 도덕적으로 선하다'(Kreps/Kaag 2012)는 암시를 준다. 그런데 이 테크놀로지는 단 한 번도 그 자체로 깔끔하고 정밀하지 않은데, 왜냐하면 그것은 인간에 의해 사용되고 계획되고 해석되기 때문이다. 그런데 영상들의 질, 표적인물에 대한 정보의 신뢰성 그리고 해석의 필연성 등이 제기되며, 또한 전사들과 민간인들이 섞여 있는 갈등지역에서 허용된 목표물과 그렇지 않은 목표물을 구별하는 문제가 제기되는데, 여기서 의도치 않는 오판과 왜곡이 발생한다. 그런데 이 왜곡과 오판은 단순히 경험에서 오는 것만이 아니다.[28] 오히려 M. 체푸스(Maja Zehfuss)가 첨단기술무기의 맥락에서 이끌어 냈듯이(2011: 548) 정교함에 대한 정의에 이미 편차가 내재해 있다. 여기서 말하는 정교함은 목표점 그 자체와 관계하는 것이 아니라 목표점을 포함한 주변 영역들에 관계하며, 따라서 목표점과 관련해서 보자면 정확함이라기보다 개연성이라는 말이 어울린다. 따라서 여기서는 언제나 정의상 부작용들이 예견된다.

그러므로 정교함의 약속은 한편으로 부수적 손상을 완벽하게 배제한다는 것이 아니라 손상을 최소화한다는 것을 의미한다. 다른 한편 이 약속은 동시에 다양한 측면에서 그 반대를 포함하고 또 산출한다. 이

28 드론 투입에 의한 군사희생자와 민간희생자의 신뢰할 만한 수가 제시되어 있지 않지만, 기자들의 계산에 기초해서 평가할 수 있을 것이다. The Bureau of Investigative Journalism은 신뢰할 만한 원천으로 생각할 수 있다. http://www.thebureauinvestigates.com/category/projects/drones/. 이에 따르면 파키스탄에서 2004년에서 2013년 사이에 381차례 드론공격이 있었으며, 2,537명에서 3,646명 사이의 사람들이 죽었다. 그런 평가가 얼마나 상대적인지는 그 양적 범위에서만이 아니라 민간희생자와 전사들을 구분하는 문제 많은 척도에서도 드러난다. 오바마는 처음으로 드론을 투입한 투쟁 지역에서, 비밀요원들의 정보에 의해 그렇지 않은 것으로 판명되지 않는 한, 입대연령이 되는 모든 젊은 남자를 전사로, 따라서 합법적 목표물로 규정했다(Becker/Shane 2012).

약속은 우선 관련이 없는 비합법적 목표물과 실제로 계획되고 또 파괴되어야 하는 합법적 목표물 사이의 구분을 전제한다. 둘째, 가능한 최소한의 부작용이라는 말은 어느 정도의 손상을 감수해야 한다는 것을 의미한다. 셋째, 개입(중재)은 표적에 국한되고, "외과 수술적"이며 "스마트"하다는 사실에 의해 정당화된다. 일반적으로 폭력을 수용하고 폭력의 합법성을 주장하는 근거는 그 폭력이 합목적적이고 비례적인 것으로, 의미가 있고 적절한 것으로, 그리고 이러한 의미에서 합리적이고 이성적인 것으로 간주된다는 사실에 있다. 정교함의 약속은 따라서 경제 문제와 거의 구별될 수 없는 도덕의 문제로 나타난다. 손상최소화의 논리로 번역된 약속은 재난적 위협을 가장 나쁜 경우로 상정하여 미래를 위해 이 재난적 위협을 없애기 위해 최소한이나마 어떤 악행을 수행할 수밖에 없다는 것을 의미한다(Weizman 2012: 2 이하 참조). 그런데 보다 나은 이 미래는 위협이 우리의 계속된 출발점이 되는 한 도달할 수 없다. 국제인권법에서 윤리와 계산의 경제의 그런 중첩은 범례적으로 비례성의 원칙에서 드러난다. 그리고 이 원칙의 반대도 이 개념과 결합해 있다. 말하자면 민간 차원에서 기대되는 손실이 계획된 군사적 이점과 비교해볼 때 과도하지 않다는 계산이 나와야 한다. "이것은 때때로 민간인들의 죽음이 우연히 일어난다는 것을 의미한다. 이 체계는 결코 완벽하지 않다. 하지만 다른 측면에서 그런 죽음은 구체적이고 직접적인 군사적 이점으로 간주되는 것의 부수적 현상일 뿐이다. 어떤 경우에도 그 죽음은 부수적 손상 측정에 의해 예견되었으며, 판단하는 자들에 의해 옹호되었다."(Gregory 2011: 119)

표적살해가 "살아 있는 환경"에의 의도된 간섭의 형식이라면 미국 정부는 이로써 결코 법과 결별하지 않는다. 오히려 반대로 미국 정부는 계속하여 법에 호소한다. 그것도 철저히 국제적인 상황전개와 법해석에 동의하면서 그렇게 한다. 이렇듯 자기방어권의 전제가 되는 임박한 위협이라는 기준은 처음에 이 맥락에서, 말하자면 주권적 국가권력과 단독으로 움직이지만 "정보를 통해 아주 잘 알려진" 테러 혐의자들 사이의 비대칭적 대면의 상황에서 받아들이기 쉽지 않다. 개별적 표적인간을 위협의 체현자로 집중해 보여줄 때 이를 신뢰하게 하는 것은 네트워크의 사유모형이다. 법률적 논의에서 이러한 이해방식은 발생한 공격, 혹은 합리적으로 계산해서 임박한 공격이라는 고전적, 시간적으로 정의된 기준으로부터 위협의 질적 규정으로 [개입의 정당화가—옮긴이] 전환하는 가운데 표현된다(Statman 2004: 183 이하 참조). 단수로 이뤄진 대량공격이 아니라 오히려 산발적이지만 체계적인, 말하자면 누적적이고 예측할 수 없는 테러공격의 모형이 정당화작업의 참조점이 된다.[29] 따라서 "선취적" 자기방어라는 양식으로 이해된(Tams 2009) 계획된 개입은 임박한 공격의 구체적 증거가 없다고 하더라도 체계적으로 계획된 위협적 테러공격이 있을 것이라는 비밀요원들의 인지만으로도 허가되고 심지어 강제된다. 어쨌든 2012년 법무부에서 법전문가들의 자문을 받아 작성한 신뢰할 만한 보고서(Etzioni 2013: 5 참조)의 결론은 다음과 같다. "미국인들을 살해하기 위한 계획을 지속적으로 수행하고 있는 개인들에 대한 공격을 특정 계획의 이론적 완결 때까지 미룰 경우 그들에 대한 공격은 실패할 것이고, 수용할 수 없는 미국인 사상자의 발생이라는 고위험에 노출될 것이다."(법무부 o. J.: 7)

29 공격에 대한 반응의 시간적 계기를 언급하는 방어적 독해방식은 냉전 시기 동안 지배적이었다. 특히 9.11 이후 테러리즘과의 전쟁에서 독트린 이벤트들의 축적물은 국제적으로 아주 늘어났다.

동일한 견지에서 "비(非)국제적" 무장갈등에 대한 독해방식도 분명하게 변한다. 이미 1977년 체결된 제네바협약의 두 번째 프로토콜 보론은 조직된 무장집단의 형태를 띤 "사적인 행위자들"(Henriksen 2014: 23 참조)이 관여돼 있는 비대칭적 갈등의 현실을 인정하고 있다. 미국의 전투드론 투입의 법률적 논의는 아프가니스탄, 파키스탄의 부족지역들, 혹은 예멘과 소말리아 등의 갈등지역을 다루는 가운데 이 법을 다시 작동시킨다(Schaller 2012: 16 이하 참조).

이때 네트워크들의 사유모형은, 함축적으로 말하자면, 비국제적 무장갈등을 국제화하는 재해석의 담지자가 된다(Vogel 2010: III 참조). 왜냐하면 자기 영역에서 작동하는 주권국가가 아니라 확인 가능한 테러네트워크가 수신자이기 때문이다. 적들은 자국의 영토에 국한되지 않고 탈영토화된다. 따라서 무장공격은 네트워크의 활동들이 이뤄질 수 있는 곳 어디서나 이뤄질 수 있을 것이다. 혹은 K. 앤더슨(Kenneth Anderson)이 의회의 한 전문가 위원회에서 이를 다음과 같이 표현한 것과 같다. "(…) 전쟁은 전투원이 가는 곳에서 행해진다."

IV.

C. 슈미트(Carl Schmitt 1963: 86)에 따르면 게릴라는 주권국가들로 이뤄진 전통적인 유럽의 질서와 보편적인 법적 보증이라는 유럽의 이상을 위험에 빠뜨리는 "비정규성"(Irregularitaet)을 대표한다. "슈미트의 논의에 따르면, 비정규적 전사들을 마주한 국가들은 테러와 보복테러의 논리로 얽혀 들어감으로써 적에 대한 법적 보증을 부정하는 경향을 보인다."(Werner 2010: 352; Krishnan 2012: 25 이하 참조). 자기방어권에 대한 미

국의 과도한 해석은 슈미트의 이런 관찰의 정확성을 보여준다. 혹은 소위 부수적 손상으로서의 민간희생자가 표적살해 활동의 예외가 아니라 그 본질적인 체계적 구성요소라고 한다면 확실히 그렇다. 그런데 슈미트(Schmitt 1963: 91 이하)는 그런 상황에서 도덕적 엄숙주의의 결과로 국제적인 법적 보증이 붕괴될 것임을 예견했다. 이때 도덕적 엄숙주의는 비정규적 전사들의 관점에서도 지속되며, 구속력 있는 규칙들을 경멸하는 가운데 "절대적 적"의 섬멸을 정당화하기도 한다는 것이다.

그런데 반대로 이런 붕괴는 결코 일어나지 않았다. 오히려 국제인권법은 주권국가들로 이뤄진 과거 질서가 점차 해체되는 가운데 근본적 변화를 겪게 된다. 테러와의 전쟁에서 드론의 투입은 이러한 상황전개에 기여한다. 왜냐하면 드론의 투입은 주권성이라는 현대적 사유의 이중적 질서를 무력화시키며, 또 군사를 투입할 것인지 경찰을 투입할 것인지, 전시인지 평시인지를 구별해야 한다는 요청을 무력화시키기 때문이다. 드론의 조종사는 싸움터와 공간적으로 멀리 떨어진, 하지만 드론의 눈으로는 아주 가까운 통제소에서 살해행위를 하는데, 살해행위가 비행사의 민간인으로서의 삶에서 일어난다는 것 자체가 이미 이런 비대칭적 정황과 관련하여 민감한 자극을 불러일으킬 수 있다(Pugliese 2013: 184 이하 참조). 더 나아가 다양한 유형의 드론들을 어느 영역에 투입할 것인지의 문제도 상황을 복잡하게 만든다. 전쟁드론과 정보드론은 자연스럽게 호환되는 경향이 있다. 어떤 정보드론들은 전쟁드론으로 기능이 바뀔 수 있고, 원리상 두 기능을 다 소화할 수 있다.[30] 어쨌거

30 잘 알려진 제1세대 전투드론인 프레데터(Predator)는 수천 킬로미터 떨어진 곳에서 위성소통을 통해 조작이 가능한데, 원래 정보드론으로 구상되었었고 오늘날도 역시 두 가지 기능을 다 수행한다(Shaw 2012).

나 갈등 지역에의 드론의 투입은 감시, 정보제공 그리고 전투투입 등의 복합적 상호작용과 연관되어 있으며, 여기서 테크놀로지는 원거리에서 수행되는 하나의 규제형태로 기능한다. 말하자면 드론의 잠재적 혹은 실제적 현존과 군사적 타격의 가능성이 주민들의 삶과 행동에 영향을 미친다면, 혹은 전략의 본질이 "적대적 전사들"로 하여금 테러준비 행위에 전념하기보다 다음의 은신처를 찾는 일에 전념하도록 하는 것에 있다면 그렇다는 것이다(Benjamin 2013: 101 이하; Niva 2013 참조). 드론의 투입은 "탄력성(/복원력)" 원리의 반대이며, "준비성" 원리의 시작으로 보인다. 국내적 맥락에서도 가능한 투입 영역들은 내적 안전과 외적 안전의 연속성 위에 위치한다.[31] 마지막으로 모형 형식으로 제작된 감시드론과 정보드론은 치안목적이나 군사목적에 공히 사용된다. 치안목적이나 사적으로 혹은 상업적으로 아주 다양하게 사용되는 소형 비행로봇들은[32] 그 범위에 있어서 전투드론과 비교할 수 없이 작긴 해도 무장할 수도 있다. 그리고 그 드론들에는 전투드론에는 없는 매력들이 있다.[33]

그럼에도 불구하고 "선한", 소위 휴머니즘적인 드론의 투입을 장려하고 그것을 치명적 드론과 구별하고자 하는 인권 논의가 구체화되고 있

31 예컨대 국경통제나 재난방지를 위한 드론의 투입이 전형적이다. 이스라엘의 헤론과 유로호크를 구입하고자 한 원래 계획 내지 라이선스 양도는 그런 한계 영역들을 표시한다(Kurz 2013).

32 여기서 상상력은 한계가 없이 발휘된다. 열차들을 관찰하는 것으로부터 소포서비스를 거쳐 소형 드론이 높은 곳에서 보여주는 공간들과 전망들을 사적으로 즐기는 것에 이르기까지 아주 다양하게 펼쳐진다.

33 이런 매력은 2013년 NYU에서 개최된 "Drones & Aerial Robotics Conference"(DARC)에서 관찰할 수 있었다. www.youtube.com/playlist?=PLYFLRpJu7S0wVcoPlx-E6woX-cFIUIZKDb7. 오히려 언론에서는 로젠펠더(Rosenfelder 2013)와 슈타인(Stein 2013)이 보여주듯 전투드론의 투입에 대한 아주 흥미로운 입장들이 잘 나타나지 않는다.

다. "(…) 휴머니즘적 드론은 (…) 인권 옹호라는 무기고에 위치해야 한다. (…) 드론은 관련 장소에 직접 당도하여 전화기로는 할 수 없는 구체적인 사물들을 볼 수 있다."(Sniderman/Hanis 2013) 드론은 이런 방식으로 인권이 침해되는 것을 탐지하여 비참여자들의 생명을 구하는 데 기여할 수 있을 것이다.[34] 그런데 "휴머니즘적 드론"이 전투드론의 투입을 더 완벽하게, 그것도 인권 담론의 범주 아래서 수행할 수 있게 할 것으로 적지 않게 기대할 수 있다. 왜냐하면 점점 더 지능화되어 가는 무기들과 연동하여 감시기술이 계속 발전하고 있는데, 이런 발전으로부터 국제인권법에 상응하게 행해져야 한다는 법적 (도덕적) 책무가 일어날 것이기 때문이다. 정보드론은 전투드론을 군사적 타격으로부터 보호하기 위해, 예컨대 현장을 숙지하여 부작용을 피할 수 있게 도움을 주기 위해 투입되어야 할 것이다(Rosen 2013).

그런 한에서 현재의 추이를 이해하기 위해서는 슈미트의 다른 범주, 즉 '비(非)전쟁'이라는 범주가 도입되어야 할 것 같다. N. 베르버(Niels Werber)가 최근에 말한 것처럼, 비-전쟁(Nicht-Krieg)은 전쟁 없음(kein Krieg)과 결코 같은 것이 아니다. 그 개념은 철저히 슈미트의 "전쟁 '길들이기' 이론"에 포함된다(Werber 2010: 86). 왜냐하면 그 개념은 평화 시의 지위도 전쟁 시의 지위도 표시하는 것이 아니라 표준적 전쟁의 관점에서는 볼 수 없는 평시와 전시를 함께 표현하기 때문이다. 이제부터 전쟁의 얼굴을 "군사적 작전의 형식으로" 규정하고 "현존하는 도전"

34 UN 역시 정보수집 목적의 드론을 새롭게 장착했다. 콩고에서 평화의 사명으로 사용된다는 것은 그럼에도 불구하고 군사적 정보수집과 유사한 목적으로도 사용된다는 것을 의미한다. 예컨대 주민들의 이동과 무장집단들의 움직임들 및 쉽게 접근할 수 없는 지역들의 관찰 등이 그것이다.

을 계산가능하게 만드는 것은 휴머니즘적 개입과 경찰의 사명이다(같은 책: 99). 표적살해의 실행은 이러한 상에 포함된다. 이러한 사실은 네트워크 형태로 이뤄지는 테러극복을 위해 전투드론을 투입하는 것이 안정된 이중의 질서를 위반하기 때문만이 아니라, 또한 2013년 5월 이후 이미 설명한 오바마 행정부의 관점 변화에 의해 부각된 표준화 형식이 강조되기 때문이기도 하다. 이렇듯 오바마 대통령은 한편으로 표적살해 작전의 이미 알려진 법적 토대를 강화하면서, 다른 한편 핵심적인 비판점들을 거론했다. 그는 의회의 관련 위원회 앞에서 의심스러운 정부 정책의 중요성을 강조했으며, 공격적 실행의 철수와 법적 교정 작업을 약속했다. 예컨대 그는 표적살해의 합법성을 위한 전제가 되는 위협이 사실상 "지속적이고 긴급"해야 한다고 시인했으며, 비밀요원의 책무보다 군사적 책무를 선호했고, 민간희생자들을 방지하기 위해 "거의 확실함"(near-certainty)이라는 척도를 제시했다.[35] 오바마는 나라의 상황에 대한 최근의 연설에서의 이런 전략적 전환을 크게는 테러극복의 성공과 작게는 드론 정책의 성공으로 정당화했으며, 그 실행을 결코 완전히 없애지는 않았다. "이렇듯 우리가 테러네트워크에 공격적으로 추구했듯이—좀 더 목표 지향적 노력을 통해 그리고 우리 국외 파트너들의 역량을 강화함으로써—미국은 항구적 전쟁에서 발을 빼야 한다. 이것이 바로 내가 드론 사용에 신중한 한계를 부과했던 이유이다. 왜냐하면 만약 해외의 사람들이 자기 나라들에서 결과에 대한 고려도 없이 싸운다

35 백악관: 국방대학에서의 대통령의 연설, 2013년 5월 13일. www.whitehouse.gov/the-press-office/2013/05/23/remarks-president-national-defense-university. 그런데 오바마는 "지속적이고 임박한" 위협이라는 기준에 대해 비판을 받았다. 규정이 너무 모호하고 자기 모순적이라는 것이다(Zakaria/Hosenball 2013 참조).

고 믿는다면 우리는 더욱 안전하지 않을 것이기 때문이다."[36] 그런 한에서 표적살해를 법적으로 정당화해주고 따라서 법적 토대를 갖게 하는 표준화라는 말이 규범적인 의미에서도 사용될 수 있다.

전투드론 투입을 완화해야 한다는 오바마의 설명이 있었지만, 지금까지 의미 있는 변화가 감지되지 않았으며(Serle 2013 참조),[37] 전투드론의 투입이 이미 오래전부터 아랍과 아프가니스탄의 지역들에서 아주 광범위하게 실행되었다. 그 사이 "구체적 사람을 향한 공격"(personality strikes)과 비교해서 "높은 가치의 목표물들"을 직접 알려주는 대신 익명의 사람들을 정향케 하는 "정보에 의존한"(signature strikes) 은밀한 실행이 어느 정도까지 이뤄졌는지는 아직 알 수 없다. 이러한 "정보에 의한 정황적 타격"의 근거는 알고리즘에 따라 생산된 의심스러운 행위모형들 내지 움직임들을 축적하여 만든 위험부담이 있는 서류철들이다. 예컨대 숫자로 암호화된 생물학적 삶 등을 서류로 묶는다.[38] 이로써 표적인물들에 대한 비밀요원들의 정보를 평가하는 문제만이 아니라 법률적 검토와 정당화의 문제를 다루는 문제에서도 경비가 감소했다. 살해의 기준이 기술적으로 생산되는 동안 실행은 관찰되지 않는 공간들로 사

36 Lawfare Blog, 28. Januar 2014에서 인용함. www.lawfareblog.com/2014/01/state-of-the-union-remarks-on-war-surveillance-and-drones/#.UuisgbQwdaQ.

37 이렇듯 6개월 동안 파키스탄에서 실행된 드론 타격이 감소했다고는 하지만 드론 투입당 희생자의 수가 감소한 것은 아니다. Serle(2013)을 보라.

38 "정보에 의한 정황적 타격"의 실행은 이미 2008년 부시 대통령 시기에 테러극복의 전술로 도입되었으며, 오바마 대통령 하에서 확대되어, 파키스탄에서 드론공격의 수가 뚜렷이 증가했다(Pugliese 2013: 195 참조). 이러한 실행이 가져온 해석공간에는, 정부의 한 관료의 진술에 따르면, "CIA가 '남자 세 명이 점핑 체조하는 것을' 볼 때 그 요원은 거기가 테러연습 캠프라고 생각한다"는 사실도 포함된다(Becker/Shane 2012). 오바마가 지난 몇 달 동안 "정보에 의한 정황적 타격"을 줄이고 통제했다는 것은 시사하는 바가 있지만(Bowden 2013), 이러한 사실이 아직까지 폭넓게 공개되지 않고 있다.

라진다. 목표인물들은 (다시) 얼굴이 없게 된다. 그런데 이 인물들은 익명의 병사들이 아니라 자동적으로 계산된 움직이는 대중이다.

만약 주권이 삶과 죽음을 결정할 법을 규정할 뿐 아니라, 더 나아가 삶에 대한 그리고 삶의 힘들의 이용에 대한 권력을 포함한다면(Hardt/Negri 2002 [2000]: 336 참조), 비전쟁 개념은 아마도 우리의 현재를 적절하게 기술하는 것일 것이다. 안전은 언제라도 발생할 수 있는, 그리고 상응하는 간섭들을 하나의 옵션으로 간직하는 위협들이라는 기호 속에 놓여 있다. 생동적 체계들을 보호하기 위한 프로그램에서 주민은 치안의 대상이면서 그와 동등하게 보호의 대상이지만, 또한 계산된 부수적 상해의 대상이기도 하다.

번역_정대성

참고문헌

Arendt, Hannah 1960 [1958]: Vita activa oder Vom tätigen Leben. Stuttgart: Kohlhammer.

Alston, Philip 2010: Report of the Special Rapporteur on Extrajudicial, Summary or Arbitrary Executions: Study on Targeted Killings. UN Doc. A/HRC/14/24/Add.6, 28. Mai. ‹www2.ohchr.org/english/bodies/hrcouncil/docs/14session/A.HRC.14.24.Add6.pdf›.

Amnesty International 2005: United States of America: An Extrajudicial Execution by the CIA? AMR51/079/2005, 18. Mai. ‹www.amnesty.org/en/library/asset/AMR51/079/2005/en/bcffa8d8-d4ea-11dd-8a23-d58a49c0d652/amr510792005en.html›.

Anderson, Kenneth 2010: Rise of the Drones: Unmanned Systems and the Future of War. Written Testimony Submitted to Subcommittee on National Security and Foreign Affairs. US House of Representatives, Subcommittee Hearing, 23. März.

Anderson, Kenneth 2013: The Case for Drones, in: Commentary 135. 6, 14–23. ‹http://papers.ssrn.com/sol3/papers.cfm?abstract_id=2047537›.

Aradau, Claudia 2010: Security That Matters: Critical Infrastructure and Objects of Protection, in: Security Dialogue 41. 5, 491–514.

Arquilla, John und David Ronfeldt 2001a: Networks and Netwars: The Future of Terror, Crime, and Militancy. Santa Monica, CA: RAND Corporation. ‹www.rand.org/pubs/monograph_reports/MR1382›.

Arquilla, John und David Ronfeldt 2001b: Osama bin Laden and the Advent of Netwar, in: New Perspectives Quarterly 18. 4. ‹www.digitalnpq.org/archive/2001_fall/osama.html›.

Barad, Karen 2012: Agentieller Realismus. Über die Bedeutung materiell-diskursiver Praktiken. Berlin: Suhrkamp.

Becker, Jo und Scott Shane 2012: Secret »Kill List« Proves a Test of Obama's Principles and Will, in: New York Times, 29. Mai. ‹www.nytimes.com/2012/05/29/world/obamas-leadership-in-war-on-al-qaeda.html?_r=0›.

Becker, Markus 2013: Unbemannte Flugzeuge: Rüstungskonzerne fürchten Ende des Drohnen-Booms, in: Spiegel Online, 25. Oktober. ‹www.spiegel.de/wissenschaft/technik/ruestungskonzerneafghanistan-abzug-laesst-drohnen-herstellerzittern-a-929300.html›.

Bellinger III, John B. 2011: Will Drone Strikes Become Obama's Guantanamo?, in: The Washington Post, 3. Oktober. ‹www.washingtonpost.com/opinions/will-dronestrikes-become-obamasguantanamo/2011/09/30/gIQA0ReIGL_story.html›.

Benjamin, Medea 2013: Drone Warfare. Killing by Remote Control. London und New York: Verso.

Blum, Gabriella und Philip Heymann 2010: Law and Policy of Targeted Killing, in: Harvard National Security Journal 1, 145–170. ‹http://papers.ssrn.com/sol3/papers.cfm?abstract_id=1631342›.

Bowden, Mark 2013: The Killing Machines. How to Think About Drones, in: The Atlantic, September. ‹www.theatlantic.com/magazine/archive/2013/09/the-killing-machines-how-to-think-about-drones/309434/›.

Bundesministerium des Inneren (BMI) 2009: Nationale Strategie zum Schutz kritischer Infrastrukturen (KRITIS-Strategie). ‹www.bmi.bund.de/SharedDocs/Downloads/DE/Broschueren/2009/kritis.pdf?__blob=publicationFile›.

Byman, Daniel 2006: Do Targeted Killings Work?, in: Foreign Affairs 85. 2, 95–111.

Canestaro, Nathan 2003: American Law and Policy on Assassinations of Foreign Leaders: The Practicality of Maintaining the Status Quo, in: Boston College International and Comparative Law Review 26. 1, 1–34.

Cebrowski, Vice Admiral Arthur und John Garstka 1998: Network-Centric Warfare, in: Proceedings of the United States Naval Institute 24. 1, 28–35.

Chandler, David 2013: Resilience and the Autotelic Subject: Toward a Critique of the Societalization of Security, in: International Political Sociology 7, 210–226.

Coeckelbergh, Mark 2013: Drones, Information Technology, and Distance: Mapping the Moral Epistemology of Remote Fighting, in: Ethics and Information Technology 15. 2, 87–98.

Collier, Stephen J. und Andrew Lakoff 2014: Vital Systems Security: Reflexive Biopolitics and the Government of Emergency, in: Theory, Culture & Society, 3. Februar, 1–33.

de Goede, Marieke 2012: Fighting the Network: A Critique of the Network as a Security Technology, in: Distinktion 13. 3, 215–232.

de Landa, Manuel 2006: A New Philosophy of Society. Assemblage Theory and Social Complexity. London und New York: continuum.

Department of Justice (o. J.): White Paper: Lawfulness of a Lethal Operation Directed Against a U.S. Citizen Who Is a Senior Operational Leader of Al-Qa'ida or An Associated Force. ‹http://msnbcmedia.msn.com/i/msnbc/sections/news/020413_DOJ_White_Paper.pdf›.

Derrida, Jacques 2003: Eine gewisse unmögliche Möglichkeit, vom Ereignis zu sprechen. Berlin: Merve.

Dillon, Michael 2007: Governing Terror: The State of Emergency of Biopolitical Emergence, in: International Political Sociology 1, 7–28.

Etzioni, Amitai 2013: The Great Drone Debate, in: Military Review March/April. ‹http://usacac.army.mil/CAC2/MilitaryReview/Archives/English/MilitaryReview_20130430_art004.pdf›.

European Commission 2012: Commission Staff Working Document: Towards a European Strategy for the Development of Civil Applications of Remotely Piloted Aircraft Systems (RPAS), (SWD (2012) 259 final), 6. September.

Foucault, Michel 2004: Geschichte der Gouvernementalität I. Sicherheit, Territorium, Bevölkerung. Vorlesung am Collège de France (1977–1978). Frankfurt a. M.: Suhrkamp.

Foucault, Michel 2005 [1980]: Diskussion vom 20. Mai 1978 (Nr. 278), in: Dits et Écrits IV. Frankfurt a. M.: Suhrkamp, 25–43.

Galloway, Alexander R. und Eugene Thacker 2007: The Exploit. A Theory of Networks. Minneapolis: University of Minnesota Press.

Gregory, Derek 2011: From a View to a Kill. Drones and Late Modern War, in: Theory, Culture & Society 28. 7/8, 188–215.

Hardt, Michael und Antonio Negri 2002 [2000]: Empire. Die neue Weltordnung. Frankfurt a. M. und New York: Campus.

Henriksen, Anders 2014: Jus ad bellum and American Targeted Use of Force to Fight Terrorism Around the World, in: Journal of Conflict & Security Law, 1–40.

Kahn, Paul W. 2008: Sacred Violence. Torture, Terror, and Sovereignty. Ann Arbor: University of Michigan Press.

Kahn, Paul W. 2013: Imagining Warfare, in: The European Journal of International Law 24. 1, 199–226.

Kessler, Oliver und Wouter G. Werner 2008: Extrajudicial Killing as Risk Management, in: Security Dialogue 39. 2/3, 289–308.

Krasmann, Susanne 2012: Targeted Killing and Its Law. On a Mutually Constitutive Relationship, in: Leiden Journal of International Law 25. 3, 665–682.

Kreps, Sarah und John Kaag 2012: The Use of Unmanned Aerial Vehicles in Contemporary Conflict: A Legal and Ethical Analysis, in: Polity 44. 2, 260–285.

Kretzmer, David 2005: Targeted Killing of Suspected Terrorists: Extra-Judicial Executions or Legitimate Means of Defence?, in: European Journal of International Law 16. 2, 171–212.

Krishnan, Armin 2012: Gezielte Tötung. Die Zukunft des Krieges. Berlin: Matthes & Seitz.

Kurz, Constanze 2013: Aus dem Maschinenraum. Drohnen über dem Bodensee?, in: Frankfurter Allgemeine Zeitung, 4. Januar.

Leander, Anna 2013: Technological Agency in the Co-Constitution of Legal Expertise and the US Drone Program, in: Leiden Journal of International Law 26. 4, 811–831.

Lentzos, Filippa und Nikolas Rose 2008: Die Unsicherheit regieren. Biologische Bedrohungen, Notfallplanung, Schutz und Resilienz in Europa, in: Patricia Purtschert, Katrin Meyer und Yves Winter (Hg.): Gouvernementalität und Sicherheit. Zeitdiagnostische Beiträge im Anschluss an Foucault. Bielefeld: transcript, 75–201.

Massumi, Brian 2007: Politics and the Primacy of Preemption, in: Theory & Event 10. 2.

Mayer, Jane 2009: The Predator War. What Are the Risks of the C.I.A.'s Covert Drone Program?, in: The New Yorker, 26. Oktober. ‹www.newyorker.com/reporting/2009/10/26/091026fa_fact_mayer›.

Mazzetti, Mark 2013: Killing Business. Der geheime Krieg der CIA. Berlin: Berlin Verlag.

McDuffee, Arthur 2013: The UN Launches Its Own Spy Drone Program, in: Wired, 12. April. ‹www.wired.com/dangerroom/2013/12/un-drones/›.

Melzer, Nils 2008: Targeted Killing in International Law. Oxford: Oxford University Press.

Mendel, Jonathan 2010: Afghanistan, Networks and Connectivity, in: Geopolitics 15. 4, 726–751.

Münkler, Herfried 2013: Aufklärungs- und Kampfdrohnen: Waffen zwischen Krieg und Frieden. ‹www.sicherheitspolitik-blog.de/2013/03/13/ethikder-drohnen-muenkler/›.

Niva, Steve 2013: Disappearing violence: JSOC and the Pentagon's New Cartography of Networked, in: Security Dialogue 44. 3, 185–202.

Panetta, Leon 2009: U.S. Airstrikes in Pakistan Called »Very Effective«, in: CNN, 18. Mai. ‹www.cnn.com/2009/POLITICS/05/18/cia.pakistan.airstrikes/›.

Petraeus, David H. und James N. Mattis 2006: Counterinsurgency. Field Manual 3–24, Fleet Marine Force Manual 3–24, 16. Juni. ‹www.fas.org/irp/doddir/army/fm3-24fd.pdf›.

Pugliese, Joseph 2013: State Violence and the Execution of Law. Biopolitical Caesurae of Torture, Black Sites, Drones: New York: Routledge.

Reid, Julian 2013: Interrogating the Neoliberal Biopolitics of the Sustainable Development-Resilience Nexus, in: International Political Sociology 7, 353–367.

Rosén, Frederik 2013: Extremely Stealthy and Incredibly Close: Drones, Control and Legal Responsibility, in: Journal of Conflict & Security Law, 1–19.

Rosenfelder, Andreas 2013: Wie ich lernte, die Drohnen zu lieben, in: Die Welt, 2. Juni. ‹www.welt.de/kultur/article116741471/Wie-ich-lernte-die-Drohnen-zu-lieben.html›.

Rosenow, Doerthe 2012: Dancing Life into Being: Genetics, Resilience and the Challenge of Complexity Theory, in: Security Dialogue 43. 6, 531–547.

Sauer, Frank und Niklas Schörnig 2012: Killer Drones: The »Silver Bullet« of Democratic Warfare?, in: Security Dialogue 43. 4, 363–380.

Schaller, Christian 2012: Gezielte Tötungen. Eine völkerrechtliche Betrachtung, in: Peter Rudolf und ders.: Targeted Killing. Zur völkerrechtlichen, ethischen und strategischen Problematik gezielten Tötens in der Terrorismus- und Aufstandsbekämpfung. SWP-Studie. Berlin, 11–23.

Schmitt, Carl 1963: Theorie des Partisanen. Zwischenbemerkung zum Begriff des Politischen. Berlin: Duncker & Humblodt.

Serle, Jack 2013: Drone Strikes in Yemen. New Analysis Questions Constraint on US Drone Strikes, in: The Bureau of Investigative Journalism, 26. November. ‹www.thebureauinvestigates.com/2013/11/26/new-analysis-questions-constraint-onusdrone-strikes/›.

Shaw, Ian G. R. 2012: The Historical Rise of the Predator Drone, in: ‹http://understandingempire.wordpress.com/2012/10/28/essay-the-historicalrise-of-the-predator-drone-2/›.

Shaw, Ian G. R. 2013: Predator Empire. The Geopolitics of US Drone Warfare, in: Geopolitics 18. 3, 536–559.

Shaw, Ian G. R. and Majed Akhter 2012: The Unbearable Humanness of Drone Warfare in FATA, Pakistan, in: Antipode 44. 4, 1490–1509.

Sifton, John 2012: A Brief History of Drones, in: The Nation, 7. Februar. ‹www.thenation.com/article/166124/brief-history-drones›.

Sniderman, Andrew Stobo und Mark Hanis 2013: Drones for Human Rights, in: New York Times, 13. Januar. ‹www.nytimes.com/2012/01/31/opinion/drones-for-human-rights.html?_r=0›.

Stanford International Human Rights & Conflict Resolution Clinic (Stanford Law School) and Global Justice Clinic (NYU School of Law) 2012: Living Under Drones. Death, Injury, and Trauma to Civilians. From US Drone Practices in Pakistan. September. ‹www.livingunderdrones.org/wp-content/uploads/2012/09/Stanford_NYU_LIVING_UNDER_DRONES.pdf›.

Statman, Daniel 2004: Targeted Killing. Theoretical Inquiries, in: Law, Liberty, Equality 5. 1, 179–198.

Stein, Hannes 2013: Wir müssen den Drohnenpiloten dankbar sein, in: Die Welt, 16. Dezember. ‹www.welt.de/debatte/kommentare/article122861926/Wir-muessen-den-Drohnenpiloten-dankbar-sein.html›.

Tams, Christian J. 2009: The Use of Force against Terrorists, in: The European Journal of International Law 20. 2, 359–397.

Thacker, Eugene 2013: Nekros, or: The Poetics of Biopolitics, in: Foucault Blog. ‹www.fsw.uzh.ch/foucaultblog/blog/20/nekros-or-the-poetics-ofbiopolitics›.

Urry, John 2005: The Complexity Turn, in: Theory, Culture & Society 22. 5, 1–14.

Vogel, Ryan J. 2010: Drone Warfare and the Law of Armed Conflict, in: Denver Journal of International Law & Policy 39. 1, 101–138.

Walker, Jeremy und Melinda Cooper 2011: Genealogies of Resilience: From Systems Ecology to the Political Economy of Crisis Adaptation, in: Security Dialogue 42. 2, 143–160.

Weber, Samuel 2006: Gelegenheitsziele. Zur Militarisierung des Denkens. Zürich und Berlin: diaphanes.

Weizman, Eyal 2012: The Least of All Possible Evils. Humanitarian Violence from Arendt to Gaza. London und New York: Verso.

Werber, Niels 2010: Zur Genealogie des Nicht-Kriegs. Ein Epochenwandel in der gesellschaftlichen Selbstbeschreibung, in: Herfried Münkler, Matthias Bohlender und Sabine Meurer (Hg.): Handeln unter Risiko. Gestaltungsansätze zwischen Wagnis und Vorsorgen. Bielefeld: transcript, 83–104.

Werner, Wouter G. 2010: The Changing Face of Enmity: Carl Schmitt's International Theory and the Evolution of the Legal Concept of War, in: International Theory 2. 3, 351–380.

Wittes, Benjamin 2010: Detention and Denial. The Case for Candor after Guantánamo. Washington: Brookings Institution Press.

Zakaria, Tabassum und Mark Hosenball 2013: U.S. Drone Guidelines Could Reduce »Signature Strikes«, in: Huffington Post, 23. Mai. ‹www.huffingtonpost.com/2013/05/24/us-droneguidelines_n_3329329.html›.

Zehfuss, Maja 2011: Targeting: Precision and the Production of Ethics, in: European Journal of International Relations 17. 3, 543–566.

Zoche, Peter, Stefan Kaufmann und Rita Haverkamp (Hg.) 2011: Zivile Sicherheit. Gesellschaftliche Dimensionen gegenwärtiger Sicherheitspolitiken. Bielefeld: transcript.

사회의 질병들

거의 불가능한 개념에 대한 접근

악셀 호네트

좋든 싫든 이미 오랫동안 "사회의 질병들"에 관한 이야기는 우리 스스로를 실천적이고 윤리적으로 이해하는 데서 불가피한 요소가 되어버렸다. 우리는 단지 개인의 신체나 정신에 대해서뿐만 아니라 전체 사회나 사회적 결사에 대해서도 병리 혹은 이상 상태를 이야기할 수 있다고 생각한다.[1] 정당한 국가 질서의 이상적인 구조를 제시하고자 했던 플라톤의 유명한 대화편 『국가』는 이미 이런 식으로 사유할 수 있는 가능성, 즉 공동체 자체가 온전하게 기능하기 위한 내적인 원리를 생각할 수 있다는 가능성을 그 근본 전제로 삼고 있었다. 이 대화편의 4권에서 플라

1 아래 내용들은 나의 논문 「사회적인 것의 병리」(Honneth 2000)에서 처음 개진했던 생각들을 확장한 것이다. 비록 사회의 "유기체성"에 대한 가정이 불가피하다는 점에 대해서 당시에도 지적하기는 했지만, 그때 내게는 여기서 내가 제시하고 있는 이론적 결론들이 아직은 분명치 않았다.

톤은 상이한 영혼의 힘들 사이의 좋은 질서로부터 정의로운 사회의 구성 원리들을 규범적으로 해명하기 위한 단서를 끌어내고자 했고, 이를 위해 국가 기구를 개인의 신체에 비유하여 설명하기 시작했다. 바로 여기서 곧바로 심리학과 정치학 사이의 상호 이행을 위한 길이 예비되었고 "병적인" 혹은 병리적인 사회에 대해서 이야기할 수 있는 기회가 주어졌다(Platon 1969: 433a 이하; Schmitt 2000). 그 후로 이상적 사회와 타락한 사회에 대한 많은 이야기들을 통해서 전체 사회 체계 역시 질병에 걸릴 수 있다는 생각이 널리 퍼져 나갔다. 이러한 생각은 소설 작품들에서뿐만 아니라 철학적이고 사회학적인 전통들에서도 발견될 수 있다. 소설 작품들에서는 톨스토이, 체호프, 플로베르, 토마스 만의 경우를 생각해볼 수 있으며, 적어도 루소의 유명한 『인간 불평등 기원론』 이후로 철학이나 사회학 전통에서 이러한 생각은 일반화되어왔다(Honneth 2000: 11 이하).

사실 병든 사회라는 관념은 애초부터 다른 공동체를 자의적으로 비난하기 위해 오용될 위험성을 가지고 있다. 20세기 독일 역사에서도 강렬한 불신감에 사로잡힌 채 적이라고 선언된 집단들에 대해서 "타락" "이종"(異種) "환자" 등의 표지를 붙이려 했던 잘못된 시도들이 있었다. 물론 단지 이런 이유 때문에 우리가 질병 개념을 사회 전체에 적용하는 것을 불안해하는 것은 아니다. 사회의 질병이라는 개념에는 더 나아가서 이 경우 정말로 아픈 사람이 누구인지가 확실하지 않다는 커다란 난점이 존재한다. 우리가 확실하게 사회적 질병에 걸렸다고 말할 수 있는 대상이 충분히 많은 수의 개인들인가, 아니면 거대 주체로 이해된 집단인가, 그것도 아니면 사회 제도가 가진 특정한 문제로 인해 효율적인 기능을 발휘하지 못하고 있는 "사회" 그 자체인가? 우리가 생각해볼 수 있는 이 세 가지 선택지들—질병을 앓고 있는 개별화된 개인들의 총합, 고유한 형태의 질병에 걸린 집단, 병적인 상태에 있는 사회—각각을 지지해주는 문헌들은 충분히 많다. 지그문트 프로이트와 장-폴 사르트르는 "집단적인" 혹은 "사회적인 신경증"에 대해서 명시적으로 언급하였으며, 동질적인 집단을 사회적 질병의 담지자로 보았다(Freud 1991 [1930]; Sartre 1978 [1971-1972]: 4권). 사회학자 에밀 뒤르켐은 사회적 "아노미"와 "병리"에 대해 말할 때 사회 전체의 기능 장애를 다루기도 했다(특히 Durkheim 2011 [1928]: 35 이하 참조). 그리고 이러한 생각을 이용하는 오늘날의 많은 저자들은 사회적 상황으로 인해 질병에 걸린 개인들의 무리에 주목하고 있다. 단지 비유적인 의미에서가 아니라 문자적 의미에서 사회의 "질병들"에 대해 언급하는 많은 시도들과 제안들이 존재하며, 많은 입장들은 그들이 이야기하는 질병에 걸린 주체가 본래 누구인지에 대해서 설명하고 있다.

이러한 언술방식들이 가지는 태생적인 오류들로 인해 발생하는 개념적 혼란에서 벗어나려면 무엇보다 먼저(Ⅰ) 이 주제에 관한 알렉산더 미처리히(Alexander Mitscherlich)의 입장으로 다시 돌아가야만 한다. 유명한 의사이자 정신분석가였던 그가 1950년대 말경 나중에 유명해진 자신의 한 논문에서 사회의 질병들에 대한 언급은 가능한가 그리고 만일 가능하다면 어떻게 가능한가 하는 문제를 직접 다루었기 때문이다. 그는 소위 이러한 귀속의 문제를 스스로 의식하고 있었으며 그래서 이 문제를 상세히 다루었다(Mitscherlich 1983 [1957]). 나는 먼저 이와 관련된 미처리히의 연구의 도움을 받아서 귀속 문제가 가지는 어려움을 약간 해소해볼 것이다. 다음 두 번째 단계로(Ⅱ) 내가 보기에 적어도 그만큼 중요하다고 생각하는 두 번째 물음에 대해서 다루어볼 것이다. 사회 내부에서 이렇게 도처에 영향을 미치는 "질병들"의 원인은 도대체 무엇으로 볼 수 있는가 하는 문제가 바로 그것이다. 여기서도 역시 미처리히의 설명들이 도움이 되겠지만 지그문트 프로이트의 설명 역시 많은 도움을 줄 수 있을 것이다. 왜냐하면 이 두 사람 모두가 이 질문들에 대한 답을 찾기 위해 노력했고, 이를 통해 우리는 현재 우리에게 가능한 선택지들이 무엇인지를 생각해볼 수 있을 것이기 때문이다. 마지막 부분에서 나는 사회적 질병들에 대한 병인학에 관한 논의를 확장하여, "사회"를 존재론적으로 어떻게 파악해야만 하는지 그리고 사회의 기능적 혼란이나 장애라는 것이 일반적으로 무엇을 의미하는지가 분명해질 수 있는 지점까지 나아가볼 것이다. 물론 이러한 작업을 통해서 이러한 질병들의 내용에 대한 상세한 정보를 기대할 수는 없을 것이며, 우리는 단지 그것들이 "사회의 질병들"이 되는 일반적인 이유는 무엇인가 하는 질문에 대한 답변 정도를 기대할 수 있을 뿐이다.

I.

알렉산더 미처리히는 「사회의 질병들과 심신치료」라는 그의 논문 서두에서 그가 왜 특정한 병리현상들의 사회적 원인에 대해서 새롭게 다루어 보고자 하는지를 밝히고 있다. 의사 혹은 치료사들은 먼저 그들의 상담시간을 통해서 점점 더 많은 환자들에게서 상대적으로 "아무런 특징도 없는" 증상들—현기증, 다한증, 불면증—이 빈번하게 등장한다는 사실을 발견하게 된다. 이런 증상들에는 잠정적으로 "직무거부"(Leistungsversagen)라는 애매한 진단이 내려지곤 한다(Mitscherlich 1983 [1957]: 425). 이러한 병적 현상들의 원인을 순전히 신체적인 문제에서 찾으려고 했던 시도들은 계속 실패해왔으며, 결국 사람들은 영혼의 상태, 즉 "체험장애"(Erlebnisstörungen)가 이러한 현상들의 원인이라고 볼 수밖에 없게 되었다. 그러나 그러한 감정적 긴장 혹은 심리적 흥분이 진단에서 중요한 요인으로 등장하자마자 미처리히는 좀 더 나아가서 주치의들이 환자의 전체적인 "사회적 환경" 역시 고려해야만 한다고 생각했다. 왜냐하면 불안 극복이나 현실 통제, 개인 경험 등에서 나타나는 장애들은 결국 개인의 사회통합이나 개인과 사회적 환경 사이의 관계에서 무언가 부조화가 발생하는 데에서 기인하기 때문이다(같은 곳: 426 이하). 전혀 다른 병적 증상, 즉 심리적 신경증을 진단하면서 사회적 과정들을 함께 고려할 것을 비슷하게 요구했던 프로이트의 경우를 잠시 되돌아보기만 해도, 이러한 초기적 고찰 과정에서 미처리히가 생각했던 일반적 추론들이 옳았다고 볼 수 있다. 순전히 신체적인 설명으로 접근할 수 없고 심리적인 장애를 원인으로 하는 특정한 종류의 질병들이 비정상적으로 발생 빈도가 높아지는 경우는 개인의 사회적 적응에서 문제가 생겼을 수 있다는 점을 함께 고려하는 데서부터 출발해야만 할 것이다. 왜냐하면 그렇지 않을 경우 왜 그렇게 많은 사회구성원들이 동시에 동일한 증상에 빠지게 되는지를 설명할 수가 없기 때문이다. 그런 한에서 개인을 사회적으로 통합하는 데서 발생하는 기능 장애들로 인해 질병이 야기되는 경우 우리는 "사회의 질병들"에 대해서 말할 수 있다는 잠정적인 결론에 이르게 된다.

이러한 사회적 기능 장애를 어떻게 확정할 수 있는가에 대한 미처리히의 생각들을 좀 더 추적해보기 전에도, 지금까지 우리의 이야기들로부터 이미 우리가 다루고 있는 일반적 주제와 관련된 첫 번째 결론을 도출해낼 수는 있을 듯하다. 미처리히는 사회의 "질병"이 존재한다는 사실을 매우 많은 사회구성원들이 의사나 치료사들과 빈번한 상담을 시도할 정도로 심리적 비정상성이라는 증상으로 인해 강력한 고통을 겪고 있다는 전제와 결부시켰다. 만일 많은 사람들이 느끼는 정신기능 장애로 인한 고통이라는 첫 번째 표지가 존재하지 않는다면, 우리가 사회통합 과정에서의 심층적 장애들에 대해 설명하려고 할 이유도 없을 것이다. 미처리히의 연구가 모범으로 삼았을 것이 분명한 문화 진단적 연구들을 제시했던 프로이트의 경우도 상황은 이와 유사하다. 프로이트 역시 사회학적 관심을 가진 분석가들이 사회적인 메커니즘 속에서 그 병의 원인을 발견하기 위해서는 먼저 정신과 의사들이 특정한 유형의 심리적인 질병들이 급속하게 증가하고 있다는 점을 보고해주어야만 한다고 생각했다. 부르주아 계층의 성원들—특히 부인들—속에서 근대적 형태의 신경증이 다발하고 있다는 치료 차원의 초기 발견이 없었다면, 프로이트가 근대에 특징적으로 나타나는 성도덕의 강화가 낳은 부정적 결과들에 대해서 생각해볼 필요도 전혀 없었을 것이다(Freud 1972 [1908]: 141 이하).

그러나 사회의 질병들이 항상 먼저 충분히 많은 사회구성원들이 겪는 심리적 고통으로 나타나야만 한다는 이러한 첫 번째 가정 혹은 주장은 결코 자명한 것이 아니다. 최소한 두 가지 측면에서 명백히 사회의 질병이라고 추정되는 현상들과 널리 퍼져 있는 개인적 질병 증상 사이에 밀접한 관계가 있다는 주장에 대한 반론이 가능하다. 첫 번째 경우로, 사회적인 부조화 혹은 혼란스러운 분위기에 관한 막연한 표식 속에서 우리가 사회적인 공동의 삶에서의 고립화나 장애가 존재한다고 추론할 만하기는 하지만, 이것이 개인들에게 직접적인 고통으로 경험되고 따라서 주목할 만한 개인적 기능 장애라는 "질병"으로는 여겨지지는 않는 경우들이 있다. 한나 아렌트는 개인적인 소비주의의 경향이 근대적인 "세계소외"의 경향을 보여준다고 생각했다. 이를 통해 공적인 상황에 대한 무관심이 증가한다고 보았기 때문이다(Arendt 1960 [1958]: 115 이하). 또한 에밀 뒤르켐은 연대를 통한 결속이 사라지면서 증가하는 이기적 태도를 아노미적 해체의 징후로 보았다(Durkheim 1989 [1950]). 이 두 경우들은 우리 사회의 "질병들"이라고 말할 수 있지만, 이것들은 그 구성원들의 건강에 관한 느낌에는 그 어떤 영향도 주지 않았으며 따라서 의사들의 치료 과정에서도 아무것도 발견되지 않았다. 다른 한편으로 우리는 전혀 반대의 경우 역시 배제할 수 없다. 심리학적으로 명백한 특정한 증상들이 나타나고 있다는 의학적 지표들은 존재하지만 환자의 사회적 환경이 실질적으로 심각한 병리상태나 사회적인 기능장애를 겪고 있는지는 분명하지 않을 수도 있다는 것이다. 예를 들어 다음과 같은 경우를 생각해보자. 사람들이 힘든 일은 하지 않으려고 하고 자기희생도 거부하는 경우라면, 공식적으로 심리적인 고통을 호소하는 경우가 사회적으로 더 많이 나타날 수도 있을 것이다. 또한 다음과 같은 가능성도 존재한다. 의사들과 치료사들은 특정한 시기에 심리적인 질병들에 대한 진단에서 다음과 같은 이유들로 너무 성급하게 강력한 동의에 도달할 수 있다. 그들의 진단이 당시 유행하는 해석의 틀들과 뒤섞이면서 이해하기 쉽지 않은 상이한 증상들을 성급히 그러한 틀로 규정해버릴 수도 있다는 것이다. 나아가서 우리는 짧은 시기 동안만 유망해 보이는 해석 코드들이 가지는 이러한 피드백 효과를 통해서 그간 몇 십 년 동안 당대의 전형적인 심리적인 질병들(나르시시즘, 경계성 장애, 우울증, 소진증)에 대한 예언들이 왜 그렇게 빨리 변해왔는지 역시 설명할 수 있을 것이다.

이 모든 것들을 고려해볼 때, 결론적으로 말해서 "사회의 질병들"이란 무엇인가를 규정해보고자 했던 프로이트와 미처리히의 시도들이 전제한 첫 번째 가정은 비판을 견뎌낼 수 없다. 의사들이 상담시간에 진단할 수 있는 심리적 질병들이 대규모로 나타나는 것이야말로 사회적인 통합 장애나 기능 장애를 입증하는 필연적 증거라는 데에서부터 우리가 출발해서는 안 된다. 개인적인 심리적 질병에 대한 의학적인 진단과 사회적인 "질병"의 발견 사이의 관계는 프로이트나 미처리히가 생각했던 것보다 훨씬 더 느슨한 것이다. 의사와 치료사도 스스로를 기만할 수 있으며, 그들의 사회적 환경에서 가설적으로 발견되는 병리현상 때문에 개인들이 반드시 고통을 받는 것도 아니다.

오히려 프로이트와 미처리히가 자신들의 입장을 뒷받침하는 근거로 삼았던 두 번째 가정이 보다 설득력이 있다. 사회의 질병이 누구에게 귀속되어야만 하는가 하는 물음과 관련하여 이 두 사람 모두는 다음과 같은 강력한 주장을 옹호했다. 특수한 현상으로서의 사회적 질병은 개별 구성원들이 아니라 오로지 사회 자체에서 발견될 수 있어야만 한다는 것이다. 프로이트와 미처리히는 그들이 많은 개인들에게서 확인한 질병들을 사회적 조직이라는 더 높은 수준으로 전이시켜서 "신경증"을 앓는 혹은 "수행 장애"를 가진 사회에 대해서 언급하는 실수를 범한 적이 없다. 사회의 질병을 마치 사회구성원들의 정신적 장애가 일반화되는 것 혹은 확산되는 것과 동일시해야 한다는 식의 생각을 그들은 결코 하지 않았다. 그 대신에 이 두 사람은 사회를 또 다른 하나의 실재로 간주했고, 따라서 사회의 기능 장애는 개인들의 삶을 괴롭히는 기능 장애와는 범주적으로 다른 종류의 것이어야만 한다고 보았다. 물론 사회의 "질병"이 빈번한 발생으로 우리에게 설명을 요구하는 심리적이고 개인적인 질병의 원인일 수는 있지만, 이 양자 사이에는 그럼에도 존재론적 차이가 존재하며 따라서 심리학이나 정신분석의 동일한 언어를 이 두 경우 모두에서 사용할 수는 없다. 미처리히와 프로이트—적어도 근대의 신경증에 대해 고찰하는 프로이트—는 그들의 분석을 진행하면서 그들이 확증한 심리적 질병의 사회적 원인을 다루게 되는 경우에는 사회이론적인 용어들로 넘어갈 수밖에 없었다. 사회통합에 관한 이 두 번째 수준에서 그들은 자신들만의 기준으로 현재 전형적인 사회의 "질병들" 혹은 기능 장애란 무엇인지를 설명할 수 있어야만 했다. 그러한 병리 진단의 열쇠들이 발견되자마자, 그들은 이를 통해서 동시대의 많은 이들이 동일한 심리적인 장애로 고통을 겪게 되는 사회적 이유를 밝힐 수 있게 되었다.

이렇게 먼저 프로이트와 미처리히가 제시한 논증의 논리를 전체적으로 개관해보았으므로, 다시 한 번 우리가 처음에 언급했던 귀속의 문제로 돌아가 보도록 하자. 이제 우리는 사회의 "질병들"을 누구에게 귀속시키는가에 따라 나타나는 각각의 이론적인 장단점을 평가해볼 수 있는 보다 좋은 위치에 놓여 있다. "질병"이라는 개념을 통해서 파악된 기능 장애나 기능 제한이 단지 사회구성원들 자신에게만 해당된다고 생각하게 되면, 우리는 잘못된 길로 나아가게 될 것이다. 사회의 질병은 동일한 사회적 환경 속에서 살아가는 많은 개인들이 동일한 증상으로 고통 받는다는 단순한 사실 그 이상의 내용을 포함해야만 한다. 사회적으로 연관된 삶의 병리 혹은 질병들에 대해서 언급하기 위해서는 구성원들의 행동의 합으로 환원될 수 없는 사회의 자립적인 조직적 통일성의 차원에 대한 논의로 넘어갈 필요가 있다는 것이다. 여기서 자세히 다루지는 않았지만 "집단적 신경증"의 경우도 사정은 마찬가지다.

그 경우도 개인들의 심리적 장애들을 그저 합산하는 것 이상의 차원에 대한 고려가 필요하다. 개인들은 집단 혹은 대중 속에서 함께 행동하고 그들만의 고유한 법칙에 따른다는 단지 그 이유 때문에 개인들이 비정상, 신경증 혹은 강박 행동을 하게 된다는 식의 전체론적 이해만을 가지고 있다면, 이런 식의 집단적인 질병 현상만으로는 아직 우리가 사회의 병리에 대해 실질적으로 이야기할 수 있는 수준에는 도달하지 못한 셈이다. 우리가 이미 살펴보았던 바와 같이, 실질적으로 사회의 병리에 대해서 이야기하려면 개인이나 사회통합과 밀접하게 연관되어 있지만 사회 전체를 훼손하는 취약성 혹은 기능 장애를 반드시 고려해야만 한다. 개인의 사회화 과정에서 왜곡이 발생하여 함께 살아가는 사회에서 개인들이 능동적으로 서로 관계하는 동료로 간주되지 않게 된다면, 잠정적으로 우리는 사회의 질병 혹은 병리에 대해서 말할 수 있을 것이다.

물론 이러한 병리들을 개인적 질병현상과 연관시킨 프로이트와 미처리히의 전제 자체는 매우 올바른 것이었다. 만일 사회적 삶에서 특수한 이상 증상 혹은 심각한 고립화에 대한 보고들이 전혀 없다면, 우리는 사회적 기능 장애를 유발할 수 있는 가능한 원인들을 밝혀야만 한다는 생각 자체를 할 수도 없을 것이다. 개인의 사회화 과정에서 나타나는 실패 일반이 구성원들의 이상 행동으로 귀결되지 않았다면, 우리는 사회 자체에 어떤 "질병"이 있을 수도 있다는 생각조차 하지 않았을 것이다. 다시 한 번 각각의 이론 전통을 대변하는 한나 아렌트와 에밀 뒤르켐의 경우로 되돌아가 보자. 이들이 병리 현상에 대한 진단에 관심을 가지게 된 이유 역시 자신들의 사회에서 강박적인 혹은 불안정한 행동방식들을 경험했기 때문이었다. 한나 아렌트의 경우는 상품 소비에 대한 과도한 집착이 문제가 되었다면, 에밀 뒤르켐의 경우는 개인의 도덕적 고립과 탈조직화가 문제였다. 그러나 이러한 비정상성들이 의사나 치료사들이 심리적 질병 증상들을 관찰할 수 있게 할 만큼 가시화된 것은 결코 아니었다. 한나 아렌트의 경우 그러한 진단을 촉발했던 행위들은 치료적으로는 거의 주목되지 않는 수준에 머물면서 생산적이고 적극적인 행동들, 즉 신속히 소비할 수 있는 물건들을 얻기 위해서 금전을 지출하는 행동들로 나타났을 뿐이다. 결국 프로이트와 미처리히의 오류는 동료 구성원들의 강박적인 이상 행동과 관련하여 사회의 질병에 대해 의심하기 시작했다는 사실 자체에 있었던 것이 아니다. 오히려 문제는 그들이 오직 의사가 진단할 수 있는 심리적 질병들에만 주목했다는 사실에 있는 것이다. 이와 반대로 아렌트와 뒤르켐으로 대변되는 이론 전통들은 그 어떤 개인적인 고통도 야기하지 않고 따라서 전적으로 정신적인 기능 장애로 환원될 수도 없는 상황 속에서도 이러한 의심의 토대가 되는 사회적 삶의 이상 증상이 존재할 수 있다고 주장한다. 시민사회에서 나타날 수 있는 병리들을 사유하도록 촉구하기 위해서 루소가 제시했던 유명한 "이기심"(amour propre)(Rousseau 1993 [1755]; Neuhouser 2012 참조), 푸코로 하여금 근대적 자기 이해의 기이한 일면화에 대해서 사유하게 만들었던 성과 도착에 대한 과도한 집착(Foucault 1977 [1976])의 경우를 보라. 두 사상가로 하여금 앞에서 말한 초기적 의심을 촉구했던 이 현상들은 모두가 혁신적이고도 나름의 개념적 가공을 필요로 하는 그런 사회적 현상들이었다.

물론 이러한 초기의 관찰들이 유효한 것으로 입증될 수 있기 위해서는 그것들이 실제로 사회의 기능 장애, 즉 사회의 "질병"이라는 확실한 진단을 내릴 정도로 결정적인 역할을 할 수 있어야만 할 것이다. 만일 이러한 이상 행동과 관련하여 특정한 시기에 사회통합이 얼마나 실패하고 있는지에 대한 이차적인, 즉 사회이론적인 검토가 결여되어 있다면, 이러한 이상 행동들은 그것들이 가지고 있는 폭로의 힘에도 불구하고 그저 과도하거나 특이한 관찰의 결과로만 받아들여지게 될 수밖에 없을 것이다. 프로이트와 미처리히는 이러한 사회 분석 차원으로의 이행을 거부하는 실수를 범하지 않았다. 우리가 볼 수 있었던 바와 같이 이 두 사람들은 그들의 분석을 통해서 그들이 치료과정에서 발견한 사실들의 원인을 추적하기 위해 애썼다. 그 원인은 바로 사회 자체의 기능 장애에 뿌리박고 있는 것들이었다. 이제 두 번째 단계로 나는 프로이트나 미처리히가 그들의 작업을 통해서 이러한 사회적 진단에서 얼마나 성공적이었는지, 그들의 기본 발상들 때문에 대안적인 선택지가 억압되었던 것은 아닌지에 대해서 생각해보고자 한다.

Ⅱ.

전적으로 빅토리아 시대의 아들이었던 프로이트에게 그의 눈앞에서 급속하게 번져나가고 있는 심리적 신경증이라는 수수께끼에 대한 사회이론적 해답은 손쉽게 파악할 수 있는 것처럼 보였다. 「"문화적인" 성도덕과 근대적 신경증」(Freud 1972 [1908])이라는 그의 글에서 그는 다음과 같은 주장을 내세웠다. 강박행동과 히스테리라는 이상 증상은 엄격한 일부일처 제도의 요구에 따라서 개인들이 그들의 리비도적 충동을 만족시킬 여지를 거의 주지 않는 제도화된 사회적 성도덕에서 기인한다. 청소년들은 일찍부터 법적인 결혼 전에는 성적으로 금욕해야만 한다고 교육을 받기 때문에, 그들은 사춘기 시절에 자신들의 강력한 욕구를 다른 간접적인 방식으로 해소해야만 한다. 인간의 핵심적인 잉여충동 잠재력 중 매우 일부분만이 정신적이고 육체적인 노력의 형태로 승화될 수 있으며, 다른 부분들은—특히 소년들의 경우—자위행위를 통해 혹은—보다 엄격하게 교육받은 소녀들의 경우는—미래에 대한 상상을 통해 만족을 추구하게 된다. 마침내 이들이 결혼을 하게 되면 서로 간의 좌절의 악순환이 급속하게 나타난다. 왜냐하면 배우자 모두가 오랜 동안 서로가 갈망해온 것을 제공할 수 없기 때문이다. 남자들은 성급한 자기만족으로 "능력 감퇴"를 겪을 수밖에 없고, 여자들은 생생한 대체 환상 때문에 "일상적 성교에는 무감각해져" 버린다. 프로이트는 "신경과민", 즉 강박 증후와 히스테리적 반응으로의 탈주가 "이러한 상황 속에서" 손쉬운 해결책이 된다고 말한다(같은 책: 164).

여기서는 매우 단순한 요소들로만 구성된 사회이론이 심리적 고통의 원인이 되는 사회적 기능장애를 진단하기 위한 배경을 형성한다. 프로이트에 따르면, 노동과 출산에 의존하는 사회질서는 교육을 통한 도덕을 매개로 인간에게 넘쳐나는 성충동의 근원적 잠재력을 다음과 같은 한 가지 방식으로 제한할 때만 가능하다. 한편에는 요구되는 활동들을 승화된 형태로 실행하기 위한 충분한 에너지가 존재하며, 그럼에도 다른 한편에는 아이를 낳는 성교를 하기에 충분할 만큼의 리비도적 자극이 남아 있어야만 한다는 것이다. 사회적 재생산과 도덕적인 충동의 조절 사이의 이러한 사회적인 기능 연관 속에서 나타나는 장애 혹은 병리와 관련하여 그 이론이 적합한 경우는 단지 이미 확립된 성도덕이 반드시 필요한 노동수행 혹은 성충동의 실현을 위한 에너지 공급에서 실패하는 경우일 뿐이다. 프로이트에게 근대의 사회적 질병은 바로 후자의 경우, 즉 성적인 관심 자체가 상실되는 것이다. 왜냐하면 일부일처 제도의 도덕적인 명령 속에서는 충동 억압이 지나치게 과도해진 나머지 앞서 말한 이유들로 배우자 모두의 욕망이 불가피하게 좌절되기 때문이다(같은 책: 161). 이렇게 간략히 요약된 사회진단을 제시하면서 프로이트는 눈에 띄지 않는 단지 두 곳에서만 사회의 병리를 측정하는 그의 척도가 오직 사회적 재생산 능력의 보존에만 있는 것은 아니라는 사실을 알려준다. 그의 논문의 거의 마지막 부분에서 프로이트는 전승된 쾌락주의에 근거하여 개인적인 행복에 대한 지향 역시 사회질서를 평가할 수 있는 일종의 목표로 고려되어야만 한다고 말한다(같은 책: 167). 또한 다른 한 곳에서 프로이트는 문화는 그것이 충분한 성적 자유를 보장하는 경우에만 비로소 활기 있고 지적으로 역동적이며 충분히 건강할 수 있을 것이라고 말한다(같은 책: 160).

이렇게 프로이트가 조야한 기능주의의 규범적 지평을 일부 확대하려고 했다 하더라도, 전체적으로 볼 때 그의 사회이론은 사회병리들은 재생산 능력의 실패를 통해서 평가되어야만 한다고 말하고 있다. 사회의 기능을 보증하고 그것이 실패할 경우 사회의 질병을 야기하는 요인은 본질적으로 재생산을 위해 요구되는 노동과 출산 여력을 확보하는지 여부다. 이로부터 70년이 흐른 후에 미처리히는 당연히 온전한 사회통합의 요구와 관련하여 이런 식의 초보적인 이해만을 고집할 수 없었다. 그 사이 성도덕이 본질적으로 변화하고 많이 유연해졌을 뿐만 아니라 뒤르켐, 미드, 파슨스 이후 사회학은 이제 규범적인 행위규제를 통해 유지되는 사회질서를 비교할 수 없을 정도로 복잡하게 기술하게 되었다. 미처리히는 그가 전념한 정신적 기능 장애를 유발하는 "사회의 질병"이 어디에 존재하는지를 그 나름의 방식으로 설명하기 위해서 새로운 발상들을 결합하였다. 그가 경험적 출발점으로 삼았던 것은 심리적 신경증과 비교하여 덜 분명한 증상인 매우 폭넓은 직무거부였다. 이는 그로

하여금 사회적 행동에 대한 도덕적 규제 과정을 프로이트와 비교하여 보다 폭넓게 이해할 것을 요구했다. 프로이트와 달리 미처리히는 그의 환자들의 질병 현상에서 성적인 장애가 주된 요인으로 작동한다고 보지 않았다. 때문에 그는 성도덕을 사회구성원들의 규범적 통합에 관한 유일한 기준으로 볼 필요가 없었고 특정한 시점에서 행동을 통제하는 작용을 통해서 사회적 협력에 대한 준비에 영향을 미치는 모든 가치들과 도덕적 규범들을 다루어야만 했다(Mitscherlich 1983 [1957]: 431 이하).

이를 통해 미처리히는 새로운 관점을 제시하였으며, 이는 사회의 재생산에 관한 그의 이론을 파슨스의 구조기능주의에 따라서 고찰할 수 있게 해주었다. 당시 생물학에서 말하던 바와 같이 무정형의 본능을 가지고 태어난 인간은 먼저 교육 과정을 통해서 지배적인 가치와 규범을 학습해야 하며 자기 주변의 행동방식을 내면화해야만 한다. 반면에 동물들의 경우 그들의 행동방식은 태어날 때부터 고정된 반응 틀로 주어진다. 지배적인 가치와 규범들은 후대들의 사회 적응이라는 힘겨운 과정에 성공하기 위해서 다음과 같은 두 가지 조건을 충족시켜야만 한다. 이 조건들은 인간들 사이의 특수한 사회적 결합이 기능적 효율성을 가지고 있는지를 평가할 수 있는 기준이 된다. 한편으로 학습될 이러한 행위규칙들은 인간에게 고유한 개인적 충동들을 억압할 정도로 너무 엄밀하거나 엄격해서는 안 된다. 다른 한편으로 이러한 행위규칙들은 인간의 창조적 능력으로 인해 빠르게 변화하는 환경 세계에 잘 적응할 수 있어야 하며, 그래서 청소년들이 그러한 규칙들을 통해 유능해지게 하는 것은 물론 그들의 동기를 유발할 수 있어야만 한다. 개인적인 일탈에 대한 개방성과 기술적이고 사회적인 새로운 요구들에 반응하여 안정성을 유지할 수 있는 힘, 즉 유연성과 신뢰할 수 있는 규정성이라는 두 가지 속성은 사실 결합되기가 쉽지 않은 것이다. 그러나 미처리히는 사회통합이 제대로 유지되기 위해서는 모든 확립된 규범과 가치들이 이러한 속성을 반드시 가지고 있어야 한다고 말한다. 규범적인 행동 규칙, 즉 청년 세대가 학습해야 하는 이상과 의무들이 이러한 요구들에서 많이 벗어나게 되면, 사회화는 실패하게 되고 전체 공동체가 고통 받게 된다고 미처리히는 확신하고 있었다. 이에 따라서 미처리히는 각각 유연성과 규정성을 훼손하는 두 종류의 사회적 병리 혹은 질병을 구분해야만 했다. 먼저 가치나 규범들을 너무 엄격하고 독단적으로 규정하게 되면 모든 사회에 요구되는 개인의 자발성이 축소된다. 다음으로 가치나 규범들이 너무 애매하고 공허한 경우에는 개인의 삶의 안정성이 상실된다. 그의 논문 중 비교적 긴 한 단락에서 미처리히는 이 구별을 다음과 같이 요약했다. 여기서 우리는 그가 이러한 구별을 통해서 자신의 시대가 겪고 있는 병리현상에 대해 어떤 진단을 내리고자 했는지를 분명하게 알 수 있다. "사회적 삶은 그 스펙트럼의 양극단에서 병적인 단계에 진입한 것이 분명하다. 개인의 사회화가 구속력 있는 방식으로 이루어질 수 없고, 많은 부분에서 개인을 인도할 수도 없고, 의식하는 것 이상의 무의식적인 불안을 야기할 정도로 한 사회의 규범 틀이 약화되는 경우 사회의 질병이 발생한다. 스펙트럼의 다른 극단에서는 사회의 요구가 너무 끔직한 방식으로 개인에게 주입되어서 명령이나 행동 규범에서 일탈하는 것이 영구적이고 강력한 두려움을 낳고 그래서 사회적 상황들에 대한 개인의 자발적인 반작용이 불구화되는 경우에 사회의 질병이 발생한다. 이 두 상황들은 사회의 개별 구성원들을 위협하고 병적인 행동 방식을 유발한다. 때문에 우리는 이러한 가정들 속에서 정당한 방식으로 사회의 질병에 대해 말할 수 있다."(같은 곳:

440)

비록 위의 마지막 문장들에서도 사회의 질병의 주체가 사회 자체인지 아니면 일련의 구성원들인지는 아직 분명하지 않다고 하더라도, 설명의 시작에서부터 분명한 것은 미처리히가 사회의 재생산에서 나타나는 기능장애가 발생할 가능성에 대해 전적으로 확신하고 있다는 사실이다. 미처리히에 따르면 이러한 사회적 병리는 구성원들이 규범적 구속력을 통해서 사회 질서에 너무 많이 혹은 너무 적게 통합되는 데서 발생한다. 우리는 이 논문이 쓰여졌던 1950년대 후반의 역사적 상황을 추가적으로 고려해볼 수 있는데, 이 경우 미처리히가 당시 사회를 위협한 질병이 무엇이라고 보았는지는 곧바로 분명해진다. 그가 치료 과정에서 만난 환자들에게서 마주친 실패불안에는 다음과 같은 위기가 투영되어 있었다. 도덕적인 전형과 규범들이 급속하게 침식되었기 때문에 사회구성원들은 더 이상 기술과 문화에서 나타나는 급속한 변화에 적응할 만한 충분한 행위의 안정성을 얻을 수가 없었다는 것이다. 미처리히의 시대진단은 프로이트처럼 규범적으로 과도한 사회통합이 아니라 덜 규제된 사회통합이라는 결론에 도달하게 된다.

그러나 여기서 내가 관심을 가지고 있는 것은—그간 상이한 이유들로 시대에 뒤떨어진 것이 되어버린—이러한 두 분석이 제시하는 내용이 아니다. 오히려 내게 흥미 있는 것은 이들 각각의 이론적 기초와 그들이 사용한 개념들이다. 이 두 입장의 배후 가정을 보다 정확히 보게 되면, 우리는 다음과 같은 사실을 바로 확인할 수 있다. 프로이트뿐 아니라 미처리히 역시 사회가 기능 장애 혹은 질병을 가지고 있다는 사실을 우리가 경험할 수 있는 것은 언제인가 하는 문제와 관련하여 상대적으로 단순한 기준을 사용하고 있다는 것이다. 정신분석의 아버지의 경우는 이미 우리가 보았던 바와 같이 그 기준을 물질적이고 심리적인 재생산 능력이라고 보았다. 한 사회의 구성원들이 필수적인 노동이나 자연적인 후대의 생산을 위한 충분한 추동력을 상실하는 경우 사회 전체가 해를 입는다는 확신을 그는 가지고 있었던 것이다. 50여 년 후 출생한 미처리히는 사회의 생존에 대한 이와 같이 전적으로 생물학적인 기준에서 성공적으로 벗어날 수 있었다. 그는 자신의 진단에 주체의 정체성 요구를 끌어들이기는 했지만, 이 추가적인 차원은 다시 사회 발전과는 무관하게 중립적인 진술들 속에서 고찰되었다.

미처리히에 따르면 사회는, 이미 살펴본 바와 같이, 사회통합을 위한 가치나 규범들이 그 구성원들의 창조적인 개인화를 위한 여지를 차단하거나 거꾸로 변화하는 환경에 대처할 수 있는 안정성을 주지 못하는 경우에 병리적 상태에 빠진다. 그러나 여기서 올바른 척도로 간주되는 것, 즉 개인의 인격 발전을 위해 혹은 새로운 요구에 대처하기 위해 충분하고 필수적인 것으로 여겨지는 것은 해당 사회가 도달해 있는 규범적인 자기 이해에 의존할 수밖에 없다.

자연주의적 접근을 거부하기는 했지만 미처리히 역시 프로이트와 마찬가지로 사회를 구성하는 전제들을 역사적인 고려 없이 객관적으로 규정하고자 했으며, 이로부터 기능 장애 혹은 질병을 해명하는 일반적인 열쇠를 발견하고자 했다. 그러나 이러한 생각은 받아들이기 매우 어려운 것이다. 왜냐하면 인간 이전 단계의 사회적 결합들과는 달리 인간 사회가 존속할 수 있게 하는 것이 무엇인지를 규정하려면 항상 구성원들의 규범적 확신이 함께 고려되어야만 하기 때문이다. 그리고 구성원들의 이러한 규범적 확신은 시대와 문화의 계속되는 변화와 더불어 달라질 수밖에 없는 것이다. 그런 한에서 인간적 발전의 단계에서는 그러한 역사적 상황을 고려하지 않고 사회적 삶의 기능적 요구들을 규정하는 것은 불가능하다. 이는 미처리히 진단의 첫 번째 전제, 즉 모든 제도화된 가치와 규범은 개인적 일탈을 허용할 수 있어야만 한다는 전제에서도 손쉽게 드러난다. 왜냐하면 주체의 개별성에 대한 요구, 인격적 특수성의 권리에 대한 생각들이 근대사회로 이행하면서 급격히 강화되기 시작했고 그 이후로 급진적으로 확장되어왔기 때문이다(Simmel 1908: X장). 사회에서 보존할 만한 가치는 무엇인가에 대한 기준 자체가 역사적 시대의 변화에 따라 지속적으로 달라진다면, 기능 장애 혹은 사회의 질병이 무엇인가 하는 기준 역시 당연히 이에 따라 변화할 수밖에 없을 것이다. 간단히 말해서 사회적 삶의 기능적 요구를 확정하고 사회적 삶이 잘못 조직되는 경우는 어떤 경우인가를 살펴보기 위해서는 항상 역사적인 시대의 실질적인 자기 이해를 고려할 수밖에 없다는 것이다. 이로부터 역설적인 결과가 나타난다. 역사적인 환경과 자기 이해에 대한 이러한 고찰의 필연성이 강력해질수록, 사회적인 기능적 요구를 규정하는 데서 특수한 인간적 욕구나 사회적 관심을 고려해야 한다는 요구도 더욱 분명해지기 때문이다. 미처리히는 프로이트와 달리 그의 병리 현상 진단에서 사회적으로 매개된 주체 형성에 대해서도 고려했지만, 그럼에도 불구하고 그의 진단은 역사성을 고려하지 않았다는 점에서 프로이트보다도 더 큰 비판을 받았다. 프로이트는 단지 자연적 재생산 요구가 훼손된다는 점에 착목하여 사회의 질병을 제한적으로 이해했을 뿐인데도 말이다.

그러나 이 두 저자들의 입장들은 이러한 역사망각이라는 차원을 넘어서 이론적 배후 가정과 관련된 두 번째 약점 역시 공유하고 있다. 이러한 불충분함을 다루어보면, 우리는 간접적인 방식으로 다른 논의 지점에 도달하게 되는데, 우리가 실지로 설득력이 있는 일관된 주장에 최종적으로 도달하기 위해서는 사회의 질병에 대한 진단이 바로 이 지점을 다루어야만 한다는 사실을 우리는 알게 될 것이다. 프로이트뿐만 아니라 미처리히 역시 그들이 관찰한 질병 징후의 원인을 발견하려고 노력하면서 단지 사회의 재생산이라는 차원에만 갇힌 것처럼 보인다. 마치 자명하기라도 한 것처럼 이 두 사람 모두는 사회를 보존하기 위한 여러 과정들 중에서 도덕적인 사회화의 형태로 개인적인 충동 잠재력을 사회에 적응시키는 과정들만을 뽑아냈다는 것이다. 이 두 사람이 가졌던 확신에 따르면, 사회적 재생산에서 나타나는 장애들은 오로지 이 지점, 즉 인간의 내적 본성과 사회적인 협업의 필요성 사이의 매개가 요구되는 연결지점에서만 발생한다. 그러나 이런 생각 역시 전반적으로 보아 설득력이 없는 것이다. 사회질서의 보존은 항상 규범을 통한 충동의 통제나 욕구 형성 과정 이상의 것을 요구하기 때문이다. 프로이트가 분명히 그랬던 것처럼, 우리가 사회성을 가능하게 하는 핵심이 바로 이러한 과정에 있다고 본다고 하더라도, 결코 논박될 수 없는 사실은 인간의 공동체는 사회적 상호작용의 규범적 안정화와 마찬가지로 자연적 환경에 대한 특수한 방식의 지배에도 역시 의존할 수밖에 없다는 점이다. 외적인 자연과의 대결, 내적인 본성의 사회적인 형성, 인간 상호관계의 규제는, 마르크스로부터 파슨스에 이르는 전통적 이해에 따르자면, 사회가 일정한 기간 이상 존속하기 위해서는 반드시 해결되어야만 하는 과제들이다. 사회가 존속하기 위한 이 각각의 과제들에 해당하는 각각의 기능들이 존재하며, 이 기능들은 자신의 고유한 재생산이라는 목적을 충족시키기 위해 사회질서 내부에서 제도적으로 보장되어야만 하는 것들이다. 그러나 프로이트와 미처리히는 장애나 기능

마비를 통해 사회의 질병이 발생할 가능성을 설명하면서 사회의 존속을 위한 이러한 다양한 차원의 기능 중에서 항상 한 가지 기능에만 주목했는데, 그 이유가 무엇인지는 도무지 알 수가 없다. 분명히 프로이트는 자신의 사회 분석에서 사회적 노동의 필요성도 고려했지만, 그와 관련하여 외적인 자연에 대한 특수한 관계를 인식하지는 못했다. 미처리히는 자신의 고유한 병리진단 작업에서 이와 달리 전적으로 규범적으로 매개된 개인의 사회화 과정만을 다루었던 것처럼 보인다. 그러나 그간의 연구 성과들을 고려한다면, 사회적 재생산에서의 장애나 조직적 실패는 위에서 언급된 이 세 기능들 각각에서 모두 나타날 수 있다. 사회 자체의 질병으로 생각되어야 하는 사회적 병리는 단지 사회화 과정에서뿐만 아니라 외적 자연의 가공과 상호주관적인 인정관계에서도 나타날 수 있다는 것이다. 프로이트와 미처리히는 진단의 관점에서 이러한 일면화의 오류를 범했을 뿐만 아니라 이러한 사회적 기능들의 문화적 전제조건들을 고려하지도 못하는 오류도 범했다. 이제 손쉽게 예상할 수 있듯이, 이 두 이론가들이 예비해두었던 것 이상으로 사회의 질병들이 존재할 여지가 있을 수밖에 없을 것이다.

이제 다음과 같은 질문을 다룰 때가 되었다. 지금까지 프로이트와 미처리히가 남긴 흔적들을 추적해온 길이 우리가 사회의 질병 혹은 병리를 적절하고 일관되게 이해하는 데에 과연 도움이 되는 것이었나, 우리가 잘못된 길에 갇힌 것은 아닌가 하는 물음 말이다. 되돌아보면, 우리는 이 두 사상가들로부터 사회의 질병은 항상 사회질서를 유지하기 위해 매우 중요한 특정한 기능에서 실패나 장애가 발생하는 데에서 기인한다는 생각을 배웠다고 할 수 있다. 그렇지만 우리는 프로이트나 미처리히에 반대하여 사회를 유지하는 기능이 그런 것처럼 사회의 질병 역시 단지 한 가지가 아니라 여러 가지가 있을 수 있다는 결론을 내렸다. 왜냐하면 각각의 사회는 이 상이한 과제들을 수행하는 데에서 각각 실패할 수가 있기 때문이다. 물론 이와 관련해서는 큰 제약이 필요한데, 인간적인 사회화의 형식이 단지 불변하는 그야말로 기능적인 압박에만 의존하는 것은 아니기 때문이다. 사회의 존속을 확보하라는 명령 자체도 특수한 요구들만큼이나 항상 이미 문화적인 것이고 따라서 이런 명령은 사회의 규범적인 자기이해를 고려할 때만 적절히 설명될 수 있다. 결국 전체적인 결론은 다음과 같다. 만일 한 사회가 사회화, 자연지배, 인정관계 규제라는 기능 범위 안에서 자신의 지배적 가치들에 따라 설정한 핵심 과제들을 수행하는 데서 제도적으로 실패하는 경우, 우리는 사회의 질병 혹은 병리에 대해 말할 수 있다는 것이다.

그러나 우리가 사회의 질병에 대해서 말할 때, 사회의 존속이라는 스스로 정의한 목적을 실현하는 데서 실패한다는 것이 정말로 우리가 직관적으로 생각하는 그런 것들일까? 본래적으로 우리가 질병이라고 생각했던 것은 뒤로 사라져버리고 우리가 오래전부터 잘못된 발전, 위기, 국가실패와 같은 전통적 개념들로 지칭하던 현상들만 너무 전면에 부각되는 것은 아닐까? 내가 앞선 설명에서 이미 말한 바와 같이, 만일 사회의 "질병"이라는 개념을 다음과 같은 전제들과 너무 밀접하게 연결시키는 경우 우리는 오류를 범하게 된다. 사회의 질병이 존재하는 경우 반드시 다수의 개인 구성원들이 이로 인해 고통을 받아야 한다는 식의 전제를 받아들여서는 안 된다는 것이다. 개인의 고통을 강조하는 식으로 논의를 제한하게 되면, 이러한 사회의 질병들이 원칙적으로 볼 때 주체를 넘어서는 수준에서 발생하며, 반드시 개인들이 이 질병들을 직접 비극적인 것으로 체험할 필요는 없다는 사실을 간과하기가 쉽다. 그러나 다른 한편으로 "사회의 질병들"에 대한 언설들이 우리에게 친숙한 "질병" 개념에 대한 유비를 너무 지나치게 포기할 필요는 없다. 이럴 경우 우리가 어떤 형태로든 자유의 제약으로 체험되는 모종의 결함들을 다루고 있다는 배경 직관 자체가 사라져버릴 수도 있을 것이기 때문이다. 질병과 같은 강력한 개념이 유의미한 것이 되어야만 한다면, 사회의 질병에 대한 우리의 이해는 반드시 모든 질병의 특성이라고 할 수 있는 자유의 제한이라는 체험과 관련되어야만 한다. 알렉산더 미처리히도 질병이 가지는 이러한 성격에 대해서 특히 강조한 바 있다(특히 Mitscherlich 1983 [1946] 참조). 이제 나는 우리가 이제까지 진행한 고찰들을 전통적인 "질병"이라는 개념과 연결시킬 수 있는 다리들을 제안하면서 결론을 맺고자 한다. 물론 이러한 제안을 하면서 나는 "사회"와 사회 구성원들 사이의 존재론적 차원의 구별을 여전히 고수할 것이다.

이러한 목적을 실현하기 위해서는, 지금까지 살펴본 바와 같이, 문화적으로 정의된 사회의 존속이라는 목적을 실현하는 데서 장애나 실패가 발생한다고 해서 성급하게 사회의 질병에 대해 언급해서는 안 된다. 만일 우리가 이런 식으로 이야기하게 된다면, 우리가 그저 잘못된 발전, 제도적인 적응 실패 등이 아니라 질병 현상을 다룬다고 이야기할 수 있는 이유가 무엇인지가 불분명하게 될 것이다. 일정한 제한을 두기는 했지만 프로이트나 미처리히는 이런 방식으로 이야기하기도 했다. 그러나 만일 우리가 개별적이고 특수한 기능 대신에 상이한 기능들 사이의 영향 관계나 상호 적응 관계에 주목한다면, 사정은 달라질 수 있다. 상이한 기능 영역들 사이의 얽힘이 벌어지는 이 상위의 수준에서도 만일 각 영역의 제도적 규칙들이 조화하지 못하거나 서로를 훼손한다면 장애나 부조화가 발생할 수 있을 것이다. 사회적으로 확립된 사회화의 틀과 그에 부합하는 가치나 규범들이 물질적 생산과 관련된 제도들과 충돌할 수 있으며, 다시 물질적 생산과 관련된 제도들은 사회 구성원들 사이의 인정관계를 조직하고 구속하는 규범적 규칙들과 긴장 관계에 놓일 수 있다. 이러한 부조화나 긴장은 개인적 질병과 공통점을 가지고 있는데, 그것은 바로, 개인이 되었든 사회가 되었든 간에, 주체의 자기 자신에 대한 관계에서 장애를 유발한다는 것이다. 사회의 경우 우리가 "질병"이라고 부를 수 있는 자유의 제약은 개별적인 기능 영역들에서의 제도적 해결책들이 서로 방해가 되거나 한 기능 영역의 성공적인 발전을 저해하는 경우에 발생한다.

이런 식의 정식화에서 드러나는 생동하는 유기체에 대한 비유는 그저 우연적인 것이 아니라 불가피한 것이다. 왜냐하면 오직 유기체라는 틀에 따라 사회를 생각하는 한에서만, 우리는 "사회의 질병들"에 대해서 충분히 일관되고 유의미한 방식으로 이야기할 수 있기 때문이다. 이러한 틀 속에서는 하나의 기관으로 생각된 영역이나 하위 체계들이 서로에게 조화롭게 영향을 줄 수 있으며, 이를 통해서만 우리는 방해받지 않는 "자유로운" 발전이라는 이념을 정당하게 설명할 수가 있다. 만일 우리가—『법철학』에서 모든 사회적 영역들의 목적 지향적인 상호작용을 통해서 이를 자명한 것으로 가정했던—헤겔이나 마르크스, 파슨스와 관련하여 이들의 사회진단들 속에서 이러한 이념이 계속 활용되어왔다는 점을 분명히 밝힌다면, 이러한 이념이 가진 생소하고 구식 같은 인상도 사라지게 될 것이다. 역사유물론을 정초한 마르크스는 생산력과 생산관계의 갈등에 대한 그의 분석에서 이 두 가지 사회적 측면들 사이의 유기적 상호작용이라는 이상을 암묵적으로 전제하고 있었고, 구조기능주의 이론가인 파슨스는 사회의 정상적인 재생산을 상이한 하위체계들이 함께 최고의 가치 실현이라는 목적에 기여해 나가는 과정으로 보았다. 만일 오랜 동안 죽은 것으로 취급되어온 유기체라는 표상을 복원하지 않는다면, 사회 자체가 질병을 가질 수도 있다는 생각 자체는 그 근거를 상실하게 될 수도 있을 것이다.

번역_김원식

참고문헌

Arendt, Hannah 1960 [1958]: Vita activa oder Vom tätigen Leben. Stuttgart: Kohlhammer.

Durkheim, Émile 1989 [1950]: Physik der Sitten und des Rechts. Vorlesungen zur Soziologie der Moral. Frankfurt a. M.: Suhrkamp.

Durkheim, Émile 2011 [1928]: Le socialisme. Paris: Presses Universitaires de France.

Foucault, Michel 1977 [1976]: Sexualität und Wahrheit. Erster Band: Der Wille zum Wissen. Frankfurt a. M.: Suhrkamp.

Freud, Sigmund 1972 [1908]: Die »kulturelle« Sexualmoral und die moderne Nervosität, in: ders.: Gesammelte Werke. Band VII. Frankfurt a. M.: Fischer, 141–167.

Freud, Sigmund 1991 [1930]: Das Unbehagen in der Kultur, in: ders.: Gesammelte Werke. Band XIV. Frankfurt a. M.: Fischer, 419–506.

Honneth, Axel 2000: Pathologien des Sozialen. Tradition und Aktualität der Sozialphilosophie, in: ders.: Das Andere der Gerechtigkeit. Aufsätze zur praktischen Philosophie. Frankfurt a. M.: Suhrkamp, 11–69.

Mitscherlich, Alexander 1983 [1946]: Freiheit und Unfreiheit in der Krankheit. Das Bild des Menschen in der Psychotherapie, in: ders.: Gesammelte Schriften II (Psychosomatik 1). Hg. von Tilman Allert. Frankfurt a. M.: Suhrkamp, 7–135.

Mitscherlich, Alexander 1983 [1957]: Die Krankheiten der Gesellschaft und die psychosomatische Medizin, in: ders.: Gesammelte Schriften II (Psychosomatik 2). Hg. von Tilman Allert. Frankfurt a. M.: Suhrkamp, 425–444.

Neuhouser, Frederick 2012: Pathologien der Selbstliebe. Freiheit und Anerkennung bei Rousseau. Berlin: Suhrkamp.

Platon 1969: Politeia, in: ders.: Sämtliche Werke. Band 3. Reinbek bei Hamburg: Rowohlt, 67–310.

Rousseau, Jean-Jacques 1993 [1755]: Diskurs über den Ursprung und die Grundlagen der Ungleichheit unter den Menschen. Paderborn: Schöningh.

Sartre, Jean-Paul 1978 [1971–1972]: Der Idiot der Familie. Gustave Flaubert 1821–1851. Reinbek bei Hamburg: Rowohlt.

Schmitt, Arbogast 2000: Der Einzelne und die Gemeinschaft in der Dichtung Homers und in der Staatstheorie bei Platon. Zur Ableitung der Staatstheorie aus der Psychologie. Stuttgart: Steiner.

Simmel, Georg 1908: Soziologie. Untersuchungen über die Form der Vergesellschaftung. Leipzig: Duncker & Humblot.

3부

3부 한국판 특집 / 재벌 돈더미, 서민 빚더미

한국판 특집에 부쳐

문재인 후보가 대통령이 된 것은 그가 시대의 요구와 함께하려고 했기 때문이다. 촛불집회에서 표현된 국민의 분노와 염원. 이것은 이미 2016년 총선에서 표출된 바 있고, 박근혜-최순실 국정농단이 도화선이 돼서 드디어 폭발한 것이다. 이것이 없었다면 조기대선도, 문재인의 승리도 없었다. 그렇다면 국민은 무엇에 분노했고, 무엇을 염원하는가? 촛불집회에서 표출된 민심, 그 시대적 요구가 무엇인지는 '헬조선'으로 명명된 우리의 현실을 보면 누구나 알 수 있다. 극심한 경제적 불평등과 사회적 양극화, 그리고 기업권력과 정치권력이 야합하여 만들어낸 거대한 지배체제. 국민들은 이것에 분노했고, 이것이 극복되기를 염원한다.

1987년은 민주화 원년으로 기록된다. 6월 항쟁을 통해 대통령을 국민의 손으로 직접 뽑는 대통령 직선제가 관철되었기 때문이다. 그러나 대한민국이 실질적 민주화의 길로 들어선 것은 아니다. 1987년 이뤄낸 민주화는 대의제 민주주의라는 형식적 차원의 민주화에 불과했고, 민주주의가 추구하는 자유와 평등이라는 가치까지 실현된 것은 아니다.

더구나 IMF 이후 한국사회가 신자유주의 질서에 편입되면서 기업권력의 부상을 막아내지도 못했다. 한국사회 전체가 기업하기 좋은 환경으로 변모해야 했고, 기업이 추구하는 이윤과 효율성 논리가 전 사회로 확산되었다. 그 결과 기업들은 사상 최대의 수익을 올리는 기염을 토했지만, 기업의 성장이 전 사회로 확산되지는 않았다. 이른바 고용 없는 성장이 지속되었고, 경제적 불평등의 골은 깊어만 갔다. 그러나 이런 상황은 해소될 기미를 보이지 않았다. 기업권력과 정치권력이 야합하여 거대한 지배체제를 형성하면서 경제적 불평등은 사회적 양극화로 이어졌고, 흙수저-금수저로 말해지는 신분사회적 경향마저 나타났기 때문이다. 이런 점에서 우리 사회는 어느덧 '헬조선'이란 새로운 이름을 갖게 된 것이다.

사람들은 이 모든 것의 원인으로 대기업의 횡포를 말하고, 정규직과 비정규직의 임금 격차를 말하고, 생계비용에도 못 미치는 최저임금 수준을 말한다. 다 옳은 말이다. 하지만 재벌들의 사내 보유금과 서민들의 부채만큼 이런 상황을 집약적으로 보여주는 것이 또 있을까? IMF 이후 추진된 기업 친화적 정책이 낳은 과실은 재벌들의 사내 금고를 가득 채웠고, 그간 심화된 경제적 불평등은 서민들의 빚 속에 고스란히 남아 있기 때문이다. 10대 재벌기업이 사내 금고에 쌓아놓은 돈은 무려 550조가 넘는다고 한다. 그런데 이에 반해 가계부채는 1,300조를 넘어서고 있다. 한마디로 말해, 재벌은 돈더미, 서민은 빚더미! 그간 재벌들은 단가 후려치기, 일감 몰아주기 등으로 중소기업의 이윤을 빼앗아갔고, 저임금을 찾아 생산기지를 해외로 이전하는가 하면, 국내에서는 수많은 하청으로 비정규직을 양산시켰다. 더구나 이제는 대형 유통업체를 확대하면서 골목상권까지 빼앗아갔다. 그 반대는 뻔하다. 대기업의 절반 수준인 중소기업 임금. 마찬가지로 정규직의 반밖에 안 되는 비정규직 임금, 3명 중 2명은 망한다는 자영업. 게다가 시간당 6,470원이라는 최저임금. 그나마도 체불. 높아가는 주거비, 교육비, 생계비를 어떻게 감당할 수 있었을까? 방법은 한 가지. 주거지 마련하고자 융자, 생계비 마련하고자 융자, 대학등록금 마련하고자 융자. 결국 서민들은 빚더미에 올라앉았다.

본 특집의 주제는 재벌기업과 서민 부채이다. 송명관은 왜 가계부채가 증가하고, 또 서민들은 왜 개인 빚에 의존할 수밖에 없는지를 내수진작과 경기활성화라는 시각에서 분석한다. 그리고 최철웅은 부채 확대가 어떤 점에서 자본주의적 착취와 지배를 강화하는 기제로 작동하는가에 주목하면서 이로 인한 사회적 관계 및 권력 관계의 변화를 추적한다. 홍석만은 이에 반해 서민 빚더미가 아니라, 재벌기업 돈더미로 시각을 돌린다. 그리고 재벌의 시장 독점과 지배구조의 문제점을 파헤친다. 하지만 재벌기업과 서민 부채 문제는 서로 분리된 것이 아니다. 재벌의 시장 독점과 사적 지배가 결국 서민 부채를 만들어내기 때문이다. 이런 점에서 홍석만은 재벌 독점 이윤의 사적 지배를 막을 수 있는 대안을 모색한다.

문재인 정부의 등장에 따라 재벌기업의 시장 독점과 사적 지배구조, 서민 빚더미를 낳은 사회경제적 제도에 대한 일대 개혁이 기대된다. 그리고 이러한 개혁을 위해서는 그 방향에 대한 많은 논의와 제안이 필요하다. 베스텐트 한국판 특집 역시 이런 점에서 의미를 갖길 바란다.

문성훈

베스텐트 한국판 책임편집자

내수부양의 희생양이 된 '푸어족'과 사회재생산의 위기

송 명 관

1. 가계부채 내수부양의 주춧돌인가? 희생양인가?

가계부채 1,300조 시대. 이제 가계부채 문제가 사회적으로 부각된 지도 이미 5년이 넘었다. 금융위기 후폭풍으로 2010년부터 집값이 하락하고 아파트 미분양이 폭증하자, 정부기관을 비롯한 여러 민간연구소에서 가계부채 문제를 한국경제의 뇌관으로 지목하기 시작했었다. '하우스 푸어'라는 말이 본격적으로 사회화된 것도 그 당시부터이다. 그런데 이에 대한 대책은 대부분은 낮은 이자로 갈아타게 해주거나 만기상환을 연장해주는 것 정도였다. 그리고 이런 가계부채 위기 속에서도 내수부양을 위한 부동산 경기 부양책은 계속되었고, 소위 싸게 돈을 빌려주는 각종 대출 제도가 선을 보였다. 그리고 지금 현재 2008년 금융위기 이후 500조 원가량 가계부채가 증가한 상황에 이르렀다. 이는 전 세계 선진국 국가들에서 민간부채가 축소 국면에 들어갔었던 것과 대비된다. 가계부채의 심각성을 뒤늦게 인지한 정부도 가계부채종합대책을 수차례 발표했지만, 그 속살을 들여다보면 대부분 부동산시장 부양책에 불과했다. 심지어 전월세 대책마저도 주거안정보다는 낮은 금리로 집을 사라고 부추기는 쪽에 방점이 찍혀 있었다. 그러면서 그런 지적에 대해 부동산 관련 금융 규제가 애써 살려놓은 부동산 시장의 불씨를 꺼트릴 수 있다고 걱정한다. 심지어 내수침체를 막기 위해서라도 부동산 시장의 활성화가 필요하다고 주장하기도 한다. 이 혼돈스러운 상황을 우리는 어떻게 이해해야 할까? 부채가 많아도 걱정, 줄어도 걱정인 세상. 모두가 부채증가를 염려하는데, 왜 가계부채는 계속 늘어만 갈까? 이제 이것을 개인들의 욕망이나 재무관리의 미성숙 등으로 치부할 순 없다. 왜 우리 사회가 빚에 의존할 수밖에 없게 되었는지 짚어봐야 할 것이다.

1-1. 97년 외환위기 이후 벌어진 자금수요의 거대한 전환

먼저 우리가 확인해야 할 것은, 현대 자본주의 사회에서 사용되는 화폐는 신용화폐로서 은행의 대출로부터 만들어진다는 점이다. 우리 사회에서 돈을 만들어내는 기관은 은행밖에 없다. 그런데 은행은 아주 특별한 규칙에 의해서만 돈을 만들어낸다. 바로 누군가의 부채를 통해서만 돈을 만든다는 점이다. 그래서 누군가 부채를 일으켜 자금을 조달해야 돈이 만들어지고, 이것이 사회 전체로 흘러 우리 호주머니에 들어오는 것이다. 보통 경제 교과서에서는 기업이 은행에서 사업자금을 대출받아 이것을 생산활동에 투자하면서 돈은 사회로 흐르게 된다고 설명한다.

그래서 부채증가가 반드시 부정적인 것은 아니다. 그만큼 생산활동에 필요한 자금수요가 많다는 것을 의미한다. 그리고 그렇게 부채를 통해 조달된 자금으로 인해 더 왕성한 생산과 더 많은 분배가 가능하게 된다. 그러므로 거시경제의 주요 주체별 부채비율이 어떻게 변하고 있는가를 들여다보는 것은, 이 시대에 부채와 돈의 흐름을 살펴볼 수 있도록 한다.

한국에서 기업의 GDP대비 부채비율은 2009년을 정점으로 감소하고 있고, 그리고 가계와 정부의 부채비율은 10년 동안 지속적으로 계속 증가했다. 덧붙이면 현재 가처분소득대비 가계부채비율은 150% 가까이 늘어난 상태이다. 이것은 한국경제에서 자금수요의 비중이 기업에서 가계와 정부로 바뀌고 있다는 것을 뜻한다.

그런데 이러한 자금수요의 반전된 경향의 시작점은 97년 외환위기로까지 거슬러 올라간다. 당시 97년 외환위기를 겪으면서 대부분의 기업들은 부채비중을 줄이고 자산을 늘리는 데 주력했다.[1] 반면 가계는 자산에 비해 부채가 급격히 늘어났다. 그리고 90년대 중반 20%대에 머물던 가계 저축률은 외환위기 이후 불과 5년 만에 2%대로 급락하고 만다.

이런 급격한 변화가 가능했던 건 정책 개입에 따라 경제구조가 급변했기 때문이다. 당시 상황은 경제위기로 인해 기업이 채무축소 과정에 몰두하면서 투자와 고용이 급격히 줄어드는 국면이었다. 이에 정부는 내

1 97년 외환위기로 심대한 타격을 입었던 기업들은 재무건전성의 새로운 지표로 'BIS 자기자본비율(총부채/위험가중자산)과 부채비율 200%'라는 금융적 척도를 중요한 기준으로 삼게 되었다. 이렇게 금융 건전성이 구조조정의 핵심 사안으로 등장하면서 전통적인 산업발전의 논리나 고용과 임금은 '부채비율의 감소'를 위해 부차화되었다. 그리고 기업들은 신기술에 투자한다거나 산업을 확장하기보다는 현금을 보유하고 있는 것이 기업건전성 향상에 유리하다는 것을 깨닫게 되었다. 당시 기업들은 신규 사업에 대한 투자도, 고용창출도 없이 현금을 확보하느라 혈안이 되었다. 또한 은행은 더 이상 기업에 돈을 빌려주지 못하면서 어려움을 겪고 있었다. 가계도 줄어든 수입과 미래의 불안이 엄습해오면서 최대한 지출을 자제하는 상황이 지속되었다.

수를 부양시키기 위한 방법을 찾아야 했다. 방법은 정부투자를 늘리거나 민간소비를 늘리는 것뿐이었다. 정부는 부실은행 정리를 위해 160조가 넘는 공적자금을 투입했고, 98년에 한 해 벤처 육성을 위해 1.2조 원(집권 5년 동안 투여한 정책자금지원, 보증지원 총 11조 원)을 투여했다.

그러나 이것만으론 부족했다. 민간소비를 증가시키기 위한 특단의 대책이 필요했다. 그러나 당시 가계는 경제위기 국면에서 소비를 늘릴 수 있는 추가소득이 없었기 때문에 이도 쉽지 않은 상황이었다. 그래서 등장한 것이 98년 9월의 '내수진작 종합대책'이다. 이것의 주요 내용은 소비자금융을 확대해 돈을 풀어 소비를 부추김으로써 경기를 활성화한다는 것이었다. 그 방안은 신용카드의 수수료 인하와 인출한도 확대, 주택이나 가전제품을 구입할 때 이용되는 할부금융의 금리인하, 주택자금대출 확대 등이었다.

이것은 부의 재분배와 고용에 우선순위를 두는 사회보장 정책이 아니었다. 개인에게 신용카드를 쥐어주고, 빚을 내서라도 집을 사라며 경기부양의 책임을 가계에 전가하는 방법이었다. 고용불안은 날로 심각해지고 사회안전망은 취약한 상황에서 내수진작을 위한 방안으로 제시된 '소비자 중심의 신용카드 확대 정책'은 신용불량자를 폭발적으로 증가시키기에 충분했다. 정부가 진행한 신용카드 활성화 대책으로 카드의 발급과 사용 제한 규제가 대폭적으로 풀렸다. 그중 핵심이 '현금서비스 한도 폐지 조치'였다. 정부의 규제완화로 인해 신용카드 시장으로 재벌들이 몰려들었고 신용카드 발급은 과열경쟁으로 인해 기하급수적으로 늘어났다. 그리고 모두 알다시피 그 결과는 2003년 카드 대란으로 귀결되었다.[2]

1-2. '채무자'에서 '투자자'로 새롭게 호명된 경제주체, 그리고 "빚 권하는 사회"

그런데 이런 부양책은 단기간에 그친 것이 아니라 이후 한국경제의 양상을 바꾸는 계기로 자리 잡게 되었다. 가계가 저축을 하여 자금을 공급하고, 기업이 그 돈을 조달해 투자와 고용을 늘리는 전통적 방식에 변화가 생겼다. 이젠 가계와 기업 가릴 것이 모두 투자자가 되었고, 투자를 위한 자금조달자가 되었다. 오히려 기업은 재무구조의 건전성에 집착하면서 저축을 더욱 늘렸다.

그러는 가운데 은행은 기업대출 사업을 대체할 새로운 출구로서 '개인'이라는 새로운 시장을 발견하게 된다. 이런 환경을 조성하기 위해 정부는 저금리 정책을 취했고, 이것은 이후 노무현 정부에서도 계속 유지됐다.[3] 심지어 당시 노무현 정권은 '동북아 금융허브론'에서 보듯, 외환위기 이후 벌어진 한국경제의 변화를 좀 더 글로벌 스탠다드에 맞게 다듬고자 자본시장 선진화를 밀고 나가려고 했다.[4]

저금리 정책과 소비자금융 확대는 우리 사회가 "빚 권하는 사회"로

2 경제활동인구 1인당 카드 수 1999년 1.8장 → 2002년 4.6장
신용카드 전체 발급 수 1999년 38,993장 → 2002년 104,807장
신용카드 사용액 1999년 90조 7천억 원 → 2002년 622조 9천억 원

3 당시 저금리 정책으로의 전환은 한국만의 현상이 아닌 세계적인 현상이었다. 특히 미국의 경우, 2000년 들어 주식시장의 IT버블이 꺼지면서 경기가 급랭하자 새로운 부양책이 필요했었다. 더군다나 2001년 9.11 테러까지 터진 상태에서, 특단의 부양책을 취하는데 "빚의 평등화"라고 일컬어지는 소비자금융의 대대적인 확대였다. 이에 발맞춰 미국 중앙은행은 1%대 초저금리 정책을 취했다. 그리고 그 결과, 모두가 알다시피 극심한 부동산 거품을 불러들였고, 이에 연동된 각종 파생금융상품들이 2008년 세계 금융위기의 주범이 되는 배경을 만들게 된다.

4 이런 신자유주의적 부채-자산 경제의 등장은 한국만의 경향이 아니었다. 이미 미국을 비롯한 선진국들에서는 80년대부터 시작된 세계적인 현상이었다. 한국에는 97년 IMF 구제금융 당시 요구조건을 수용하는 계기를 통해 뒤늦게 이식되었다.

변하는 정책적 계기였고, 세계적인 부동산 거품과 맞물려 우리 사회는 다시 한 번 부동산투기 열풍에 휩싸이게 된다. 그 부동산투기 열풍의 대부분은 가구당 수억대 빚을 지면서 쌓아올린 빚더미 속에서 벌어진 일이었다. 심지어 재테크를 넘어서 "빚테크"라는 신조어가 생겨나기도 했다.

당시 경제일간지 제목을 봐도 우리 사회가 빚을 지는 것과 투자를 동일시하게 되었다는 점을 드러내준다.

> "빚 잘 굴리는 당신 부자 되겠네요" - 『한국경제』, 2006년 11월 5일

이런 사회적 변화는 2008년 금융위기 이후에도 별반 달라지지 않았다.[5]

> 빚더미 서민도 2억 주택 구매 가능? … 똑똑한 '빚테크' 노하우 - SBS, 2011년 10월 11일
>
> 불타는 증시… "빚내서라도 올라 탈래", 코스피 2200 넘나들자 '빚테크' 늘어 - 『조선경제』, 2011월 5월 2일

이처럼 "빚 권하는 사회"는 97년 외환위기 이후 역대 어느 정부를 가릴 것 없이 진행되었었다. 이것은 지난 17년간의 내수부양의 버팀목이 바로 '가계부채'였다는 점을 가리킨다. 자금조달로 인해 부채가 늘어나도

5 2004년부터 시작된 3년간의 투기열풍은 부동산에만 국한되지 않는다. 투자자로서의 새로운 사회적 규정은 각종 금융자산시장의 폭발적인 성장을 가져왔고, 누구나 펀드계좌 하나쯤을 가지고 있는 시대가 되었다. 펀드 계좌 수는 2003년 말 361만 개에서 2006년 1월 1천만 개를 넘었고, 미국 서브프라임 위기가 발발한 2007년 10월에 2천만 개를 돌파했으며, 리먼브러더스 파산 직전인 2008년 6월에는 2천 500만 개로 최고점에 이르렀다.

자산가격만 상승할 수 있다면 부채증가는 문제될 게 없을 것처럼 보였다. 그리고 그러한 조달능력을 '빚테크'라 칭송했다. 마치 개인도 이젠 기업처럼 자금을 조달해 투자를 하고 수익을 내는 주체로 변모한 것이다. 채무자인 동시에 투자자가 된 것이다.[6]

이러한 '일상생활의 금융화'는 대중들이 소비자신용을 통해 자본시장의 동학에 깊이 연루되었다는 경제적 현실만을 지시하는 데 그치지 않는다. 한때 '투기'나 '빚' 등 도덕적 어휘와 결부되어 비합리적이고 탐욕스런 행위로 간주되던 개인들의 금융적 행동이 이젠 "새로운 삶의 방식이자 자아 획득의 수단"이 되었다. '재테크'에 이어 등장한 '빚테크'라는 용어는 이러한 인식의 변화를 잘 표현해준다. 금융적 실천은 더 이상 요행을 바라는 탐욕이 아니라 복잡한 수학적 계산과 재무적 책임성에 기초하여 이루어지는 합리적 행위로 간주된다. 새로운 '금융적 합리성'에 따르면 오늘날 부자가 되기 위해선 안정적인 직장과 습관적인 저축행위가 아니라 과학적인 금융지식의 숙달과 체계적 실천(재테크)이

6 이제 가계뿐 아니라 더 나아가 개개인 하나하나까지 자신의 생활양식에서 투자자로서의 역할과 규율을 체현하게 되었다. 그래서 오늘날 많은 사람은 채무자인 동시에 투자자가 된다. 미래에 대한 불확실성으로 자신의 모자람을 느낄 때마다 자기 계발과 자기 경영에 몰두하게 되어 "자신의 일을 관리하고 자신의 미래를 돌보는 이상적 존재 모형"(주체화)이 되는 셈이다. 이런 개인과 가계의 금융적 포섭은 자본관계의 확장으로서 착취와 수탈의 강화이지만, 행복과 성공, 안전과 개인의 책임 등 다양한 윤리적 가치를 동원해 개인들을 주체화하고, 이를 통해 자본주의적 권력관계의 헤게모니를 강화시킨다. 그 결과 오늘날 자본-노동관계는 더 이상 경제적, 사회적, 정치적 삶의 중심에 놓이지 않으며, 금융시장에서 제로섬 게임을 벌이는 금융투자자들과 개별화된 계약관계로서 채권자-채무자 관계가 사회적 삶 전반을 지배하게 되었다. 이는 금융화가 추상적인 자본의 동학과 담론적 실천, 계급지배와 개인화의 전략이 교차하는 지점에 위치한다는 것을 의미한다. 즉, 금융화는 단지 당대의 현실을 묘사하는 술어적 규정이 아니라, 자본이 작동하는 지배적인 방식이자 자본주의적 권력관계에 따라 현실을 재현하고 주조하는 권력의 기술이다. 라자라토의 표현을 빌리면 "금융은 자본의 정치학"이다. 최철웅, 「금융화, 자본운동의 변화와 계급통치전략」, 참세상 주례토론회(2016. 3. 16).

필수적이다. 개인투자자를 위한 각종 금융 지침서들, 금융 섹션을 담은 신문과 24시간 금융뉴스를 전달하는 케이블TV, 금융정보를 교환하는 온라인 커뮤니티들, 공공기관과 금융기관이 제공하는 금융교육 프로그램에 이르는 미디어와 담론들의 범람은 이러한 메시지가 이미 한국사회에 성공적으로 안착했음을 증명하는 듯하다.[7]

2. 부채위기에서 사회재생산의 위기로

2-1. '투자자'에서 '푸어족'으로

그러나 이런 사회변화가 모두에게 이익을 가져오진 않았다. 한국도 미국처럼 2008년 금융위기를 계기로 빚테크의 환상이 깨지기 시작했다. 그리고 투자에 실패한 사람들을 가리키는 말들이 생겨나기 시작했다. '하우스푸어'가 바로 이것을 지적하는 말이다. 그리고 '하우스푸어' 문제는 '역전세', '깡통주택', '깡통전세'라는 말을 만들어냈고, 그 불똥은

7 개인의 금융투자와 대출기회 확대는 단지 합리적인 이익추구 행위라는 점에서만이 아니라 '금융의 민주화'라는 측면에서도 정치적으로 정당화되었다. 최첨단 금융공학으로 무장한 금융시장은 순수한 시장의 전형으로 여겨졌고, 자유 시장의 옹호자들은 금융이 기업만이 아니라 개인들에게도 자산을 축적할 수 있는 최선의 기회를 제공한다고 주장해왔다. 금융민주화론에 따르면 신용등급이 낮은 저소득층은 제1금융권으로부터 급전을 빌리지 못해 고금리의 사금융을 이용할 수밖에 없고, 그로 인해 불법추심의 위험에 노출되곤 한다. 따라서 신용등급이 낮은 '금융 소외자'에게까지 금융의 문턱을 낮추고 그들에게 자산축적의 기회를 보장해주어야 한다는 것이다. 특히 한국사회에서는 외환위기 이전까지 개인에게는 저축이 강조되고 대출은 주로 기업을 대상으로 이루어졌기에, 개인이 은행에서 돈을 빌리는 것은 일종의 특혜로 간주되었다. 그 결과 신용등급이 높지 않은 서민에게 돈을 빌려주는 행위야말로 금융권이 해야 할 사회적 책무인 것처럼 여기는 분위기가 형성될 수 있었다. 최철웅, 「금융화, 자본운동의 변화와 계급통치전략」, 참세상 주례토론회(2016.3.16).

전세금을 날린 위기에 처한 세입자에게까지 번지게 되었다. 실제 배당 순위에 밀려 전세금 1억 3,000만원을 모두 날린 사연 등이 뉴스에 종종 소개되기까지 했다.

이런 상황까지 벌어지자 MB 정부는 부동산 부양정책으로 모든 내수부양책들을 맞추게 된다. 여기에 세금감면은 단골손님처럼 등장하는 대책들이었다. 그리고 박근혜 정부 들어서도 마찬가지였다. 그리고 2014년 급기야 부동산 대출을 늘리기 위해 금융규제를 완화시켰고, 전세대책은 집을 싸게 구매하는 것으로 변질되게 되었다. 이 과정에서 세계적인 초저금리 정책 환경에 따라 한국은행도 1.25%(2016년 6월)까지 금리를 낮춤으로써 정책보조를 같이 하게 된다.

이처럼 주택담보대출 금리인하정책과 모기지증권(MBS) 시장 활성화 정책에 따라 전세수요자들을 주택매매시장으로 인입시킬 수 있는 금융적 환경이 조성되었다. 여기에 저금리 상황이 오랫동안 지속되면서 전세공급량이 부족해지면서, 전세수요자들이 전세대출을 늘리거나 주택매매를 선택함으로써 가계대출이 증가하게 되었다. 이러한 가계부채 증가는 다시 내수부양의 효과로 주택시장을 자극시켰고, 2015년 90년대 이후 가장 많은 70만 호에 이르는 주택분양 물량을 쏟아냈다. 결국 다시 한 번 가계가 내수부양의 버팀목으로 동원된 것이다.

물론 이들에게는 주택이라는 물질적 자산이 존재한다. 하지만 주택은 자신이 거주하는 한, 임대소득을 증대시킬 수 있는 자산이 아니라 감가상각이 이뤄져 소비되는 재화다. 그래서 부채 상환을 위해선 다른 소득원이 계속 필요하다. 주거안정과 억대 빚을 비교했을 때, 어떤 선택이 옳았는지는 안정적인 대출상환의 여건들(일자리와 소득)을 얼마나 오랫동안 지속시킬 수 있는가에 있을 것이다.

한편, 내수부양의 버팀목이 되는 가계는 주택에만 등장하지 않는다. 사실 문제는 더 심각한 부채위기를 겪고 있는 '자영업푸어'에 있다. 2008년 경제위기를 거치면서 노동시장이 불안정해지자 자영업자와 저소득층 중심으로 부채의 위험이 높아졌었다. 부채양상도 주택구매뿐만 아니라 생활자금과 생계형 사업자금으로도 확대되었다. 그리고 자금조달 기관도 금리부담이 높은 제2금융권으로까지 확대되었다.

이처럼 생계형 '자영업푸어'가 양산되는 건, 그동안 투자자로 호명되었던 가계가 점차 한계기업처럼 되고 있는 걸 보여준다. 결국 가계가 기업의 투자공백을 근근이 빚으로 메우는 셈이다.[8]

그러나 '자영업푸어' 대부분은 퇴직, 실직 등으로 인해 노동시장에서 탈락한 비자발적 자영업자들이다. 그래서 '자영업푸어'의 문제는 노동시장 문제와 함께 들여다봐야 한다. 현재 자영업자들의 경우, 과당 과밀경쟁으로 인해 수입은 떨어지는데, 임대료 등의 고정비용은 쉽게 떨어지지 않고 있다. 이런 상황에서 3년을 못 넘기는 자영업자가 70%에 이르는 형국이다.

이렇게 내수부양을 위해 희생된 이들은 대출상환을 위한 소득부족과 고정경비 지출확대를 감당하지 못해 재생산의 위기에 몰리고 있다. 이것은 주택담보대출 용도가 주택구입이 아닌 대출 상환과 생계자금 마

8 가장 많이 종사하는 업종은 도소매 및 음식숙박업으로서 전체의 30.9%에 달한다. 사업·개인·공공서비스(24.3%), 농립어업(18.6%). 자영업자들의 연간 평균소득은 2012년 기준 3,472만원으로 임금근로자의 평균소득(3,563만원)보다 적다. 남성의 연간소득(3,981만원)이 여성(2,313만원)보다 약 1.7배 높고, 연령별로는 40~49세가 4,159만원으로 60세 이상의 평균소득(2,032만원)보다 2배 정도 많고, 30세 미만은 1,773만원으로 전체 평균(2,897만원)에도 미치지 못했다. 반면 대출규모는 임금근로자보다 월등히 높다. 자영업자 차주 1인당 대출규모는 1억 1,700만원. 이는 임금근로자 1인당 대출규모인 3,800만원의 세 배에 달하는 수준이다. 출처: 통계청, KB금융지주연구소.

련에 사용된다는 조사결과를 통해서도 확인할 수 있는 대목이다.

한국의 가계자산의 80%가 실물, 즉 주택에 묶여 있는 상황에서 다른 소득재원이 없는 한 주택담보대출에 의존할 수밖에 없다. 왜냐하면 1가구 1주택인 경우 집을 팔아서 빚을 갚을 선택을 하기 힘들기 때문이다. 이 선택을 하기 위해선 다시 주거비용 마련을 위해 빚을 내야만 한다. 이런 한국의 자산분포 현황은 다른 선진국들과 매우 다른 것으로서, 이들에 비해 한국의 가계부채가 매우 심각하다는 것을 보여준다.

정리하면, 우리가 직면한 가계부채 위기는 한계 상황에 다다른 신자유주의적 부채-자산 경제의 모습을 그대로 보여주고 있다. 이 위기에서 위기대응의 양극화가 발생하고 있다. 담보자산의 유무, 자산가격의 수준에 따라 가계가 처한 재생산 위기는 시간차를 두고 확대되고 있다. 왜냐하면 자산효과(wealth effect)에 기댄 재생산구조는 자산가격의 변동에 좌우되기 때문이다. 그리고 가계실질소득이 꾸준히 감소하면서 가계는 새로운 소득원을 찾기 위한 투자자가 되길 요구받고 있다. 이런 결과 기업의 투자회피와 부채축소로 인해 생긴 내수부양의 빈자리를 가계가 낮은 생산성과 고비용구조 속에서 십여 년째 이를 메우고 있는 형국이 벌어지고 있다.

2-2. 약탈적 대출과 빈곤비즈니스 – 빚으로 빈곤을 해결하라?

한편 이렇게 자산투자에 실패한 '푸어족'만 있는 것이 아니다. 가계부채의 대부분이 부동산담보대출이고 세대별로는 50대, 중산층이 많은 부채를 가지고 있지만, 10%의 빈곤계층의 가계부채는 실제 그들의 생존이 빚을 통해 이어지고 있다는 데 그 심각성을 더하고 있다. 전체

1,788만 가구 중 412만 가구가 저소득층이고, 412만 가구 중 156만 가구가 금융대출이 있는 상황이다. 이 중의 절반은 연체경험이 있는 것으로 나타났고, 저소득층의 대출 잔액은 연 가처분소득의 8배 이상인 상황이다(통계청, 2012년 가계금융복지조사).

이러한 빈곤계층의 가계부채 문제의 시작은 97년 외환위기로 거슬러 올라간다. 당시 대량의 실직과 비정규직의 증가는 이른바 '노동하는 빈곤층'(working-poor)을 대대적으로 양산했다. 물론 워킹푸어의 등장이 곧바로 가계부채의 증가로 이어지지는 않는다. 문제는 정부의 경기부양책이 개인의 신용에 맞춰지면서, 빚으로 빈곤을 해결하는 방법을 만들었던 것이다. 그리고 앞서 지적한 바처럼 이미 2003년 카드대란 당시, 신용불량자가 400만 명에 육박하는 상황이 벌어졌다. 당시 신용불량자들의 신용카드 사용내역을 보면 현물구매에 사용된 것이 아니라, 대부분 현금서비스에 집중되어 있었는데 여기서 생계를 위한 비용을 충당하기 위한 사용이 주를 이뤘다는 점을 알 수 있다. 빈곤한 서민들은 불안정한 노동으로 인한 임금하락을 현금서비스로 보충하며 경제위기를 견디어냈던 것이다. 그리고 이것은 지금까지도 계속되고 있다.

이제 '푸어족'이라는 말은 신조어를 만드는 제조기가 되었다. 학자금대출로 고통 받는 '에듀푸어', 결혼을 빚으로 시작하는 '웨딩푸어', 수년간 벌어진 전세급등으로 인해 전세대출을 상시적으로 끼고 살 수밖에 없는 '전세푸어'까지 등장했다. 가히 '푸어족' 전성시대라 할 만하다. 이젠 삶의 모든 영역이 빚으로 메워야 재생산할 수 있는 시대가 되어버렸다.

그리고 이러한 경향은 우리 사회에 '약탈적 대출'이라는 사회악을 만들었다. 영화 〈화차〉와 드라마 〈쩐의 전쟁〉 등이 대중적 관심을 받은 것도 이런 사회상을 반영하는 것이기도 하다. 각종 대부업체와 카드사, 저축은행 등을 통해 이뤄지는 약탈적 대출은 워킹푸어를 계속 빈곤에 머무르게 만든다. 여기서 이들이 벌어들이는 수익이 어느 정도인지는 하루에 수십 번씩 도배되는 이들의 TV 광고를 보면 가늠할 수 있다. 이들은 금융시장에서 저금리로 싸게 자금을 조달하여, 대출시장에서 20-30%에 이르는 고금리 대출사업을 벌인다.

이러한 약탈적 대출의 경향은 지금까지 지속되고 있다. 이렇게 가계부채를 염려하면서도 가계부채가 계속 늘어날 수밖에 없는 구조적 현실에서, 가계부채를 관리한다는 것은 개인들의 능력에만 맡길 일이 아니다. 사회적 대안이 필요한 상황이다.

그러나 정부가 이들에게 취해야 할 사회보장사업은 저소득층 대출프로그램으로만 두드러지게 드러난다. 이러다 보니 채무자들도 싸게 돈을 빌리는 것이 일종의 복지라는 인식까지 갖게 되었다. '국민행복기금'이나 '햇살론' 등의 형태로 일종의 빈곤비즈니스를 형성하고 있다. 빈곤비즈니스란 일본에서 시작된 것으로 빈곤층을 주 대상으로 하는 산업을 말한다. 다시 말해 "빈곤층을 대상으로 하되, 빈곤으로부터 벗어나는 데 기여하는 것이 아닌, 빈곤을 고정화하는 비즈니스"를 말한다.

이렇게 십여 년간 이어진 약탈적 대출과 빈곤비즈니스는 우리 사회에서 내수경제의 한쪽을 담당하고 있다. 이들이 빌린 대출금의 대부분은 생계를 위한 소비로서 내수 경제에 흘러 다니고 있고, 대출상환을 위해 이들 대부분이 하루도 쉼 없이 벌이고 있는 노동은 우리 사회에서 저임금 서비스업의 중추를 이루고 있다.

2-3. 청년부채, 노년부채

그런데 이러한 약탈적 대출과 빈곤비즈니스의 심각한 문제는 장기적으로 가계의 생산동력을 갉아먹는다는 데 있다. 아무리 노력해도 빚의 굴레에서 벗어날 수 없다는 판단이 들면, 누구든 건실한 삶을 포기하려들 것이다. 최근 '헬조선'이라는 말이 유행처럼 퍼지는 것은 이런 삶의 전망을 포기하는 것이 일부 열악한 계층만의 문제가 아닌 사회 전반적인 현상으로 확산되고 있다는 것을 방증한다. 자신과 타인의 노동에 대한 자존감을 떨어뜨리고, 진지한 성찰과 노력을 가치 없는 것으로 치부하도록 만드는 상태에서는 사회재생산 구조가 하나둘씩 무너질 수밖에 없다. 최근 세계적으로 심각하게 제기되고 있는 소득불평등의 문제에 대해 많은 연구자들과 정치지도자들이 그 위험성을 지목하는 이유는, 이것이 계층 간 갈등을 증폭시키고 사회재생산의 토대를 무너뜨리고 있기 때문이다. 특히, 미국과 유럽의 몇몇 선진국들의 경우 청년세대의 좌절이 IS에 동조하는 극단적 종교주의와 묻지마 총기난사와 같은 외톨이형 범죄 등으로 표출되고 있어 심각한 사회문제로 드러나고 있다. 우리도 청년세대의 좌절과 재생산 위기가 급증하고 있다. 최근 "청년부채"라는 말까지 등장하면서 부채위기 계층에 청년들이 등장하기 시작했다. 첨언하면, 청년창업을 장려하는 정부의 정책도 다른 한편에서 보면, 돌파구를 찾지 못하는 청년세대의 고통을 우회적으로 드러내는 것이라고 볼 수 있다.

신용회복위에 따르면 2010년부터 2014년까지 신용회복위에서 채무조정에 들어간 사람의 약 10%가 20대(약 4만 2,300명)인 것으로 나타났다. 20대 채무 조정 신청자의 대부분은 대학생들이었다. 이젠 빚 때문에 학교를 잠시 쉰다는 말이 별 이상하지 않은 얘기가 되어버렸다. '대학생 대출'이라고 인터넷 검색만 해도 대출상담 사이트가 줄줄이 뜬다. 100만 원당 한 달에 2~3만원 이자(월 금리 2~3%) 정도인데, 연 금리로는 24~36%에 해당하는 고금리이다.

2014년 가계금융복지 조사에 따르면 학자금 대출로 시작된 청년부채는 부채의 절대적인 크기는 상대적으로 높지 않지만 2013년 대비 30세 미만 청년이 11.2%로 가장 많이 늘어났고, 30~39세 청년들 또한 7% 늘어났다. 이는 청년의 삶이 대출을 늘리지 않고서는 점점 살아가기 어렵다는 걸 보여준다.

청년들에게 가장 큰 빚 부담으로 작용하는 건 학자금대출뿐만 아니라 생계비의 커다란 부분을 차지하는 주거비용이 있다. 한국은행 가계금융복지 조사를 통해 살펴보면, 30세 미만의 주거비 부담이 평균 347만원으로 다른 계층보다 높다는 것을 알 수 있다. 주거비의 특성상 줄일 수 없는 항목이다. 다른 항목은 다른 계층에 비해 낮은 소비지출을 보이고 있다.

한편 청년보다 부채비율 높은 노인계층의 부채는 더욱 심각하다고 할 수 있다. 더구나 이들은 이미 생애주기 동안 벌어들인 자산을 모두 소진한 상태라서 상환능력도 막막한 경우가 대부분이다. KDI 「고령층 가계부채의 구조적 취약성」 보고서에 따르면 고령층의 소득 대비 가계부채 비율은 161%(전 연령층 128%)로서 60대 이상 고령층의 가계부채 구조가 주요국에 비해 취약한 것으로 드러났다. 60대 이상 가구의 소득 대비 가계부채 비율이 전 연령층 평균보다 높게 나타난 곳은 비교 가능한 주요국 중에서 한국이 유일하다. 외국과 비교했을 때 우리나라 고령층의 가계부채 상환부담이 상대적으로 더 심각하다는 의미다.

이런 상황 속에서 주택이라는 자산이 있는 경우 주택연금과 같은 자산유동 방식으로 대응할 수 있겠지만, 특별한 자산을 보유하지 못한 노인빈곤층의 경우는 어쩔 수 없이 은퇴 이후에도 소득보전을 위해 노동시장의 문을 두드리게 된다. 가구 소득 중 연금 및 이전소득이 차지하는 비중은 29%밖에 되지 않기 때문이다. 반면 독일과 네덜란드의 관련 비율은 70%를 상회한다.

한편 한국의 노인 빈곤율 50%는 다른 나라와 비교하기 힘든 압도적인 수치이다. OECD의 연금 제도 및 정책에 대한 보고서인 「2015년도 한눈에 보는 연금」(Pension at a Glance 2015)에 따르면 2014년 우리나라 65세 이상 노인 빈곤율은 OECD 평균인 13%보다 4배나 많다.

이런 점에서 보면, 최근 세대 간 불평등을 강조하는 담론들, 가령 노인층이 청년들의 소득창출을 막고 있다는 식의 선전은 우리 사회의 모습을 왜곡시키고 있다. 부채위기를 비롯한 삶의 재생산 위기는 전체 모든 계층에게 드러나는 현상이며, 저소득층, 자영업자, 실직자 등에 더욱 가중되어 있다. 노년부채의 증가 원인도 퇴직 및 실직 후 생계형 자영업에 뛰어들어 생겨난 부채 등이 주를 이룬다.

3. 사회재생산 위기의 해결을 위한 대안적 모색

3-1. 국가주도 투자의 재등장

가계부채의 심각성은 이미 수년 전부터 얘기되어 왔고, 이에 대한 대책들도 무수히 많이 나왔었다. 그러나 앞서 지적했듯, 내수부양의 빈자리를 가계가 낮은 생산성과 고비용 구조 속에서 계속 메울 수밖에 없는 현실에선 부채위기의 해결은 요원하다. 먼저 이 상황을 이해하기 위해 거시경제 항등식이라 불리는 국민총소득을 통해서 이야기를 풀어보고자 한다. 국민소득 Y = 총지출 C(소비) + I(투자) + G(정부지출)로 이뤄진다. 경제학에서는 이 순환이 순조롭게 움직이기 위해 저축(S)과 투자(I)가 같다고 가정한다. 상식적으로 생각해도 저축으로 남는 돈이 생겨야 투자가 이뤄지기 때문이다. 보통 가계가 저축한 돈을 기업이 빌려서 생산으로 투자한다고 보는 것이다. 은행은 이 자금을 중개하는 역할을 한다. 기업경영의 일반 형태는 차입경영이기에, 기업이 가장 큰 자금수요자인 셈이다.

그러나 경제위기가 발생하면 기업은 부도위기에 몰리기 때문에 차입경영을 축소하고 부채관리에 들어간다. 투자가 줄어드는 것이다. 그러면 앞서 경제학에서 가정했던 저축(S)과 투자(I)의 불일치가 발생한다. 저축보다 투자가 작아져 은행에 단기성 부동자금이 쌓이게 된다. 총수요가 감소하는 것이다. 흔히 시중에 투자처를 찾지 못해 떠도는 단기부동자금이 몇 백조가 된다는 등의 뉴스가 나오곤 하는데, 바로 이런 현상과 관련 있다.

앞서 지적했던 것처럼, 97년 외환위기 상황이 그러했다. 2008년 금융위기 상황도 마찬가지다. 그러면 여기서 보통 정부는 일시적인 경기부양책을 써서 불황국면을 반전시키고자 한다. 그런데 그 경기부양책으로 총지출이 다시 늘어나면, 그 수혜의 대부분은 기업들이 먼저 가져간다. 문제는 기업이 그 이익을 다시 재분배하기 위해 즉각적인 투자로 전환하지 않는다는 점이다. 앞으로의 경기전망이 비관적이기 때문에, 안정적인 부채 관리를 위한 현금 쌓기에 몰두한다. 신규투자는 물론이거니와 기존 설비의 가동률도 떨어뜨리고 인력도 감축한다. 그렇게 되면 수년 동안 실물경기의 불황은 지속될 수밖에 없다. 만약에 이 상황이 고착화되면 소위 장기불황이 이어지는 것이다. 흔히 일본의 '잃어버린 20년의 불황'이라는 것이 이것을 말한다.

이제 기업에서 가계로 자금순환의 '손바뀜'이 일어난 지 어언 18년이 가까이 되고 있다. 그리고 그 '손바뀜'으로 내수부양의 버팀목이 되어왔던 가계는 이제 한계상황에 이르렀다. 그렇다면 이제 누가 바통을 이어받아야 할 것인가?

대부분의 사람들은 다시 기업들이 투자와 고용을 늘려야 한다고 주장한다. 그래서 기업투자 활성화를 위한 규제완화에서부터 사내유보금 환수를 위한 '부자증세'까지, 진보와 보수를 가릴 것 없이 대부분의 정치지도자들은 문제해결의 초점을 기업에 맞추고 있다. 수출대기업 중심으로 구축된 한국경제의 구조상 이들로부터 재분배가 시작될 수 있으리라 보기 때문이다. 일면 타당한 분석이다. 그래서 역대 어느 정권도 기업들을 향해 신성장동력 창출을 위한 구애를 멈춘 적이 없었다. 기업총수의 특별사면도 언제나 그들에게 경제활성화를 위한 투자를 기대했기 때문이다.

그러나 과연 대기업들이 자신들의 이익을 국민경제를 위해 내놓은 게 얼마나 될까? 97년 신자유주의 경제체제가 고착화된 이후, 기업의 일반적인 투자행태는 유보이윤 이상을 투자하지 않는 것이다. 기업부채의 대부분도 기업의 자산가치 증대를 위한 금융자산 형태로만 운영되고 있다.[9] 그리고 사내유보금 중 200조에 가까운 현금성 자산 중에서 80%가 삼성, 현대를 비롯한 5대 재벌에게 몰려 있다.

다시 앞의 거시경제 순환으로 되돌아가 보자. 기업과 가계 모두 현 위기상황을 돌파할 수 있는 주체가 아니라면, 우리는 정부라는 주체에 대해서 다시 주목할 필요가 있다. 지난 대선 무렵부터 복지국가, 경제민주화 담론 등이 대중적으로 주목 받았던 이유는 대중들이 더 이상 개인화된 방식으로 위기를 해결하는 데 한계에 직면하고 있기 때문이다.

그런데 경제민주화라는 어젠다를 선점했던 박근혜 정부는 자신의 공약을 뒤집고 경제민주화를 경제활성화와 부당하게 대립시켰다. 여전히 기업을 중심으로 경제성장을 도모하고자 하는 과거의 오래된 인식에서 벗어나 있지 못하다. 그리고 정부는 균형재정론에 근거한 최소한의 위기관리정책만을 다룰 뿐이다. 그러나 박근혜 정부도 자인하는 바처럼 복지재정으로 들어가는 재정은 꾸준히 늘고 있다. 자연증가분이 존재하기 때문이다. 아무리 다른 이유를 갖다 붙여도, 실제적으로 정부의 재정지출과 가계부채만이 경기를 지탱하는 유일한 버팀목이다.

그렇다면 이제 우리는 국가의 역할에 대해서 '효율성'에만 집착했던 사고를 크게 전환시킬 시점에 있음을 인정해야 할 것이다. 효율적인 재정관리는 매우 중요하다. 그렇지만 생산의 토대마저 침식시키는 사회재생산의 위기 앞에서 효율성에만 집착하는 것은 어리석다. 그릇이 계

9 통계상 전체적으로 볼 때 그러한데, 대기업과 중소기업으로 양극화된 한국경제 특성상, 이런 경향은 부채관리가 안정적이고 이윤이 많은 대기업에서 두드러진다. 중소기업들은 여전히 운영자금조달에 애를 먹고 있다. 첨언하면 97년 이후 '이윤대비 순투자비율'은 뚝 떨어지게 된다. 그리고 세금, 이자, 배당을 지불하고 난 유보이윤 수준으로 투자규모가 줄어들게 된다. 보통 기업들이 대출을 통해 신규투자를 늘리는 경향이 존재한다. 하지만 97년 이후 신자유주의적 기업지배질서 속에서 기업은 유보이윤 이상을 투자하지 않는 주체로 바뀌었다. 97년 이후 기업의 축적률(자본스톡 대비 순투자)은 유보이윤율(자본스톡 대비 지불 후 이윤)과 정확히 일치하고 있으며, ROE(자기 자본 이익률)보다 높은 수준이다. 여기서 ROE는 자본스톡 및 재고, 그리고 인플레이션을 보정한 마이너스 순부채를 고려한 것이다. 한국의 비금융법인의 순부채는 줄곧 증가하였지만, 인플레이션을 보정했을 때 2000년대 이전 ROE와 유보이윤율은 대체로 일치한다. 하지만 2000년 이후 인플레이션 효과 및 구조조정을 원인으로 ROE와 유보이윤율은 분기한다. ROE을 기준으로 할 때, 비금융법인 축적률은 ROE보다 높다. 김먹민, 「신자유주의 위기와 세계경제」, 참세상 주례토론회(2015.10.26).

속 깨져나가면서 작아지고 있는 상황을 직시해야 한다. 지금의 가계부채 위기를 개인의 재무관리의 실패로 봐야 할지, 신용위기의 잠재적 위험으로 봐야 할지, 아니면 침식되는 사회재생산의 위기로 봐야 할지, 어떤 시각으로 바라보는가에 따라 그 풍경이 달라진다. 우리는 가계부채 위기를 사회재생산의 위기로 보고자 한다.

3-2. 국가재정과 화폐체제

그러므로 이젠 국가의 역할과 재정정책에 대해 새롭게 접근할 필요가 있다. 국가가 직접 사회적 효용을 식별하고 공공투자를 이끄는 방식으로 부채 문제에 대해 개입해야 한다. 국가는 더 이상 시장을 관리하는 주체가 아니라 생산과 분배를 책임지는 주체로서 본연의 역할을 되찾아야 한다. 그렇기 때문에 재정에 대한 보수적 이데올로기를 극복해야 한다. 가령 복지재정을 논할 때마다 등장하는 "재원은 어디서?"라는 말은 국가는 기본적으로 돈을 가지고 있지 않다는 것을 전제하는 말이다. 그런데 과연 우리 사회에 돈이 없는 걸까? 국부펀드 규모만 100조이고, 한국은행의 외환보유고만 해도 400조이다. 설령 이 돈이 건드리지 못하도록 고정된 돈이라면, 공공부채를 통해 자금을 조달하면 된다. 국민연금 500조가 쌓여 있는데 이 돈을 국가가 요즘 회자되고 있는 50년 초장기국채로 조달하는 건 어떨까? 주식시장의 출렁임에 따라 수조 원의 손실을 보고 있는 이 기금을 국가재정으로 안전하게 투자하는 게 더 낫지 않을까? 이미 국민연금이 보유한 국채가 100조가량 된다. 국민연금의 성격이 노후보장기금이라면, 이것을 국가재정에 투자하여 더 나은 재생산체제를 사회적으로 건설하도록 하는 것이 훨씬 현명한 투자일

〈국가부채의 출발과 조세기반 화폐체제〉

중앙은행		재무부	
부채	자산	부채	자산
화폐	국채	국채	미래조세

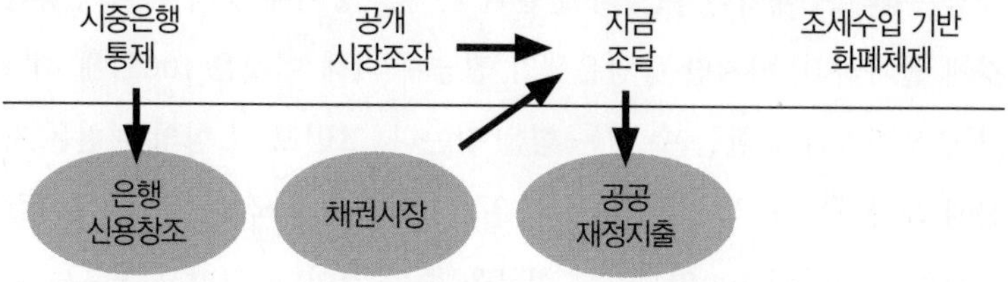

것이다. 이것이 일본이 했던 방식이다. 국내 연기금들이 일본 국채의 주요한 매수자였고, 이 자금순환을 통해 일본은 20년 넘게 버텨 왔던 것이다.

그런데 여기서 정작 중요한 것은 돈의 조달이 아니다. 조달된 돈을 어떻게 쓸 것인가이다. 4대강 사업처럼 토건재벌들한테 몰아주거나 사회적 효용은 불확실한 채 운영비용만 늘리고 있는 애물단지를 만들어선 곤란하다. 각종 국제행사를 치르기 위해 지었던 경기장, 박람회장, 전시물 등이 일회성 행사가 끝나고 지자체 재정을 좀먹는 블랙홀이 되어가고 있는 현실을 우리는 너무도 많이 목격하고 있다.

실제 국가는 거둬들인 세금만으로 재정을 지출하지 않는다. 국가에 의해 보증되는 화폐는 미래에 창출할 부가가치를 담보로 만든다. 그러므로 국가의 권능에 의해 발권되는 화폐가 국가 수중에 없다고 가정하는 건 아무리 봐도 어불성설이다. 위 그림에서 보듯, 우리 사회에서 화폐체계를 지탱하는 국가가 사회재생산의 위기국면에서 자금수요의 주체이자 생산의 주체로 나서는 게 전혀 이상한 일이 아니다.

여기서 부채라는 개념을 책임이라고 해석하고 자산을 능력이라고 생각하면 이해하기 쉽다. 능력이 있어야 책임질 수 있는 힘이 만들어지기 때문이다. 만약 중앙은행이 100억이라는 돈을 발행했다면 이것은 곧 중앙은행의 부채이다. 이것의 물질적 가치는 종이에 숫자를 적어 놓은 것에 불과하다. 하지만 중앙은행의 권능에 의해 이것은 100억에 해당하는 물건들과 교환할 수 있는 힘을 갖는다. 그리고 그 힘의 원천은 자산에 해당하는 국채이다. 중앙은행은 100억만큼의 국채를 받고 국채를 발행한 정부한테 100억이라는 현금을 주는 것이다. 그리고 정부는 이 돈을 공공사업을 위한 재정지출에 사용한다. 역시 정부도 100억의 부채가 있는 것이므로 이에 대해 그 책임을 질 수 있도록 힘을 부여하는 자산을 가져야만 한다. 그것이 바로 세금이다.

그런데 중앙은행과 정부는 동일한 국가의 기관으로서 서로가 역할만 달리 부여받았지 그 목적은 동일하다. 그러므로 이들의 대차대조표를 하나로 통일시키면 중간에 매개물인 국채는 소거될 수 있다. 중앙은행의 자산과 정부의 부채를 서로 더하면 플러스와 마이너스의 합이 영이 되기 때문이다. 그러면 국가가 발행한 화폐의 원천은 그 공동체 구성원들이 내는 세금이라고 할 수 있다. 그래서 이것을 '조세기반 화폐체제'라고 부르는 것이다.

그런데 여기서 세금의 실체는 과연 무엇일까? 만약 거둔 세금이 이미 정부한테 있다면 굳이 정부가 국채를 발행할 이유는 없을 것이다. 그러므로 세금의 실체는 지금 당장 눈에 보이는 돈이 아니다. 바로 미래에 거둬들일 돈이다. 앞으로의 경제활동을 통해 거둬들일 수 있을 것이라 예상하는 돈인 것이다. 그러므로 이 미래조세의 실체는 생산력, 경제력, 더 나아가 사회통합력, 심지어 군사력까지 아우르는 개념이라고 할 수 있다. 과거에 왕들이 자신이 지배하는 영토에 화폐를 발행할 수 있었던 건, 왕이 군사력으로 영토를 보전하고 사회통합력으로 원활한 생산 활동을 보장했기 때문이다. 만약 이것이 실패한다면 왕이 발행한 화폐는 그저 쓸모없는 장식물에 불과할 것이다.

이처럼 이 미래조세가 상징하는 힘은 생산력부터 사회통합력, 군사력까지 포괄하는 매우 큰 집단적 개념으로서 화폐권력의 원천이라고 할 수 있다. 과거엔 왕이 이 힘들을 독점했다고 한다면, 현대사회에서는 민주적으로 위임받은 권력집단이 이를 통제하고 관리한다. 그래서 화폐에 대한 접근을 공평하게 배분할 수 있는 근거가 바로 이 화폐권력의 기초를 이루는 민주적 공동체에 있다고 할 수 있다.

3-3. 사회적 소유와 재생산의 사회화

현재 우리 사회가 겪고 있는 가계부채 위기는 한편에서는 소득부족의 원인도 있지만, 열악한 복지체계 속에서 가계가 감당해야 할 영역이 많기 때문이기도 하다. 그래서 가계가 선택할 수밖에 없었던 전략은 자산형성을 통해 낮은 복지를 대체하는 것이었다. 그리고 실제 국가는 가계의 자산형성을 돕는 세금정책과 부동산 시장을 활성화시키는 내수정책을 취함으로써 이에 일조했다. 그러나 이제 그 자산형성 지원정책이 한계를 맞이하고 있다. 왜냐하면 부동산 시장에 신규 진입하는 가계들은 이미 오를 대로 오른 자산가격을 구매하기 위해선 높은 부채를 질 수밖에 없고, 높은 부채를 통해 자산을 구매한 가계는 자산가격 하락을 감당할 수 없기 때문이다. 진퇴양난인 것이다. 이에 대해서 MB 정부와 박근혜 정부가 취했던 방식은 연착륙이라는 명분으로 자산가격을 유지하는 정책이었다.

현재 우리가 주목하는 한계채무자들의 부채위기는 소득으로 감당하기 힘든 고부채의 문제일 뿐만 아니라, 저복지로 인한 재생산체계의 위기이기도 하다. 이를 함께 고민해야 한다. 이러한 복지체계를 좀 더 적극적인 방식으로 사회화시키는 것이 필요하다. 이것을 재생산의 사회화라고 부를 수 있을 것이다.

그 시작은 국가의 재정정책과 산업정책[10]을 재활성화하여, 사회적 소유에 기반한 공적 자산을 늘리고 국가가 책임지는 고용안정체계를 확립하는 것이다. 이것은 사회적 부가가치를 창출하고 이로부터 재생산을 사회화시킬 수 있는 재원을 확보할 수 있을 것이다. 그리고 사회화된 재생산체제는 안정적인 사회재생산과 국가재정의 미래조세를 뒷받침할 토대가 될 것이다.

그렇다면 새로운 산업정책의 첫 단추는 어디서 발견할 수 있을까? 지난 10년간 서비스업 취업자 수 변화 중 가장 커다란 증가세를 보이는 건 단연 보건 및 사회복지 서비스 업종이다. 2004년 60만 명 수준에서 2014년 170만 명 수준으로 약 3배가량 증가했다. 서비스업을 제외한 다른 제조업이나 건설업 등의 취업자 수 변동은 거의 없는 편이기 때문

10 산업정책은 전통적으로 시장실패를 명분으로 특정 산업을 육성하기 위해 정부가 인위적으로 자원배분에 간여하는 것으로 인식되고 있으나, 산업정책의 개념을 실물경제의 잠재성장능력 강화를 목표로 하는 제 정책으로 재정의할 필요가 있다. 성장잠재력 제고에 직접적으로 도움이 되는 공공재로서 산업인프라 확대를 추구하는 전략이 되어야 한다. 그래서 새로운 산업정책은 사회재생산의 위기에 대응할 수 있도록 GDP 목표와 같은 숫자제시형 정책이 아니라 가치지향적 산업정책으로 제시할 필요가 있다. 흔히 우리가 알고 있는 GDP 성장은 사회적 후생을 표현하는 최소한의 필요조건이지 충분조건은 아니라는 점을 간과하지 말아야 한다. 가치지향적 경제사회발전의 개념을 현실화하기 위해서는 대안적 GDP(GDP+소득분배+삶의 질+환경 등)의 활용을 적극적으로 검토할 필요가 있다.

에, 보건 및 사회복지 서비스 업종이 전 산업을 통틀어 가장 취업자 수 증가폭이 큰 업종이라 할 수 있다.

여기서 우리가 짚어볼 수 있는 대목은, 이런 추세로 볼 때 가장 고용 효과가 큰 보건 및 사회복지 서비스업이 한국사회 산업변화의 중심에서 있을 수밖에 없다는 점이다. 그래서 2013년 박근혜 정부 초기, 서비스시장 발전계획안을 두고 의료민영화 논란이 불거졌었고, 삼성과 같은 재벌대기업이 노리고 있는 다음 '먹거리'가 여기서 나올 것이라 진단하고 있다. 그리고 박근혜 정부가 적극적으로 추진했던 규제완화 정책은 바로 이것을 겨냥한 것이라 볼 수 있다.[11] 그런데 다른 한편으로 보면, 이것은 사회재생산 구조에 위기가 발생하고 있다는 것을 보여주는 대목이기도 하다. 사회복지 서비스 수요가 늘어난다는 것은 이것을 누군가 필요로 한다는 것이고, 개인적으로 해결했던 이것을 이젠 더 이상 개별적으로 감당이 되지 않고 있다는 것을 우회적으로 보여준다.

그래서 이 산업의 특성상 공적 기능이 매우 높기 때문에 공익적 가치를 유지해야 할 주체가 반드시 필요하다. 정부는 시장적 방식의 성장을 추진하고 있지만, 이것이 과연 공익적 가치를 지켜줄 합리적인 방식인지에 대해 우려가 많다. 만약 지금처럼 과거의 방식대로 이 산업분야에 접근한다면, 재벌은 돈 되는 의료산업에서 수익을 내고, 사회복지서비

11 서비스시장 확대와 이에 연동된 노동시장의 수급 변화는 2013년에 나온 맥킨지 '한국 2차 성장보고서'에서 강조하고 있는 바와 동일한 맥락에 있다. 이 보고서는 낮은 생산성 영역에 초과 공급된 민간서비스 인력을 생산성 높고 노동인력이 부족한 의료보건 영역으로 이동시켜야 한다고 주장했다. 심지어 '대통령 경제자문위원회'에서 지방 순회 토론을 하던 중 어느 발제자가 "생계형 서비스업 퇴출전략"이라는 말을 꺼내서 자영업자들의 반발을 사기도 했던 사건이 있었다. (대통령 직속기관, "생계형 서비스 업종 퇴출 전략 추진해야"…파문 예상 - 뉴스타파, 2014.01.16) 이처럼 앞으로도 보건의료산업과 사회복지서비스업에 대한 정책을 둘러싸고 사회적 갈등이 높아질 것이다.

스는 시장화된 방식의 정부보조금으로 근근이 지탱될지도 모른다. 하지만 정부투자에 대한 평가가 인색하고, 기본적으로 균형재정을 강조하는 신자유주의적 이념에 경도되어 있는 상황에서, 우리가 생각하는 공익적 가치는 제대로 구현되지 못할 가능성이 크다. 이제 가치지향적인 대안적 산업정책이 절실하다.

정리하면, 현재 가계부채의 위기를 개인의 위기로 보는가 아니면 사회재생산의 위기로 보는가에 따라 처방은 달라질 것이다. 지금까지 개인의 위기로 보았고, 도덕적 절제, 합리적인 재무관리, 채무조정, 개인구제 및 파산관리 등으로 접근했었다. 그래서 대선공약으로 야심차게 출발했었던 국민행복기금도 실제 이 틀에서 벗어나질 못했다.

이제 우리는 시야를 좀 더 넓혀서 사회재생산의 위기로 봐야 한다는 주장을 던지고자 한다. 이것은 세계정세와도 관련이 있다. 전 세계적으로 계속 치솟는 불평등지수는 사회통합력을 붕괴시키고 있다. 인종갈등으로 몸살을 앓고 있는 미국, 아비규환의 중동, 통합유럽의 분열 등등, 이런 현상들의 기저엔, 2008년 금융위기 이후 드리워진 세계경제 전망의 어두운 그림자와 불평등이 있다. 한국은 이런 위기와 갈등이 기록을 계속 갱신하고 있는 거대한 가계부채로 표현되고 있다. 그래서 가계부채 위기를 개인의 위기로만 바라볼 수 없는 것이다.

지난 18년 넘게 내수부양의 버팀목 역할을 했던 가계는 이젠 자신을 재생산시킬 동력을 완전히 소진했다. 이 상황을 재벌들이 반전시켜주길 고대하고 있지만, 이는 기약 없는 메아리일 뿐이다. 이제 이 위기를 타개할 적극적 주체는 국가밖에 없다. 적극적인 재정정책으로 가계부채로 인해 재생산체계가 붕괴하는 악순환의 고리를 끊고, 장기적으로는 사회적 필요가 절실하고 재생산체계의 토대가 되는 사회복지 분야에서 새로운 산업정책으로서의 적극적인 사회화 전략을 만들어야 할 것이다.

가계부채의 정치학
자본의 착취와 계급권력의 강화

최철웅

1. 문제제기

부채는 20세기 후반 금융화(financialization)한 자본주의에서 중심적인 의제가 되었다. 2007~2009년 글로벌 금융위기를 비롯해 연이은 유럽의 국가채무 위기, 점증하는 가계부채의 위험, 상환과 추심의 압력에 시달리는 채무자의 양산 등 사회경제적 문제의 중심에 부채 문제가 놓여 있다. 한국사회에서도 최근 가계부채 총계가 1,000조원 대를 넘어서면서 경제위기의 '뇌관'이 될 수 있다는 우려가 갈수록 높아지고 있다. 이처럼 신용/부채의 막대한 사회적 영향력에 관해 갈수록 관심이 높아지고 있지만, 기본적으로 주류경제학과 정책담론에서 신용은 화폐와 마찬가지로 중립적인 자원처럼 다루어진다. 그리하여 주로 양적인 과잉의 측면에서만 위험성이 제기될 뿐, 신용/부채의 확산으로 인한 사회적 관계의 변화와 권력관계의 변형에 주목하는 논의는 드문 편이다.

글로벌 금융위기를 겪으며 금융시장의 효율성에 관한 주류경제학의 신념은 그 적실성이 크게 의심받고 있다. 금융시장의 합리성을 강변하는 것 외에 금융화의 동학이나 금융위기의 원인, 금융화의 사회경제적 효과와 정치적 함의에 대해 설득력 있는 설명을 제공하지 못하고 있기 때문이다. 글로벌 금융위기를 겪고 세계경제가 정체와 불황기에 접어들면서, 신용을 둘러싼 자기도취적이고 긍정적인 수사는 어느덧 부채의 엄중한 무게를 반영하듯 암울한 어조로 뒤바뀌고 있다. 이에 따라 많은 비판적 논자들이 단기적인 수익을 추구하면서 경제를 끊임없이 불안정하게 만들고, 생산이 아닌 유통 영역에서 임금소득자의 자산과 소득을 전유하는 금융의 '약탈적'이고 '기생적'인 성격을 강하게 비판하고 있다(마라치 2013; 하비 2014).

마르크스는 자본주의 사회에서 신용의 역할을 자본축적의 모순적 과정 속에서 파악하면서, 신용이 자본의 권력을 확대시킴과 동시에 자본축적의 모순을 극대화하는 이중적 기능을 수행한다는 점에 주목했다. 신용제도는 한편으로 자본주의적 생산력과 타인노동의 착취에 의한 치부방식을 대규모로 발전시켜 사회적 부를 소수의 수중에 집중시킨다. 그러나 다른 한편으로 이를 통해 낡은 생산양식을 해체하고 새로운 생산양식으로의 과도적 형태를 형성한다. 그리하여 신용은 '협잡꾼과 예언자의 얼굴'을 동시에 하고 나타난다(마르크스 2010a: 592). 이런 점에서 신용의 지배는 단순히 약탈적인 고리대의 부활이나 기생적인 금리생활자 계급의 지배라기보다, 자본축적의 추상적인 동학에 따라 자본주의적 착취와 지배를 강화하는 기제라는 점에 주목할 필요가 있다.

신용의 이중성은 '빚도 자산'이라는 일상적인 통념 속에 잘 표현되어 있다. 과거에 부채는 위험하고 회피해야 할 수단으로 간주되었으나, 금융자본주의 시대에 빚은 합리적인 재테크 수단으로 변모했다. 저금리 시대에 대출을 받아 아파트 한 채 마련하지 못하는 사람은 경제적으로 무능한 주체로 여겨지기 십상이다. 2000년대 이후 한국사회에서 주택담보대출 중심으로 가계부채가 폭증한 것은 이러한 문화적 변동을 잘 보여준다. 그러나 가계부채의 폭증이 단지 자산증식을 위해 대출을 끌어다 쓴 때문만은 아니다. IMF 외환위기 이후 실직과 소득저하에 직면한 노동자계급은 신용카드사의 현금서비스나 대부업체의 고금리 대출을 활용해 필수적인 생계활동을 이어가야만 했다. 정기적인 임금소득이나 국가의 복지혜택을 기대할 수 없는 상황에서 '묻지도 따지지도 않고' 제공되는 신용대출은 저소득 · 저신용 계층에겐 마지막 희망이나 다름없었다.

오늘날 주택담보대출, 학자금대출, 신용대출의 전례 없는 폭증은 주거, 교육, 건강, 소비지출 등 노동자계급의 일상적인 재생산 활동이 부채에 크게 의존하고 있다는 것을 의미한다. 일반적으로 노동력의 안정적인 재생산은 원활한 자본축적을 위해서도 필수적이므로 자본가는 적정 수준의 임금을 통해 재생산 비용을 지급한다. 그러나 개별 자본가는 경쟁에서 이기기 위해 노동력을 극한 상황까지 소모시켜 '초과착취'하려는 경향을 가지며, 이에 자본주의 국가는 노동법의 제정이나 사회임금의 지급을 통해 사회적 수준에서 노동력의 안정적인 재생산을 관리해왔다. 이러한 원리는 전후 서구 복지국가 체제의 근간을 이루었으나, 1970년대 이후 금융자본의 수익성과 이동성 극대화를 추진한 신자유주의적 금융화 이후 급속히 해체되었다. 노동유연화가 강제되면서 완전고용의 사회적 타협이 무너졌고, 복지축소의 압력하에서 사회적 서비스들의 민영화와 상품화가 추진되었다. 그 결과 노동자계급은 재생산 활동을 '사적 신용'에 의존할 수밖에 없었고, 이는 금융기관에게 높은 수익처가 되는 한편 기업들에겐 임금비용 절약과 유효수요 확보의 효과적인 수단으로 활용되었다.

이에 우리는 마르크스주의적 분석을 따라 신용/부채가 자본주의적 착취와 계급권력을 강화하는 기제임을 밝히는 한편, 소비자신용을 통해 자본-임노동 관계에 기초한 사회적 권력관계가 교환 영역에서의 채권자-채무자의 인격적 관계로 전치되어 현상한다는 점에 주목하고자 한다.

2. 신자유주의 금융화와 가계부채 증가

주류경제학은 소비자신용 확대의 역사적 맥락으로 1970년대 이후 선진국의 금융시장을 중심으로 이루어진 '금융자유화'의 제도변화를 강조하며, 금융자유화로 신용제약이 완화된 개인들이 '합리적 선택'을 통해 금융자산 보유와 대출규모를 늘렸다고 주장한다. 그러나 이 과정은 단지 중립적인 제도변화만으로 이해될 수 없다. 지난 몇 십 년간 서구 자본주의 중심국과 개발도상국 등지에서 가계부채가 급증한 데에는 노동자계급의 사회적 재생산 조건이 구조적으로 변형된 사실이 주요한 원인으로 작용했다. 1970년대의 경제위기에 뒤이은 신자유주의적 금융의 반격은 인플레이션 억제를 정책목표로 내세우고, 전후 케인스주의의 완전고용 정책의 폐기를 주장했다. 이는 임금인상 억제와 금융시장의 활성화를 통한 금융 권력의 부상을 이끌었다. "물가 상승 또는 화폐의 상대적 가치저하는 더 이상 용인되지 않았다. 물가 상승의 원천이 무엇이건 간에, 임금은 정체되어야 했고 공공지출은 삭감되어야만 했다. 이러한 화폐적 규율은 신자유주의 정책의 결정적인 기여였고, 금융시장의 엄청난 발전을 불러왔다."(Brunhoff 2003: 148)

신자유주의 체제하에서 실질임금이 정체되고 각종 사회보험이 해체되면서, 가계는 대출을 통해 소비수준을 유지하고 주거, 교육, 건강 등의 사회적 재생산 활동을 이어나갈 수밖에 없었다. 금융기관들은 기회를 놓치지 않고 소비자금융의 탈규제화를 요구하면서, 전통적인 기업대출 대신 가계대출을 통해 새로운 수익을 창출하기 시작했다(Lapavitsas 2009; Dos Santos 2009). 서구 선진국에서 진행된 금융화 경향은 시차를 두고 개발도상국으로 확대되었다. 그러나 미국 헤게모니의 주도하에 불균등하게 발전한 자본주의 세계경제에서 주변부 개발도상국들은 중심부의 착취 경향에 대한 반작용과 대응을 통해 그 발전경로가 규정되었다. 초민족적 법인자본과 금융자본은 직접투자와 더불어 하청, 제휴, 인수·합병 등 새로운 투자 형태를 통해 '신흥시장'을 공략하기 시작했고, 그 결과 세계경제에서 배제되지 않기 위해서라도 신흥공업국들은 금융위기와 자본도피의 불안정성을 감수하고 '금융세계화'를 받아들여야만 했다(윤소영 1999: 54-59).

한국에서는 경제구조의 내재적 모순이 선진국의 금융세계화 압력과 맞물리면서 폭발한 1997년 IMF 외환위기를 계기로 신자유주의적 금융화가 본격적으로 전개되었다. IMF 체제의 구조조정은 노동시장의 유연화를 중심으로 하는 노동개혁, 부실 금융기관의 퇴출과 적정 자본비율의 도입 등 금융 구조조정, 부채 비율의 조정과 합병 등 재벌개혁, 그리고 정부 기능의 축소라는 4대 개혁을 중심으로 전개되었다. 그러나 금융구조조정을 계기로 은행의 민영화와 대형화가 이루어지고, 재벌개혁의 결과 오히려 소수 대기업의 독점적 지위가 강화된 데서 알 수 있듯, 형식과 내용 면에서 실제로 개혁이 진행된 부분은 노동시장이었다(유철규 2000). 노동시장 유연화의 여파로 임시직, 일용직, 시간제 노동자 등 불안정 취업인구의 비중이 늘었고, 근속이나 취업 기간이 짧아지는 등 취업상태의 불안정성이 증대하고, 실직 기간이 길어졌다.

정리해고와 노동시장 유연화의 여파로 실업자와 노숙인구가 급증하는 한편, 가계의 소비여력이 감소하면서 경기침체가 지속되었다. 이에 김대중 정부는 재정지출을 확대하는 대신, 소비자금융을 활성화하여 가계에 신용을 제공하는 전략을 취했다.[1] 이러한 방식은 금융기관에게 새로운 수익의 기회를 제공하고, 기업에게는 임금비용 절감과 유효수요 확보를 가능케 하는 한편, 정부 입장에서는 재정지출 없이 실업과 빈곤문제를 해결할 수 있게 해줄 터였다. 그리하여 신용카드 시장 개방 및 규제완화와 대부업체에 대한 최고이자제한제도 폐지 등 과거 정책적으로 엄격하게 규제했던 소비자신용에 관한 규제를 대폭 완화했다. 신용카드업에 관한 규제가 완화되면서 1999년 97조원 규모였던 카드 이용실적은 2002년 681조원으로 약 7배 증가하였고, 특히 현금서비스 사용액이 전체 카드실적의 절반을 차지할 정도로 급증했다. 당시 실직과 임금삭감에 내몰린 가계들이 생계형 대출을 목적으로 신용카드 현금서비스에 크게 의존했던 것이다. 그러나 감독과 규제미비를 틈타 신용카드 업체들 간의 과당경쟁으로 신용대출이 단기간에 급속히 증가한 결과 2002년 하반기부터 연체자가 급증했고, 2003년에는 신용불량자

1 이하 1997년 이후 한국사회에서 가계부채 증대 양상과 그 맥락에 관한 설명은 필자의 논문 「가계의 금융화와 일상의 정치」(『마르크스주의 연구』, 2015) 3장의 일부 내용을 축약한 것이다.

가 450만 명을 넘어서면서 결국 '카드대란'을 야기했다.

1997년 7월 한국주택은행이 민영화되고, 1998년 1월 부동산에 대한 여신 제한과 주택대출대상 규모 제한이 폐지됨에 따라 부동산금융도 전면적으로 자유화되었다(유승동 2009; 이지웅 2014: 102). 2000년대 초반 들어 외화자금의 대규모 유입과 통화 당국의 저금리 기조에 따라 자금조달 비용이 줄어들자, 은행과 금융기관은 담보가 보장되어 기업대출보다 부실위험이 적은 주택담보대출을 집중적으로 늘리기 시작했다. 그리하여 2001년 86조원 규모였던 은행권의 주택담보대출 규모는 2005년에 이르러 이미 200조원 대를 돌파했다(김인규·권태율 2007). 가계대출이 확대되자 주택구입 수요가 늘었고, 외환위기 이후 건설업체의 경영악화로 주택공급은 늘어나지 않은 상황에서 주택가격이 폭증하기 시작했다(김인준·이창용 2008). 여기에 저금리로 마땅한 투자처를 찾지 못하던 투기적 수요가 더해지면서 '부동산 광풍'이 이어졌다. 주택가격 상승과 주택담보대출은 상호 간의 연쇄적인 상승작용을 일으켰고, 주택담보대출 규모는 2013년 기준 비은행예금취급기관과 주택금융공사에 의한 대출까지 포함하는 경우 약 500조원 규모로 늘어났다.

2000년대 들어 대학진학률이 높아지고 대학등록금이 물가상승률을 넘어 치솟으면서 학자금대출 수요 역시 빠르게 증가했다. 경제위기로 청년층의 취업난이 가중되자, 교육비에 대한 투자와 지출은 오히려 더욱 증대되는 경향을 보였다. 그러나 학부모의 보증하에 학생 본인이 금융기관에서 대출을 받고 정부가 이자를 보전해주는 초기방식으로는 수혜인원이 늘어나는 데 제한이 있었다. 그리하여 2005년 2학기부터는 정부보증 제도를 도입하였고, 그 결과 2006년부터 수혜인원과 대출액이 증가하기 시작해 2010년엔 수혜인원이 76만 명으로 늘고 대출액도

2조 7천억 원 규모로 급등했다. 2009년부터는 정부보증 형식으로 민간 금융기관을 통해 이루어지던 학자금대출이 한국장학재단이 채권을 발행해 직접 대출해주는 방식으로 전환되었다. 그 결과 학자금 대출 규모는 2010년 3조 7천억 원에서 2014년 10조 7천억 원으로 4년 동안 2.9배 증가하고, 대출자 수도 70만 명에서 2014년 152만 명으로 2.2배 증가했다(대학교육연구소 2015).

2000년대 이후 소비재 구입, 주거마련, 교육비 마련 등 일상적인 재생산 활동이 대출에 의존하고, 그 결과 가계부채가 전례 없는 규모로 폭증한 것은 한국사회에서 소득이 아닌 부채에 의존하는 삶이 지배적인 형태가 되었음을 의미한다. 가계의 재생산 형태는 산업화 시기에 '노동→소득→저축→소비'의 형태로 이루어지던 것에서, 금융화한 신자유주의적 체제하에서 '불안정 노동(실업)→대출→소비→상환'의 형태로 변형되었다. 중·고소득층이 주택담보대출을 활용한 부동산투자처럼 '대출→자산구입→재담보'의 형태로 신용을 자산증식의 기회로 활용했다면, 노동유연화와 정리해고로 안정적인 소득흐름을 확보하지 못하게 된 노동자계급과 빈곤층은 대출을 통해 필수적인 재생산 활동을 영위하게 되었다. 이제 소득은 저축과 소비의 원천이던 것에서 대출금 상환을 위한 수단으로 상대화되었고, 과거의 소득을 축적해 마련한 저축으로 주택구입이나 학자금을 마련하던 것에서 미래의 불확실한 소득을 끌어다 현재의 소비지출이나 재생산활동에 충당하는 행태가 일반화되었다.

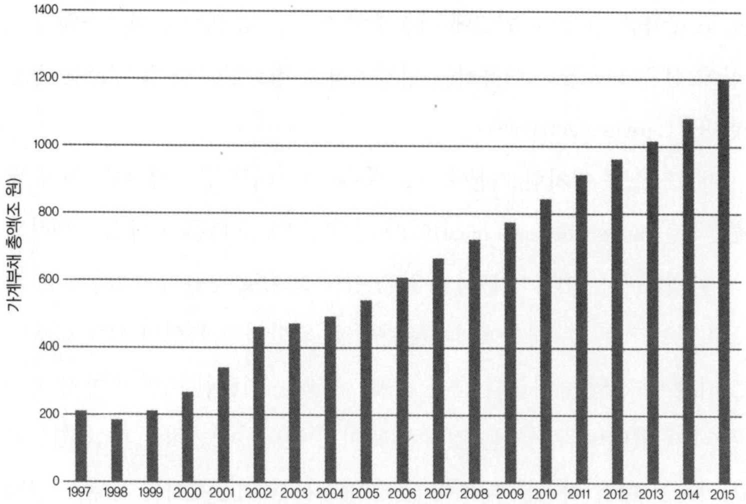

〈그림 1〉 1997년 이후 가계부채 추이 (자료: 한국은행 경제통계시스템)

3. 자본축적의 동학과 신용을 통한 착취/수탈

마르크스에 따르면 은행체계와 신용제도는 자본주의의 발전과 더불어 자본 팽창의 장벽들을 제거하는 방향으로 진화한다. 역사적으로 계약 당사자 간의 신뢰에 근거해 소비나 지불 등을 위해 화폐를 빌리고, 이자를 덧붙여 원금을 되갚는 것은 일상적인 경제 행위 중의 하나였다. 그러나 우리는 상품을 구매하기 위해서가 아니라 더 많은 화폐를 얻기 위해 화폐를 빌릴 수도 있다. 신용의 역할이 소비 영역에 국한되는 비자본주의 사회에서와 달리 자본주의적 생산에서는 후자가 지배적인 형태를 띠고 나타난다. 즉, 자본주의 사회에서는 장래의 이윤을 예상하고 축적을 확대하기 위해 자본으로서 화폐를 대부한다. "비자본주의 사회에서는 생산적 투자에 착수하기 위해 화폐를 대부하는 어떠한 메커니즘도 찾아볼 수 없다. 반면에 자본주의는 금융시스템, 즉 자본주의적 생산에 신용과 금융을 이용하는 광범위하고 정교한 사회적 구조를 포함한다."(Lapavitsas 2003: 69)

마르크스는 이처럼 자본축적을 목적으로 대부되는 화폐를 '이자 낳는 자본'(interest-bearing capital)이라 하여, 소비 등 다른 목적으로 대부되는 화폐와 구분한다. 자본이 동일한 형태(화폐)로 자신의 출발점으로 되돌아오는 것은 총 순환에서 자본운동의 일반적인 특성이다(M-C-M′). 그러나 이자 낳는 자본의 순환(M-M′)에서는 이러한 귀환이 마치 아무런 매개 없이 이루어지는 것처럼 보이게 된다. 이는 직접 생산 활동을 개시하는 대신 화폐를 대부해 준 화폐자본가 입장에서는 분명 진실일 것이다. 화폐자본가는 법률적 계약을 통해 기능자본가에게 화폐를 양도하고, 그 대가로 미리 약속된 이자를 상환 받는다. 이러한 사정은 자본의 환류가 마치 일련의 경제적 과정의 결과가 아니라, 단지 법률적인 계약관계에 의한 것인 양 보이게 만든다. "이자 낳는 자본의 경우에는 귀환과 양도 모두 자본의 소유자와 제2의 인물 간의 법률적인 거래 결과일 뿐이다. 우리가 보는 것은 양도와 상환뿐이다. 그 사이에 일어나는 모든 것들은 사라져버린다."(마르크스 2010a: 460) 그리하여 이자 낳는 자본에서 "자본 관계는 가장 표피적이고 물신적인 형태에 도달"(마르크스 2010a: 513)하게 된다.

마르크스에 따르면 이자 낳는 자본은 생산적 자본을 착취하는 기생적이고 일탈적인 형태가 아니라, 자본의 가장 발전된 형태를 대표한다. 생산 과정에서 기능자본가가 노동자에 맞서 자본을 대표한다면, 화폐자본가는 기능자본가의 대리를 통해 노동의 착취 과정에 참여한다. 구체적인 맥락에 따라 화폐소유자와 경영을 위임받은 관리자 사이에 대립관계가 존재할 수는 있지만, 기업가이득과 이자로 분할되는 잉여가치의 생산은 결국 노동력의 착취를 통해서만 이루어진다. 화폐자본가와 기능자본가 모두 노동력의 착취를 강화하고 자본의 통제를 심화하는 데 있어서는 공통된 이해관계를 갖고 있는 것이다. 그러므로 마르크스적 분석에 따르면 생산적인 산업자본가와 노동자계급이 '기생적'인 금리생활자의 이해관계와 대립한다는 케인스주의적 관점은 자본주의적 계급관계의 본질을 왜곡하는 이데올로기에 불과하다.

마르크스는 이자 낳는 자본의 기능을 주로 자본가계급의 두 분파인 화폐자본가와 기능자본가의 관계 속에서만 파악하였는데, 이는 전자본주의적 고리대와 달리 자본주의 사회에서는 이자 낳는 자본이 자본주의적 생산양식에 내재화되기 때문이다. 마르크스는 대부가 직접생산자나 노동자가 아니라 산업자본가에게 대부되어 자본축적을 위해 사용되는 것이야말로 자본주의적 신용제도의 본질적인 특징이라고 보았다. "결정적인 것은, 그것들[이자 낳는 자본]이 직접적 생산자에게 대부되는가 아니면 산업자본가에게 대부되는가 하는 점이다. 전자는 적어도 이 대부가 이루어지는 부문에서는 자본주의적 생산양식이 존재하지 않는다는 것을 전제하는 것이고, 후자야말로 자본주의적 생산양식의 기초를 전제하는 것이다."(마르크스 2010b: 831)

그러나 소비자금융의 발전은 이자 낳는 자본이 단지 자본가에게만이 아니라 노동자계급에게 직접 대부하여 이자를 수취하는 행태를 일반화시킨다. 신용을 제공받은 노동자는 대부자의 입장에서는 잠재적인 자본가이다. 현실적으로 소규모 자영업자가 된 노동자들의 대다수가 약육강식의 경쟁을 이겨내지 못하고 대자본에 흡수당하고 말지만, 어쨌거나 어려운 사정에 처한 사람에게 신용은 구원자와도 같다. 자본가에 대한 대부와 달리 신용카드 현금서비스, 학자금대출, 대부업에 의한 신용대출 등 소비자신용의 운동 형태(M-M′)는 생산을 우회하며, 그로 인해 자본주의적 생산과 축적의 과정과는 전혀 무관한 것으로 여겨지곤 한다. 그러나 소비자신용은 상대적 과잉인구를 포함한 노동자계급의 노동력 재생산을 보조한다는 점에서 자본축적의 동학과 긴밀히 결부되어 있다.

자본축적이 노동생산성의 증대와 상대적 잉여가치를 생산하는 기술혁명에 의존하는 한, 자본의 구성부분에서 생산수단의 가치(불변자본)가 차지하는 비중이 노동력의 가치(가변자본)에 비해 상승하는 경향을 보이게 된다. 즉, 자본축적의 과정에서 생산수단이 점차 집적됨과 동시에 총 자본의 구성에 비해 노동에 대한 수요는 감소하게 된다. 그 결과 노동자계급의 일부는 항상적인 '상대적 과잉인구'의 형태로 존재하면서, 경기변동과 역사적 정세에 따라 그 수준이 변동되는 '산업예비군'을 형성한다. 이들 산업예비군의 존재로 인해 고용된 노동자들은 자본의 공세로부터 수세적인 위치에 놓이며, 항상적인 임금 인하의 압력을 받게 된다. 더욱이 신자유주의적 '고용 없는 성장'과 노동유연화 정책으로 인해 고용노동자와 산업예비군의 관계는 더욱 위계적이고 분할적인 방식으로 재편되고 있다. 오늘날 이들 '상대적 과잉인구'는 일시적으로 실업상태에 처하는 것이 아니라, 운이 좋은 경우에 일시적으로만 고용의 기회를 얻고 있는 형편이다. 그리하여 사회 내에 '착취당할 권리'마저 배제당한 일군의 빈민계층이 갈수록 증대되고 있으며, 경제적 불평등과 사회적 통합에 큰 위협과 부담으로 다가오고 있다. 그리하여 이들 빈민계층의 생존과 재생산을 해결하는 것은 신자유주의 국가들에게 주요한 과제가 되었고, 여기서 '사적 신용에 의존한 재생산의 추구'는 지배적인 원리가 되었던 것이다.

소비자신용을 통해 대출을 받은 노동자계급은 자본가가 아닌 이상 잉여가치의 일부가 아닌 소득이나 저축의 일부를 이자와 수수료로 지급한다. 마르크스는 이를 "생산과정 그 자체에서 직접적으로 이루어지는 본원적인 착취와 나란히 이루어지는 부차적인(secondary) 착취"(마르크스 2010b: 832)라 불렀다. 라파비차스는 이처럼 임금소득으로부터 얻는 금융적 수익의 추구를 생산과정에서 이루어지는 본원적인 착취 과정과 구분하여 '금융적 수탈'(financial expropriation)로 개념화하면서, 소비자신용을 통한 가계소득의 직접적 수탈을 당대 금융화의 주요한 특징 중 하나로 규정한다(Lapavitsas 2009). 라파비차스에 따르면 1970년대 이후 선진국에서의 은행의 탈중개화와 비금융기업 및 가계의 금융화로 인해 잉여가치 생산과 무관하게 유통 영역에서의 금융적 거래를 통해 이윤을 얻는 금융적 수탈이 심화되고 있다.

라파비차스는 유통 영역에서 발생하는 이자와 수수료의 수취를 금융적 수탈의 계기로 강조하나, '재생산의 금융화'를 통한 노동력 가치의 저하는 그 자체 착취를 강화시키기도 한다. 가계대출을 통해 노동자계급의 사회적 재생산이 영위되면 자본가는 노동자에게 지불해야 할 임금의 화폐량을 절약할 수 있다. 마르크스에 따르면 임금은 노동력의 재생산 비용에 해당하며, 일정 총액의 생활수단들의 가치로 귀착된다. 따라서 필수적인 생활수단을 소비하는 데 있어 가계가 임금 대신 신용을 활용한다면, 자본가는 노동자계급에게 지불해야 할 화폐임금의 양을 줄일 수 있게 된다. 결과적으로 가계에 신용을 확대하게 해주는 "금융혁신은 임금 바스켓(wage basket)의 가치를 감축시킴으로써 자본가의 이윤을 증대시킨다."(Sotiropoulos et al. 2013: 56) 더욱이 소득이 부족한 개인들마저 대출을 통해 소비지출을 함으로써 기업에겐 상품의 가격을 높은 수준으로 유지하거나 심지어 인상시킬 수 있는 여지가 주어진다. 지난 10여 년간 대학 학자금대출의 폭이 넓어지면서 대학등록금이 물가인상률을 뛰어넘어 상승했던 것처럼 말이다.

당장 어려움에 처한 개별 노동자와 가계 입장에서는 신용의 활용이 자유의 문을 열어주는 것으로 보일 수도 있다. 하지만 이는 결국 미래소득을 전유당함으로써 자본관계에 더욱 종속되는 결과를 낳는다. 예컨대 학자금대출을 받아 대학을 졸업한 경우 우리는 4년의 유예기간을 얻는 대신 이후 수년간에 걸쳐 원리금과 이자상환의 압력에 내몰리게 되고, 중단 없는 소득흐름을 만들기 위해 졸업과 동시에 어느 직장에든 취업을 해야만 한다. 주택 구입을 위해 2~3년의 원금 상환 면제혜택을 받고, 이후 수십 년간 대출금 상환의 의무를 짊어지는 경우도 마찬가지다. 그러한 상황에서 채무를 짊어진 개인은 어떤 불리한 노동조건이건 감내할 수밖에 없으며, 금융기관의 압박과 통제에 자신의 삶을 종속당할 수밖에 없다. 이처럼 빈곤의 늪에 빠져 금융화에 종속되는 개인들이 많아질수록 금융기관들은 영원히 마르지 않는 수익의 원천을 확보하게 된다.

4. 리스크 전가와 계급관계의 변형

가계의 경제적·사회적 재생산이 금융시장에서의 투자와 대출 행위를 통해 이루어지면서, 계급관계에 대한 표상에도 일정한 변형이 수반되고 있다. 금융화의 확산으로 오늘날 가계 자산의 상당 부분이 유동자산의 형태를 띠게 되었는데, 이는 "이데올로기적 수준에서 노동자계급의 이해관계가 자본가계급의 이해관계와 동일하게 나타난다."(Sotiropoulos et al. 2013: 57)는 것을 의미한다. 노동자는 자신이 지분을 보유한 기업이 구조조정을 단행한다고 하면 이를 주식시장의 호재로 받아들일 것이다. 그것이 그 기업에서 일하는 다른 노동자에겐 재앙으로 다가올 것이 분명하지만 말이다. 신자유주의 이데올로기는 이러한 현실을 금융이 '민주화'된 새로운 역사적 변화로서 긍정한다. 기업에게만 열려 있던 신용의 문이 노동자계급과 저소득층에게까지 확대되면서 가계가 자산을 축적하고, 생애의 우연한 위험들에 효과적으로 대처할 수 있는 수단을 제공한다는 것이다.

그러나 가계의 경제활동이 금융적 수단에 크게 의존하게 되었다는 것은 그만큼 글로벌 금융시장의 리스크에 취약해졌다는 것을 의미한다. 서브프라임 모기지 사태에서 보듯 가계는 금융시장의 사건들에 점점 더 크게 영향을 받으며, 그 피해를 금융기관들과 나눠 짊어지게 되었다. 금융자본주의 시대에 개인들은 사회적 결속이 아니라 금융시장의 추상적인 리스크를 통해 서로 연결되어 있는 것이다. 이처럼 금융시장의 불안정성에 노출된 개인들에게 신자유주의적 처방이 제공하는 해결책은 합리적인 금융행위자로 거듭나라는 조언이다. '금융지능', '금융리터러시'에 관한 금융기관과 미디어의 강조는 이러한 자기책임의 윤리를 표현한다. 즉, 오늘날 기업이나 금융기관처럼 개인들도 리스크를 평가하고 위험을 회피하는 '리스크 관리'(risk management) 기술을 통해 금융시장의 불안정성에 적응할 것이 요청되고 있다.

이는 금융화가 위험에 대한 인식에 일정한 변형을 꾀하면서 이루어진다는 사실을 알려준다. 전통적인 위험의 개념이 불가해하고 무조건 피해야 할 것으로 정의되었다면, 리스크는 계산가능하고 모험적인 기회로 간주된다. 따라서 과거에는 위험에 대비해 저축하는 것이 합리적 행위였다면, 금융화 시기엔 리스크를 회피하거나 때로는 감수하며 투자하는 것이 합리적인 행위로 간주된다. 신자유주의 교리에 따르면 "'우리'는 모두 축적하는 사람이며, 우리의 개인적 성공은 비단 '인적 자본'을 축적하는 것만이 아니라 기회와 리스크를 평가하고 관리하는 우리 자신의 성과에 전적으로 달려 있다."(Bryan et al. 2009: 468) 여기서 자본가와 노동자계급이라는 전통적인 계급관계의 경계는 허물어지고, 우리는 모두 리스크 관리자 또는 자기 삶의 기업가로 재현된다. 푸코에 따르면 신자유주의 통치성은 노동을 '자본'으로, 개인을 '기업'으로 간주하는데, 이는 오늘날 금융적 주체에 대한 재현과 규범을 통해 잘 표현되고 있다.

그러나 노동자가 화폐를 대부받았다고 해서 자본가가 될 수 없다는 것은 분명하다. 앞서 보았듯이 자본가와 노동자계급에게 제공되는 신용은 결코 동일한 기능을 수행하지 않으며, 그 위험 또한 계급권력에 의해 차별적으로 할당된다. 개별기업은 잉여가치의 생산을 위해 자금을 대부하며, 실현된 잉여가치의 일부를 이자로 지급한다. 기업은 대부를 통해 투입되는 자본의 양을 증대시키는 레버리지 효과를 얻을 수 있으며, 경쟁자본에 비해 우월한 지위를 얻을 수 있다. 반면 가계에 제공되는 신용은 대개 노동력의 재생산을 위한 것이며, 잉여가치 생산을 위해 투입되지 않는다. 즉, 가계는 잉여가치가 아닌 임금소득의 일부를 이자와 수수료로 지불한다. 따라서 실질임금이 정체되고 소득증대를 기대하기 어려운 상황에서 부채의 부담은 갈수록 가중될 수밖에 없다. 더욱이 이자율은 상환불능의 위험으로 인해 소득과 신용도가 낮은 계층에게는 더욱 높게 부과되며, 이는 화폐가 가장 절실한 계층에게 더욱 가혹한 조건으로 대부된다는 것을 의미한다.

가계와 기업은 리스크 관리에 있어서도 결코 동등한 사회적 지위에 놓여 있지 않다. 자본주의적 기업의 리스크 관리 능력에서 가장 근본적인 사항은 '유한책임제'이다. 그러나 노동자에게는 그러한 유한책임의 원칙이 적용되지 않는다. 노동자가 유한책임을 진다는 것은 "노동 그 자체는 아니지만 노동을 대신하는 허구적인 법적 개체의 구성을 포함할 것이다. 그러나 자본의 축적은 노동자가 자신의 노동력과 분리될 수 없다는 사실에 기초한다. 노동자는 상품자본인 동시에 가변자본이며, 이들 가치의 차이가 잉여가치의 기초이다."(Bryan et al. 2009: 469) 따라서 자본은 기대수익이 실현되지 않아 부도가 나더라도 단지 그 자산이 청산될 뿐이지만, 노동자는 계속해서 노동력을 판매해 부채를 갚아야만 한다. 현실적으로 기업의 파산은 효율성이 낮은 자본을 청산해 경제 전체의 경쟁력을 키우는 효과가 긍정되어 쉽게 이루어지나, 노동자의 파산 시도에는 도덕적 압박과 끝없는 추심이 대응된다. 이러한 비대칭성은 초국적 금융기관의 파산에는 구제금융이 제공되고, 개발도상국이나 제3세계의 외채위기 또는 외환위기에 대해선 가혹한 구조조정과 긴축정책이 강제되는 데에서도 잘 나타난다. 즉, 부채는 결코 중립적인 계약관계에 기초하지 않으며, 자본주의 사회의 계급적 권력관계에 따른 위계적이고 착취적인 사회적 관계 속에 배치되어 있다.

금융화는 단지 가계부채의 증대와 임금소득의 착취를 가져올 뿐만 아니라, 사회적 관계로서의 자본의 지배와 경쟁적 규율을 더욱 강화시킨다. 증권 가격의 폭락은 그 자체로는 장부상 부의 감가에 불과하며, 그로 인해 현실의 기계나 건물이 사라지는 것은 아니다. 그러나 그러한 가치절하는 기업의 수익성을 높일 수 있는 구조조정과 아웃소싱 등의 압력으로 작용하게 된다. 금융혁신은 단지 자본의 유동화에만 기여하는 것이 아니라, 자본의 경쟁적 규율을 강화하는 수단이자 자본의 효율성을 나타내는 지표로 활용된다. “파생상품 시장과 증권화는 자본이 높은 생산성과 수익성을 가져오든지 아니면 자산가치의 상각에 처하도록 규율한다. 생산성 증대에 대한 요구는 더 장시간의 노동, 그에 따른 낮은 실질 임금을 야기한다.”(Bryan et al. 2009: 470) 실질임금의 저하에 맞서 노동자계급은 자발적으로 자본관계에 들어설 수밖에 없고, 미래소득을 담보로 끌어다 쓴 부채를 갚기 위해 더욱더 헌신적으로 잉여가치의 생산에 복무해야만 한다. 즉, 오늘날 금융은 사회적 자본의 총지휘관으로서 무엇보다 산업자본의 경쟁력을 강화하고, 노동자계급에 대한 지배를 강화하는 규율권력으로 기능하고 있다.

5. 나가며

마르크스는 이미 상품과 화폐에 대한 분석을 통해 “자본주의적 생산양식이 사회적 관계를 이들 물적 존재 그 자체의 속성으로 전화시키고(상품), 또 더욱 분명하게는 생산관계 그 자체를 하나의 물적 존재로 전화시켜버리는(화폐) 바로 그 신비화하는 성격”(마르크스 2010b: 1103)에 대해서 지적한 바 있다. 상품생산과 화폐유통에 결부되어 있는 이러한 전도된 물신주의는 자본주의 생산양식에서는 한층 더 발전한다. 우리는 이미 앞서 이자 낳는 자본의 모습에서 자본가의 이윤이 생산과정이나 자신의 노동과도 완전 무관한 자본 자체에서 나오는 것처럼 현상하는 것을 보았다. 마지막으로 자본은 토지소유와 결합하는데, 토지소유자는 스스로 노동하거나 노동자를 착취하지도 않고 자본을 대출함으로써 일정한 위험을 부담하지 않으면서도 토지를 소유했다는 사실 하나만으로 다른 계급의 잉여가치를 이전받는다. 여기에서 잉여가치의 일부는 사회적 관계와 결부된 것이 아니라 자연적 요소인 토지와 결부되어 있는 것처럼 보이기 때문에 잉여가치의 원천과 사회적 과정은 완전히 은폐되고 사회적 생산관계의 화석화가 완성된다. 따라서 자본주의적 생산양식이 '경제 일반'이 아니라 역사적 · 사회적으로 특수한 사회적 생산관계라는 점을 밝히고자 했던 마르크스의 문제의식은 상품과 화폐의 물신주의로부터 출발해 자본주의 생산양식 자체의 물신화에 대한 분석으로 귀결된다.

> 우리는 이미 앞에서 자본주의적 생산양식과 상품생산의 가장 단순한 범주들[즉 상품과 화폐]에 대해 언급하면서, 자본주의적 생산양식이 사회적 관계[즉 부의 소재적 요소들이 생산담당자의 역할을 수행하는 사회적 관계]를 이들 물적 존재 그 자체의 속성으로 전화시키고(상품), 또 더욱 분명하게는 생산관계 그 자체를 하나의 물적 존재로 전화시켜버리는(화폐) 바로 그 신비화하는 성격에 대해서 지적한 바 있다. 모든 사회형태는, 그것이 상품생산과 화폐유통을 가져오는 것인 한, 이런 전도에 관여하고 있다. 그러나 자본주의적 생산양식에서는, 그리고 그것의 지배적 범주이자 규정적 생산관계인 자본 아래서는 이 마법에 걸린 전도된 세계가 한층 더 발전한다. (…) 자본-이윤 혹은 더 엄밀하게는 자본-이자, 토지-지대, 노동-임금[즉 가치와 부 일반의 성분들과 그것들의 원천 사이의 관계를 나타내는 이 삼위일체 정식]에서는 자본주의적 생산양식의 신비화, 사회적 관계의 물화, 물질적 생산관계와 그것의 역사적 · 사회적 규정성의 직접적인 결합이 완성되어 있다. 그것은 마법에 걸려 전도되고 거꾸로 선 세계이며, 거기에서는 무슈

르 카피탈(Monsieur le Capital)과 마담 라 테르(Madame la Terre)가 사회 적 등장인물로서 괴상한 춤을 추고 있다. (마르크스 2010b: 1103~1107)

마르크스가 '일상생활의 종교'라 부른 자본주의 사회 특유의 물신주의는 오늘날 금융의 동학과 매개를 통해 더욱 강화되고 있다. 주식이나 펀드와 같은 이자 낳는 가공자본에 대중들이 일상적으로 투자하고, 주거·교육·건강 등 필수적인 재생산 활동을 신용대출을 통하여 영위함에 따라 자본과 신용에 관한 물신주의가 노동자계급의 의식에도 널리 침투하게 된다. 우리는 각종 재테크 서적에서 금융투자의 가장 기초적인 원리로 설명하는 '복리의 마법'에서 이러한 물신주의의 극단적인 발현을 목격하곤 한다. 원금만이 아니라 이자가 추가적인 이자를 낳아 막대한 수익을 돌려준다는 복리의 마법은 완전히 자동적으로 잉여가치를 생산해내는 힘의 전형 그 자체이다. 여기엔 자본축적이 단지 자본관계가 지속될 동안만 가능한 것이라는 사실이 결정적으로 배제되어 있으며, 이자와 잉여가치의 생산과정과의 연결고리도 완전히 제거되어 있다.

상품과 화폐, 자본의 물신주의가 사물들의 관계를 통해 사회적 관계가 표현되는 물신주의로 나타난다면, 신용의 물신주의는 "인격적 사회관계 자체에서 물질적 사회관계의 기원을 발견하려"(서동진 2015: 155) 한다. 신용 계약이 개인들 간의 사적인 법률적 관계로 맺어짐에 따라 채권자-채무자의 인격적 관계로 현상하고, 나아가 아무런 물적 토대를 갖지 않는 순수한 '약속'으로서의 신용이 여타의 사회경제적 관계를 규정하는 것처럼 보이기 때문이다. 오늘날 금융 자본가들의 탐욕과 국민국가의 정치력을 뛰어넘는 초국적 채권자들의 독재에 대한 도덕적 비판은 자본주의적 생산관계의 필연적 현상형태로서 화폐와 신용의 작용을 파악하지 못한다는 점에서 이러한 물신주의로부터 자유롭지 못하다. 사회적 책임투자나 소액금융과 같이 '착한 금융'을 통해 사회문제를 해결하겠다는 일체의 시도들도 마찬가지다. 이러한 시도들은 빈곤, 불평등, 환경파괴 등 자본주의의 병폐를 치유하겠다는 '선한 의도'만으로 객관적인 금융의 동학을 얼마든지 우회하거나 전유할 수 있다고 생각한다. 그러나 화폐와 신용의 동학은 우리의 의지나 의식적인 실천과 무관하게 객관적으로 존재하는 사회적 관계에 기초하기에, 기존의 사회적 관계는 유지한 채 그것들만 따로 분리하여 제거하거나 대체할 수는 없다.

자본주의 생산양식에서는 사적 노동의 생산물이 필연적으로 상품과 화폐와 같은 외적 사물의 형태를 취하며, 그 결과 사회적 관계가 물적 존재들의 자연적 속성으로 표현되는 물신주의가 나타난다. 이는 잉여노동의 착취가 눈에 보이는 직접적인 인격적 관계나 강압적 폭력에 의존하던 전자본주의 사회에서는 찾아볼 수 없는 현상이다. 물신주의는 개인들의 주관적 환상이 아니라 자본주의적 생산관계라는 물질적 구조에서 비롯되는 것이기에 단순히 제거될 수 없다. "이러한 적극적인 '나타남'(착각인 동시에 현상)은 그것 없이는 특정한 역사적 조건들 속에서 사회생활이 전혀 불가능한 매개 또는 필연적 기능을 구성한다."(발리바르 1995: 92) 그리하여 마르크스는 단지 자본주의 사회에서 나타나는 외양들의 오류와 착각을 제거하는 것을 넘어 동시에 현실이 그러한 외양을 통해 나타나지 않을 수 없는 필연성을 파악하고자 했던 것이다. 따라서 우리는 화폐나 신용을 제거하거나 다른 수단으로 대체함으로써 자본주의 사회의 적대와 모순을 해결할 수 없다. 그것은 오직 물신주의의 토대가 되는 사회적 관계의 지양을 통해서만 해소될 수 있을 뿐이다.

참고문헌

김인규·권태율 2012: 「주택금융의 현황과 발전 방향」. 한국은행.

김인준·이창용 2008: 「금융산업의 변화와 과제: 거시적 분석」. 『외환위기 10년, 한국금융의 변화와 전망』. 서울대학교출판부.

마라치, 크리스티앙 2013: 『금융자본주의의 폭력: 부채위기를 넘어 공통으로』. 심성보 옮김. 갈무리.

마르크스, 칼. 2010a: 『자본: [경제학 비판]. 3-1』. 강신준 옮김. 길.

마르크스, 칼. 2010b: 『자본: [경제학 비판]. 3-2』. 강신준 옮김. 길.

발리바르, 에티엔느 1995: 『마르크스의 철학, 마르크스의 정치』. 윤소영 옮김. 문화과학사.

유승동 2009: 「한국의 주택 및 주택금융시장」. 『주택금융월보』 제62호 (September).

유철규 2000: 「'98~'99 구조조정의 정치경제학」. 『구조조정의 정치경제학과 21세기 한국 경제: 신자유주의 경제질서와 경제민주화』. 풀빛.

윤소영 1999: 『신자유주의적 "금융 세계화"와 "워싱턴 콘센서스": 마르크스적 비판의 쟁점들』. 공감.

이지웅 2014: 「1997년 경제위기 이후 주택 금융화에 관한 연구: 주택담보대출의 증권화를 중심으로」. 고려대학교 대학원 사회학과 석사학위논문.

서동진 2015: 「착취의 회계학: 금융화와 일상생활 속의 신용물신주의」. 『다른 삶은 가능한가: 마르크스주의와 일상의 변혁』. 한울아카데미.

최철웅 2015: 「가계의 금융화와 일상의 정치」. 『마르크스주의 연구』 12, no. 2: 45-84.

하비, 데이비드 2014: 『자본의 17가지 모순: 이 시대 자본주의의 위기와 대안』. 황성원 옮김. 동녘.

Brunhoff, Suzanne de 2003: "Financial and Industrial Capital: A New Class Coalition". Anti-Capitalism: A Marxist Introduction. London; Sterling, Va: Pluto Press.

Bryan, D., R. Martin, and M. Rafferty 2009: "Financialization and Marx: Giving Labor and Capital a Financial Makeover". Review of Radical Political Economics 41 (4): 458-72.

Dos Santos, Paulo 2009: "At the Heart of the Matter: Household Debt in Contemporary Banking and the International Crisis". RESEARCH ON MONEY AND FINANCE, Discussion Paper, no 11.

Lapavitsas, Costas 2003: "Money as Money and Money as Capital in a Capitalist Economy". Anti-Capitalism: A Marxist Introduction. London; Sterling, Va: Pluto Press.

Lapavitsas, Costas 2009: "Financialised Capitalism: Crisis and Financial Expropriation." Historical Materialism 17, no. 2: 114–48.

Sotiropoulos, Dimitris, John Milios, and Spyros Lapatsioras 2013: A Political Economy of Contemporary Capitalism and Its Crisis: Demystifying Finance. New York: Routledge.

재벌, 사회화가 대안이다

홍 석 만

재벌지배체제의 역리(逆理)

재벌은 성장의 견인차였다. 재벌의 성장은 곧 국민경제의 성장을 의미했다. 경제가 잘 돌아가서 임금이 계속 오르고, 아파트와 부동산 가격이 치솟을 때 재벌의 경제집중과 취약한 지배구조는 사실 그리 큰 문제가 되지 못했다. 재벌이 정치자금을 뿌리며 여러 가지 문제를 많이 일으키고 경제적으로도 부패하고 독점이 심각해도 그래도 다 같이 잘 먹고 잘 살면 된다는 믿음 때문에 그럭저럭 용인해 왔다. 하지만 사정이 달라졌다. 공황이 오고 장기불황이 지속되면서 재벌은 본성을 그대로 드러내기 시작했다. 대대적인 산업구조조정 속에서 정규직은 비정규직이 되었고, 노동자들은 잘려 나갔고, 핵심 공정을 제외한 많은 영역이 외주, 하청으로 분화되어 갔다. 또한 빵집, 슈퍼마켓 등 골목상권, 동네시장상권 가릴 것 없이 이윤이 남는 곳이면 어디나 진출하여 재벌의 지배력을 확대해 갔다. 재벌의 성장과 국민경제의 성장은 이미 무관한 일이 되었지만, 재벌의 몰락은 여전히 국민경제의 몰락을 의미한다. 재벌은 한국경제의 중추이기 때문이다.

한국의 재벌체제는 수출경쟁력 확보를 위해 대기업을 정점으로 한 수직적 하청계열화 구조를 특징으로 하며 특히 저임금을 기반으로 한다. 이것이 재벌체제다. 국가는 재벌 중심의 수출전략을 제도적으로 보장하기 위해 외환보유고를 확대유지하며, 환율시장에 개입한다. 농업과 국민의 기본권을 희생시키며 각종 FTA(자유무역협정)를 맺어 더 싸고 낮은 비용으로 수출기업들의 이윤을 극대화하기 위해 노력한다. 또한 수출 경쟁력을 확보하기 위해 비정규직 등 유연화된 노동, 저임금과 장시간 노동, 높은 노동강도를 유지해왔다. 재벌이 이윤을 남기면 다 같이 먹고 살 수 있다는 '믿음' 때문에 이런 체제는 용인되기도 했다. 그러나 2008년 세계경제 위기가 이 모든 믿음을 깨버렸다. 경제위기의 여파가 계속되고 주식시장이며, 자산시장까지 폭락하고 가계에는 빚더미만 쌓여가고 있을 때, 재벌은 거꾸로 성장에 성장을 거듭했다. 어떻게 했는가?

현대차는 경제위기가 한창이던 2008년 이래로 영업이익률이 수직상승했다. 특히, 모비스 같은 현대차그룹 계열 부품사들의 평균 영업이익률은 2008년 8.2%에서 2013년 9.3%를 기록했다. 그러나 비계열 부품사들의 영업이익률은 같은 기간 3.6%에서 3.3%로 떨어졌고 계열 부품사의 3분의 1 수준에 불과했다. 이것은 삼성전자도 마찬가지다. 삼성전자(국내)의 영업이익률은 글로벌 금융위기가 발생한 2008년 5.7%에서 2013년 13.8%로 높아졌으며, 이와 함께 영업이익도 급증했다. 그러나 하청업체들은 그렇지 못했다. 같은 기간 삼성전자의 하청업체들의 평

〈삼성하청업체 및 삼성전자IM의 영업이익률 추이 비교〉(단위 %)

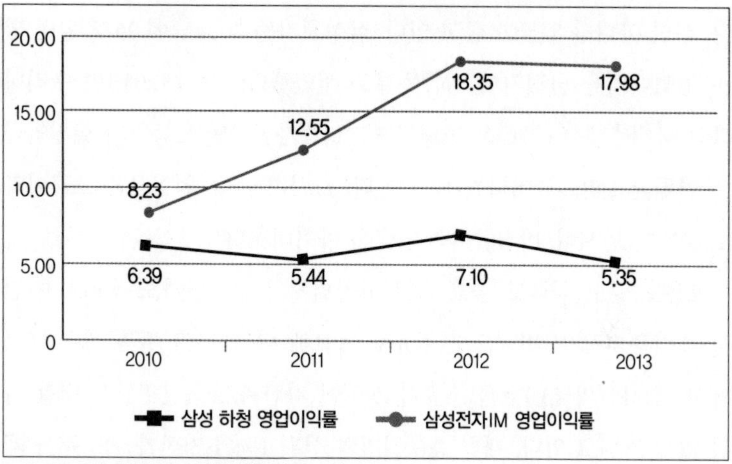

※주: 「전기전자업종업 조직화 방안연구」 금속노조, 2014

균 영업이익률은 4.6%에서 4.2%로 오히려 후퇴했다.

경제위기를 빌미로 하청업체의 납품단가 인하(단가 후려치기)와 노동강도 강화, 비정규직의 해고를 통한 비용절감이 영업이익 상승의 주요 요인 중 하나다. 또한 재벌기업들은 경제위기가 발생하자 내수시장을 공략하면서 상대적으로 비싼 가격을 유지해 해외시장에서의 부족한 이익을 채우기도 했다. 결국 하청업체와 노동자, 그리고 비싼 가격을 유지하는 국내소비자들을 상대로 자신들의 이익을 높여 온 것이다.

그러면 고용은 어떨까? 2000년 이후 제조업 전반에 고용 없는 성장이 지속되고 있다. 정확히 말하면, 저성장 속에 고용이 축소되고 있다. 제조업 성장률도 2010년을 제외하고 사실상 0%대에 있어 지체된 성장세를 보여주고 있다. 고용증가율도 2010년을 제외하고 대부분 역성장을 하고 있다. 5대 재벌의 경우 전체 기업자산의 1/3을 차지함에도 국가 전체 고용기여도는 2.75%이며, 30대 재벌로 확대해도 5%에 불과하다. 뿐만 아니라 임금도 줄고 있다. 삼성전자는 2014년에 25조 원이 넘는 영업이익을 남겼지만 임금동결을 선언했다. 2008~2013년 우리나라의 국내총생산(GDP)은 연평균 3.2% 증가했지만 노동자의 실질임금은 연평균 1.3% 늘어나는 데 그쳤다. 그나마 정규직 임금은 조금이라도 늘지만 임시직, 비정규직의 임금은 마이너스다.

고용도 줄고 임금도 줄고 있고 하청업체의 납품단가도 후려쳐 가면서 재벌은 다양한 방식으로 이윤을 확보해 나갔다. 그 결과 상위 10%가 전체 자산의 43.7%를 소유하고 있어 자산과 소득불평등은 더할 나위 없이 커지고 있다. 재벌 총수일가와 상위 1%의 자산가들의 부는 계속해서 더 커지고 있다. 이처럼 불황이 오히려 부의 불평등을 더 확대시켜 나가고 있고, 재벌지배체제가 이런 불평등을 구조적으로 확대재생산 하는 역할을 하고 있다.

5대 재벌 자산, 전체 기업 순자산의 절반

재벌의 자산은 얼마나 많을까? 국가자산(순자산)은 2015년 말 기준으로 약 1경 2,359조 원이다. 아래 표에 공정거래위원회가 밝힌 같은 기간 5대 재벌의 자산은 897조 원이다. 기업(비금융+금융법인)의 순자산은 모두 1,801조 원으로 5대 재벌의 자산이 기업자산의 절반에 달한다. 기업의 비금융자산 총액 3,800조 원 대비 5대 재벌 자산은 1/4 수준이다. 또한 정부의 순자산은 3,381조 원으로 정부 순자산 대비 5대 재벌 자산은 1/4 수준을 넘는다. 5대 재벌의 연간 매출액도 1,000조 원을 넘어 GDP 대비 2/3 수준이다. 수출비중이 70%를 차지하는 한국경제의 상황에서

		비금융 법인	금융 법인	일반 정부	가계 및 비영리단체	국내 경제	국외
2015년 말	비금융자산	3,634.9	163.0	2,905.9	5,422.8	12,126.5	–
	순자산 (금융자산 · 부채포함)	1,466.7	334.9	3,381.7	7,176.2	12,359.5	–227.4

2015년 국민대차대조표, 한국은행 · 통계청 (단위: 조 원)

순위	기업집단명	자산총액(공정자산)
1	삼성	351.5
2	현대자동차	194.1
3	에스케이	152.4
4	엘지	105.5
5	롯데	93.4
총계		896.9

출처: 공정거래위원회 (2015년 말 기준, 단위: 조 원)

재벌은 한국경제의 핵심이자 총아로 자리 잡고 있다.

재벌이 지난 시기 독재정권의 비호 아래에서 성장해 왔다는 것은 이미 알려진 사실이다. 국가적 차원에서 재벌에 대한 금융과 세금 및 제도적 지원은 물론, 수출 길을 열어주는 외교적 지원 등을 통해 재벌 중심의 수출주도 공업화를 이룩해 왔다. 그러나 재벌이 차지하는 경제의 비중에도 불구하고 재벌이 그에 비견할 만큼 우리 사회에 긍정적인 기여를 하는가에 대해서는 매우 회의적이다. 법인세율은 22%로 미국 35%, 프랑스 33.33%, 독일 30.2%, 일본 25.5%, 중국 25% 등에 비해 턱없이 낮고 OECD 평균 23.4%(2014년 말 기준)에도 미치지 못하고 있다. 특히 재벌기업의 실효세율은 이보다 더 낮다. 2010년 실효세율을 살펴보면 10대 재벌 평균 15.1%, 대기업 평균 16.5%에 불과하다. 이는 법인세 감면이나 비과세 대상이 재벌기업들에 유리하게 짜 있기 때문이다. 임시투자 세액공제와 고용창출투자 세액공제, 연구·인력개발비(R&D) 세액공제, 해외현지법인이 외국 정부에 납부한 세액공제 등 재벌기업들 특히 수출기업들이 가장 많은 비과세 감면 혜택을 받을 수 있도록 되어 있다.[1]

게다가 재벌기업들은 수백조 원에 달하는 사내유보금을 쌓아두면서도 상당수의 금융자산을 독점해 왔다. 2004년부터 지난 10년간 30대 그룹(금융사 제외)의 부채비율이 2004년 103.1%에서 2013년 83.3%로 19.8%포인트 떨어진 것으로 나타났다. SK는 부채비율이 137.2%에서 86.8%로 무려 50.4%포인트가 줄었고, 현대차도 103.4%에서 65.7%, 37.7%포인트나 줄었다. 삼성도 50%에서 43%로 7%포인트 줄었다. 마치 부채를 줄여 그만큼 금융자산을 덜 사용한 것처럼 보인다. 그런데, 부채비율이 낮아진 이유는 부채가 줄어서 그렇게 된 것이 아니다. 사내유보금 폭증으로 자본금이 늘어나면서 부채비율이 떨어졌다.[2] 30대 재벌의 부채총액은 250조 5천억 원에서 627조 9천억 원으로 150% 늘었고, 5대 재벌 부채총액도 309.9조 원에 달한다.

재벌은 국가의 전폭적, 특혜적 지원 없이는 현재와 같은 성장은커녕

1 일부에서는 실효세율이 낮은 것이 고용에 대한 기여나 각종 투자를 많이 해 감면을 받았기 때문이라고 주장하지만 감면 혜택에 비해 실제 영향은 미미하거나 부족하기만 하다. 가령, 삼성전자는 2010년 실효세율은 11.9%로 다른 재벌기업들보다도 낮다. 그러나 2010년 삼성전자의 취업계수(1.19)나 고용창출계수(6.34)는 전체 제조업(취업 1.52/고용 7.4)보다 낮다. 해외 투자에 해당하는 비용이 국내 세금의 감면대상이 된다는 점도 많은 논란거리다. 그래서 2010년 삼성전자의 결정세액 추정액은 3조 6,371억 원이었는데 이 중 50.7%를 감면받았다. 이처럼 법인세 비과세·감면 혜택은 대기업에 그 혜택이 집중되고 있다. 법인세 감면 현황을 보면, 대기업 비중이 2008년 62%였지만 2011년에는 71%로 늘어났다. 반면 중소기업 감면 비중은 38%(2008년)에서 29%(2011년)로 떨어졌다("재벌 대기업 실효세율, 중견기업들보다 낮다", 『한겨레신문』, 2015.1.26일자).

유지도 어려웠다. 이런 국가와 재벌의 융합을 정당화시켜주는 것은 거꾸로 재벌의 경제적 규모다. 민간기업의 상당부문을 재벌이 차지하고 있기 때문에 산업정책이나 경제정책이 모두 재벌지원정책으로 수렴되는 구조를 가지고 있다. 역대 정부의 경제계획이 모두 재벌계획이었던 것도 바로 이런 현실 때문이다. 산업정책뿐 아니라 노동정책과 사회정책 역시 재벌의 산업계획과 노동시장 개입방향에 맞게 조절되었다. 그런 조절이 재벌의 독점이윤을 확대하고 보장해주는 것으로 귀결된다. 이런 독점이윤은 곧 재벌 총수일가와 대주주들의 사적이윤으로 전환된다.

이렇듯 많은 정부 지원과 국가 자원을 동원하면서 재벌의 생산력은 점점 더 사회화하고 있지만, 재벌은 몇몇 총수 일가에 의해 더 심화된 형태로 사유화되고 있다. 재벌 일가들은 기업의 이윤을 사적으로 전유하고 낮은 임금경쟁력을 유지하며 글로벌 기업으로 성장해 나갔다. 그 결과 삼성전자는 매출액이 201조 원이 넘고 순이익만 23조 원으로 전체 상장사 순이익의 40%를 차지할 정도로 엄청난 독점이윤을 누리고 있다(2016년 말 기준). 이처럼 재벌이 외형적 성장을 하는 동안에도 이들의 사회적 기여는 크지 않았고 오히려 노동조건과 사회 환경은 나날이 나빠져 갔다. 노동자의 비정규직 비율은 50%를 넘었으며, 재벌들이 돈

2 부채비율이 낮아진 것은 바로 자본금이 증가했기 때문인데, 30대 그룹의 자본총액은 243조 원에서 754조 원으로 511조 원(210%)이나 증가했다. 그런데 이 자본금은 어떻게 늘어난 것일까? 2004년에서 2013년까지 상장기업 전체의 유상증자 총액은 68조 3천억 원에 불과하다. 나머지 450조 원 가까운 자본은 어디서 충당된 것일까? 바로 그 비밀은 막대한 사내유보금에 있다. 사내유보금은 이익잉여금과 자본잉여금으로 구성되는데 이 사내유보금은 자본으로 들어간다. 사내유보율(사내유보금을 자본금으로 나눈 비율)은 2001년 이후부터 큰 폭으로 증가하기 시작한다. 사내유보금이 늘면서 자본금이 대폭 늘어난 것이며, 재벌들이 금융자산을 덜 이용하거나 적게 사용하는 것이 아니다.

을 쓸어 담는 동안 한국의 빈곤율은 OECD 국가 중 최상위에 해당할 정도로 높아졌다.

21세기 봉이 김선달

삼성그룹의 총자산은 351조 원에 이른다. 그런데, 이건희 총수일가의 납입자본금 총액은 1,000억 원 남짓이다. 시가총액을 기준으로 하더라도 고작 1%의 자본금으로 전체 그룹을 지배하고 있다. 어떻게 이런 일이 가능했는지 살펴보자.

삼성그룹 이건희 회장의 지분율은 0.6%다. 이재용 등 이건희 일가의 지분 전체를 합쳐도 1.09%에 불과하다. 반면 계열사의 지분율은 46.36%로 재벌 일가가 소수의 지분율을 가지고도 계열사별 순환출자 구조를 활용해 기업을 지배하고 있다. SK 최태원 회장의 지분율은 고작 0.03%에 지나지 않는다. 일가족 전체의 지분율도 0.4%로 SK그룹 전체를 지배하고 있다. 21세기 봉이 김선달이라 해도 될 법하다.

의결권 승수란 재벌의 총수 일가가 보유 지분보다 얼마나 더 많은 의결권을 행사하는지를 보여주는 대표적인 지표다. 결론부터 말하면 이 지표는 대부분의 재벌 총수들은 쥐꼬리보다 더 작은 지분으로 거대 그룹을 지배하고 있다는 것을 드러낸다.[3] 공정거래위원회가 2007년 10월 마지막으로 직접지분율 방식으로 의결권 승수를 공개한 바에 따르면, SK가 17.05로 가장 높았고 삼성과 현대차도 각각 8.09, 5.60을 기록한

3 이 때문에 재벌기업들은 이 지표가 국민들에게 반기업 정서를 불러일으킨다며 폐지하라고 반발해 왔다. 2005년부터 공개해오던 것을 이명박 정부는 들어서자마자 비즈니스 프렌들리를 외치면서 2008년부터 의결권 승수 공개 규정을 삭제해 버렸다.

순위	기업집단명	총수일가 지분율	계열회사 지분율
1	삼성	1.09	46.36
2	현대자동차	3.35	46.36
3	에스케이	0.40	59.38
4	엘지	3.84	35.80
5	롯데	2.56	80.71

출처: 공정거래위원회 (2016년 4월 1일, 보통주+우선주, 단위: %)

바 있다. SK 최태원 회장의 경우 보유한 1주를 가지고 실제 의결권 행사에서는 17배나 많은 영향력을 행사해 왔고, 삼성 이건희 회장과 정몽구 현대차 회장도 각각 여덟 배와 다섯 배 이상 지배력을 행사해 왔다.

더구나 이런 식으로 기업을 지배하면서도 정작 문제가 생길 때는 법적으로 책임지지 않아도 됐었다. 삼성그룹의 59개 계열사 중에서 이건희 일가가 등기이사로 된 경우는 호텔신라의 이부진 사장 외에는 없다. 법적으로 볼 때, 이건희, 이재용은 삼성그룹 내 어떤 기업의 임원도 아니다. 삼성그룹의 회장 이건희와 부회장 이재용은 삼성 내부에서 부르는 직책일 뿐이다. 이 말은 삼성에 법적인 문제가 생겼을 경우 법적 책임을 지지 않아도 된다는 얘기와 같았다. 이런 문제 때문에 1998년 말 IMF 외환위기 속에서 공적자금 투여가 한창이던 상황에서 상법이 개정됐다. 총수일가가 이사가 아니면서도 실제 그룹의 의사결정을 독점하지만, 회사에 손해가 발생한 경우 등기이사 외에 의사결정에 참여한 자들의 책임소재를 묻기 어려웠기 때문이다. 이른바 '업무집행지시자의 책임'(상법 401조의2)이 도입되었다. 하지만 이 조항도 입증책임 등의

문제로 인해 실제 법원에서 업무집행지시자의 책임이 인정된 사례는 거의 없다.[4]

재벌, 어떻게 할 것인가?

재벌 문제에 대해서 그동안 재벌 계열사의 개수만큼이나 많은 논의가 존재했다. 한국경제에서 차지하는 위상이 독보적이고 워낙 방대한 사회적 자원을 독점적으로 전유하기 때문에 재벌을 빼놓고 경제 이야기를 하는 것이 무망할 정도이기 때문이다. 이제까지 대부분 논의는 재벌을 '합리화'하는 수준에서 재벌 문제를 접근해 왔다. 그러나 재벌 자체가 합리적인 과정으로 형성된 조직이 아니기 때문에 아무리 합리화시켜 놓는다 하더라도 그렇게 될 수가 없었다는 것도 역사적으로 증명되었다. 재벌에 대한 규제는 1980년대 이후 계속 됐지만 재벌의 독점은 줄어들 줄 모르고 시간이 갈수록 커져만 갔다.

재벌에 대해 갖고 있는 신화의 가장 대표적인 것은 바로 재벌은 재벌이 가장 잘 운영할 것이라는 신화다. 삼성그룹은 이건희 회장이 가장 잘 운영할 수 있고, 현대차그룹은 정몽구 회장이 가장 잘 할 수 있다는

4 2015년 1월 삼성과 한화의 빅딜이 이루어졌을 때, 김승연 한화그룹 회장의 의지가 작용했다는 언론보도가 잇따랐다. 그룹 경영에 중대한 영향을 끼치는 이 같은 결정을 한화의 등기이사들이 내릴 수 없기 때문이다. 그런 면에서 김승연 한화그룹 회장은 경영 복귀 여부와 상관없이 회장의 지위를 이용해 '업무집행지시자'로 그룹 경영에 관여한 것이라 볼 수 있다. 그런데 김승연 회장은 배임 혐의 등으로 유죄 판결을 받아 '총포·도검·화학류 등 단속법' 등에 따라 한화그룹의 이사직을 수행할 수 없으며, 업무집행지시자로서의 지위를 가져서도 안 된다. 그러나 현실은 그렇지가 않다. 김승연은 아무리 죄를 많이 짓더라도, 감옥에 있건 없건 여전히 한화그룹의 회장이다. 마찬가지로 SK 최태원 회장도 회사 돈을 횡령한 죄 등으로 감옥에서 실형을 살면서도 SK 그룹의 회장으로 불렸고, 2015년 8월 광복절 특사로 석방되자 회장 자리에 앉았다.

믿음이다. 각종 특혜성 지원과 위기 때마다 정부의 공적자금 지원으로 연명하고 재벌 총수의 불법행위를 적당히 무마시켜 그룹을 유지해 왔던 역사를 애써 모른 척하지 않는다면 재벌 경영이 과연 최선인지 의문을 품는 것은 정당하다. 백보양보해서 이건희, 정몽구 등 재벌 2세까지는 인정한다손 치더라도 이재용, 정의선 같은 3세 경영도 과연 잘 할 수 있을까? 이재용 부회장이 보여준 것이라고는 지금까지 벤처회사를 하나 설립해 각종 지원을 받았음에도 말아먹은 것과 갤럭시 S7의 배터리 불량 문제 등이다. 이재용은 2000년 5월 인터넷 벤처 지주회사인 'e-삼성'을 설립했다. 그러나 삼성그룹 차원의 전폭적인 지원에도 불구하고 불과 1년이 채 되지 않은 상황에서 e-삼성은 삼성 계열사로 전량 매각되어 없어졌다. 그 과정에서 e-삼성은 약 200억 원에 가까운 손실을 냈고 제일모직이나 삼성SDS 등 삼성 계열사들이 e-삼성의 주식을 매입해 손실을 나눠가졌다. 정의선 현대차그룹 부회장은 아직도 아버지의 그늘에서 묻어가고 있다.

재벌 문제에 대한 접근은 두 가지 측면이 존재한다. 첫째로 재벌의 시장독점 문제다. 미국의 반독점법이 상징해 주듯이 공정하고 합리적인 시장질서의 회복을 위한 접근이라고 볼 수 있다. 주로 주류 경제학에서 재벌 문제를 '독점'의 문제로 접근한다. 두 번째로 재벌의 '소유' 문제다. 적은 지분으로 많은 기업들을 좌지우지하고 있는 재벌 총수의 제왕적 기업지배를 문제 삼는 것이다. 이 때문에 재벌의 기업지배구조를 문제 삼고 이를 해소하기 위한 다양한 시도들이 있었다. 물론 두 가지가 다 문제일 수 있지만 정확히 말하면, 독점은 현상의 문제고 본질은 '소유'에 있다. 앞서도 얘기했듯이 재벌의 시장독점이 문제가 되는 것도 (국가의 재벌지원정책도 마찬가지로) 독점이윤이 사적으로 전유되기 때문이다. 따라서 재벌의 소유 문제를 해결하지 않고 지분구조의 책임성을 강화하거나 시장독점을 완화하기 위해 재벌 규제를 강화하는 시도는 현상에 집착한 접근방법이다.

재벌 문제의 방법론에 대해서는 재벌을 더 강화하자는 재벌강화론을 논외로 하고 크게 보아 재벌개혁론, 재벌타협론, 재벌해체론 그리고 재벌사회화(국유화)론이 존재한다. 가령, "기업 '적자'인데 CEO는 고액 연봉…재벌총수도 수두룩"이라는 신문기사를 보면 각각의 입장에 따라 이 문제를 접근하는 방법이 어떻게 다른지를 알 수 있다. 먼저 재벌개혁론의 입장에서는 재벌총수의 연봉이 많은 것에 대해 대리인 비용이 높아져 주주가치를 침해했다고 보고 이를 바로 잡기 위해서는 주주권을 더 강화해야 한다고 주장한다. 재벌타협론은 재벌총수의 연봉과 총수지위를 보장해 주는 대신 재벌과 타협해서 나머지 기업이윤의 사회적 환원(세금 등)을 통해 보상을 받자는 입장이며, 재벌해체론은 재벌 자체에 문제가 있으니 해체해서 더 이상 고액 연봉을 받지 못하게 하자는 것이다. 재벌사회화론은 기업이 적자인데도 재벌총수가 기업을 소유하고 있어 고액 연봉을 받고 있으니 재벌을 국유화하자는 입장인 것이다. 다소 거칠게 말한 것인데, 다음에서 더 자세히 살펴보도록 하자.

주주자본주의의 완성, '재벌개혁론'

재벌개혁론은 1998년 외환위기 당시 위기의 원인이 재벌체제의 부패성 때문이라고 주장하면서 상당한 공감을 얻었다. 외환위기와 IMF 구제금융 사태를 불러온 것은 재벌의 '독단적 기업지배구조와 선단식 경영체제, 과다한 차입경영'이며 이것이 모순을 증폭시켜 왔다는 진단이다. 또한 재벌의 경제력 집중이 내수와 중소기업 육성에 걸림돌이 되기 때문에 이를 해소하기 위해 재벌의 지배구조를 개선하고 주주에 의해 통제 받아야 한다고 주장한다. 따라서 재벌개혁론은 계열사 간 상호출자와 채무보증 제한, 소수주주의 권익보호와 경영참가, 전문경영인 체제의 확립, 사외이사제도, 집단소송제 및 집중투표제의 도입 등을 주장해 왔다. 이것은 IMF 구제금융 당시 IMF 및 정부의 요구와 상당부분 일치할 뿐만 아니라 이후에 대부분 시행되었다.

재벌개혁론은 재벌의 경제력 집중을 일정하게 규제한다는 점에서 재벌타협론과는 큰 차이가 있으며, 재벌의 지배구조 개선에 목적을 둠으로써 재벌해체론과도 거리가 있다. 재벌개혁은 총수일가에 의한 '전횡'이 문제가 되기 때문에 재벌의 경제력 집중의 문제도 결국 소유지배구조의 문제로 수렴된다. 그러므로 재벌개혁은 총수 일가의 재벌 지배 대신 전문경영인을 두고 주주들의 이해를 중심으로 '1원-1표' 또는 '1주-1표'에 입각하여 재벌의 지배구조를 개혁하자는 것이다. 즉, 재벌개혁론은 재벌의 지배구조를 영·미식 주주자본주의 형태로 재편하는 데 있다.

그러나 주주이익의 극대화를 목표로 한 주식시장을 통한 외부감시와 사외이사 등을 통한 내부감시체계를 둔 영·미식 주주자본주의가 과연 재벌지배체제보다 더 민주적이고 우월한 형태인지 반문해볼 필요가 있다. 전문경영인 체제가 들어선다고 해도 대주주의 이해관계에 반해서 행동하기도 어려울 뿐만 아니라 기업의 주식시장 가치를 올리기 위해 노동자의 정리해고와 비정규직, 외주, 분사 등 구조조정을 확대해 왔고 기업의 장기투자 대신 주주배당을 늘리는 단기이익에 집착하게 했기 때문이다. 재벌그룹의 유동성 위기로 분리된 후 사모펀드나 다른 해외자본에 매각된 기업에서 전문경영인 체제가 되었지만 원하청 관계가 그룹 시절보다 더 민주적이라거나 하청업체에 유리하게 작용했다는 보고는 없다. 대신 각종 분사와 구조조정을 통해 주식가치만 올리고 주주배당을 극대화해 기업이윤을 빼돌려 결국 먹튀까지 한 사례는 수없이 많다.

이처럼 주주자본주의는 경제민주화와도 관련이 없을 뿐만 아니라 재벌체제 못지않게 상황을 악화시킨다. 재벌개혁론에서 요구하는 순환출자 금지, 금산분리 강화, 일감몰아주기 규제 등 독점을 견제하기 위한 요구도 독점이윤 그 자체에 대한 문제보다도 주주이익을 보장하기 위한 목적으로 제기하고 있다. 또한 대주주인 총수일가에 맞서 소수주주의 권리 강화라는 외양을 띠고 있지만 이미 주식시장과 주요 은행, 대기업에서 외국인 주식의 비중은 절반에 육박하고 있다. 기관과 기업을 제외한 이른바 개미 주주의 비중도 크지 않은 상황에서 주주권 강화는 결국 외국자본의 주주권 강화와 같은 말이 된다. 이와 연동된 금융시장 문제에 대한 재벌개혁론의 입장도 관치금융 철폐와 금융기관의 효율성, 수익성의 강화 등으로 요약되는데, 정부개입 최소화와 금융수익성 확대라는 대표적인 신자유주의 정책과 같다. 이 때문에 재벌개혁론은 신자유주의 정책이라는 꼬리표가 계속해서 따라다녔다.

재벌 앞에서 작아지는 '재벌타협론'

재벌타협론은 자본주의 역사 발전단계에서 등장한 재벌(독점자본)의 물질적 토대를 인정하고 있다는 점에서 재벌개혁론과는 커다란 차이를 보인다. 그래서 이들은 재벌을 작은 기업으로 해체하는 것이 득보다 실이 많으며 그렇게 할 수도 없다고 생각한다. 또한 '1원(1주)-1표'주의가 아닌 '1인-1표'주의라는 민주주의 원리를 경제민주화의 이념적 기반으로 삼는다. 그래서 재벌해체가 한국이 '1원-1표'주의에 의해 외국 자본에게 점령당할 수 있는 계기가 될지 모른다는 경계심을 가지고 있다. 그래서 가장 주시해야 할 집단을 헤지펀드와 같은 초국적 금융자본이라 여긴다.

그런 반면 국내 재벌에 대해선 소유권을 건드리지 않으면서 이들과의 타협을 모색한다. 가령 상속세를 현실화해 재벌 재산 상속의 손쉬운 길을 열어주고 대신 복지재원을 조달하기 위한 세금을 이들로부터 걷어내자고 한다. 또한 국가적인 산업정책과 금융정책에 재벌이 적극 호응하길 요구한다. 마치 1980년대 이전에 있었던 스웨덴의 옛 복지모델처럼 재벌과의 타협체제를 만들고자 한다.

그런데 문제는 우리나라 재벌들이 그렇게 해야 할 필요성을 전혀 느끼지 못한다는 점이다. 경영권 세습 문제가 골치 아프기는 해도 현재의 제도를 잘 활용하면 해결 못할 일도 아니다. 한국이 기업소유지배구조를 규제하는 가장 복잡한 제도를 가지고 있지만, 가장 적은 지분으로 가장 큰 회사를 지배하는 것도 한국의 재벌들이다. 법정 공방이 있긴 했지만 재벌가 3세들은 주식의 변칙, 불법 증여와 계열사를 동원한 부당 저가인수 등을 통해 경영권 세습 문제를 해결해 나가고 있다. 이런 상황에서 먼저 머리를 굽히고 들어갈 재벌은 없다. 또한 국내보다 해외 현지공장을 더 많이 거느릴 정도로 성장한 글로벌 기업인 삼성과 현대차가 국내 산업정책에 묶일 유인이 크지 않다. 재벌을 움직이기 위해선 타협책 이상의 힘과 대안이 필요하다. 재벌 입장에선 재벌개혁론과 같이 재벌의 지배구조를 뜯어고치겠다고 덤비는 이들이 두렵지, 아무 위

협도 없는데 타협하자는 그룹에 대해선 웃고 넘길 뿐이다.[5]

재벌타협론이 롤 모델로 강조하는 스웨덴의 옛 복지체제가 만들어지는 과정에서도 보듯, 당시 집권한 사민당과 노동조합의 강한 연대가 있었기 때문에 '연대임금-고조세-노동력 재생산' 체제가 구축된 것이다. 더 밀릴 것을 두려워한 재벌들이 스스로 찾아와 타협책을 제안한 것인데, 그 대신 재벌의 소유지배는 유지해 주는 것으로 비껴갔다. 이런 타협체제도 1990년대 경제위기를 계기로 신자유주의로 우경화된 사민당과 우파들의 공격에 의해 해체되었다.

역행하는 재벌해체론

일부에서는 삼성을 1천여 개의 중소기업 또는 그런 형태의 협동조합으로 쪼개자는 주장을 한다. 재벌의 시장독점을 막기 위한 목적이겠지만 이 같은 재벌해체론은 자본주의 역사발전의 합법칙성을 제대로 보지 못한 퇴행적 주장일 뿐만 아니라 비현실적 주장이다.[6]

재벌해체 또는 족벌해체는 역사적으로 존재했다. 미국은 19세기 말부터 독점기업의 폐해가 커지자 스탠다드오일을 34개로 분할하는 조치

5 재벌타협론도 재벌의 국영화를 언급하긴 하지만, 그것은 제한된 조건에서만 다룰 뿐이다. 가령 장하준 교수는 외국 자본에 인수합병을 막기 위해서라든가, 부정과 폐해가 많은 재벌에 대해서 국영화를 고육지책으로 제기한다. 은행의 국영화 주장도 마찬가지인데, '1인-1표'주의에 입각한 경제민주화 실현이라기보다 산업을 지배하고 있는 재벌체제를 국가의 산업정책에 따라 금융적으로 지원하기 위한 수단으로서 인식할 뿐이다. 그런 면에서 볼 때, 노동운동 진영에서 이들의 경제민주화 논쟁을 비판하면서 "노동이 배제되어 있는 경제민주화는 허구"라고 지적한 것은 정곡을 찌르는 것이다. 역사적으로 보면, 독점자본과 노동자 간의 불평등을 시정해야 한다는 것이 경제민주주의의 시작이었기 때문이다.

6 2012년 대선 때 통합진보당 이정희 후보가 그 같은 주장을 했다. 또한 사회적 경제와 협동조합을 이야기하는 정태인 씨도 삼성을 협동조합으로 바꿔나가자고 주장했다.

를 내렸다. 대공황 시기 은행의 보험이나 증권의 겸업을 폐지하고 독점 기업의 피라미드식 구조를 혁파하기 위한 고강도 대책을 내놓기도 했다. 재벌해체의 더 극적인 사례는 일본이다. 군국주의의 전쟁을 도운 일본 재벌들은 2차 대전 패전 후 미 군정하에서 재벌 일족이 소유한 주식은 완전 몰수됐으며, 모든 재벌이 해체됐다. 독일에서도 2차 대전 후 독점기업집단인 콘체른이 나치에 협력한 책임을 물어야 했다.

하지만 이 모든 조치에도 불구하고 소유구조는 다소 변화되었지만 자본의 독점화 경향은 더욱 강화되었다. 자본주의 역사도 독점자본주의에 이어 국가독점자본주의로 성장해 나갔다. 미국의 반독점법의 존재 자체가 자본의 일반적인 경향으로 '독점'이 존재한다는 것인데, 자본은 경쟁을 통해 집적과 집중을 하며 더욱 독점화된다. 미국에서는 반독점법에도 불구하고 미국 기업들은 수평적 통합 대신 수직적 통합과 다각화로 사업 영역을 확장해 나가며 독점 대기업들을 더 키웠다. 금융자본 또한 은행의 겸업금지와 상업은행과 투자은행의 분리에도 불구하고 금융의 영역들은 더 커져나갔고 신자유주의하에서 금융의 대부흥기를 맞이하며 모든 영역을 집어삼켰다. 일본에서도 재벌이 완전히 해체됐지만 전후 일본경제가 계속해서 나락으로 떨어지자 과거 재벌 소속이었던 기업들이 다시 모여 사장회를 만들고 은행과 결합하여 오늘날의 대기업 집단(게이레추)을 형성했다.

한국 또한 외환위기를 전후해서 기아차, 한보그룹, 대우그룹 등 재벌그룹이 해체되고 많은 기업들이 구조조정이나 기업회생절차를 거쳤지만 살아남은 재벌들의 독점은 더 강화되었다. 지금까지 해체된 재벌기업들은 세 가지 중 하나의 경로를 지나왔다. 청산되어 없어지거나, 쪼개져서 매각되거나, 대우조선, 우리은행과 같이 매각되지 못한 경우 국유기업으로 남았다. 매각이 되는 경우, 엄청난 공적자금이 투입되고 회생절차를 거쳐 매각이 되는데 이를 인수할 능력이 되는 곳이 바로 다른 재벌(심지어 그 기업을 법정관리로 넘긴 바로 그 재벌)이거나 해외의 초국적 기업들이다. 가령 기아차는 현대차가 인수했고, 대우차는 GM이 인수했다. 중소기업이 재벌기업을 인수하는 경우는 없다. 그것이 가능하다면 그것은 그 자체로 특혜일 뿐이다. 결국 재벌을 해체하자는 주장은 의도가 그렇든 아니든, 현실적으로 다시 재벌을 만들거나 또 다른 재벌을 강화하는 데 일조하게 된다.

또한 재벌을 단순히 해체할 경우 한국경제는 회복할 수 없는 타격을 입게 된다.[7] 일례로 우리와 경제 상황이 유사한 핀란드에서 2012년 노키아의 휴대폰 사업 몰락으로 그해부터 마이너스 성장을 거듭하면서 심각한 경제 불황을 겪고 있다. 한때 이러한 핀란드에 대해 노키아의 빈자리를 중소기업이 채우고 있다며 중소기업 국가론의 모범처럼 얘기됐다. 차라리 노키아가 망한 것이 다행일 정도라는 얘기까지 나왔다. 하지만 노키아의 빈자리를 중소기업이 채울 수 있다는 것은 단순한 희망사항일 뿐이다. 핀란드는 2015년 IT 백만장자 출신 시필레가 새 총리로 선출되어 기업활동의 자유를 더 확대해 나가는 정책을 펴고 있다. 특히 한국의 재벌구조는 재벌기업의 하청계열 형태로 지배하고 있기 때문에 대책 없이 이 연결고리를 끊을 경우 산업생산 전반에 엄청난 영

7 중소기업 천국을 이야기하면서 과거에는 대만을 얘기하고 최근에는 노키아가 쇠락한 이후 핀란드의 중소기업 현실을 거론하고는 한다. 대부분 IT 관련 산업들이다. 미국의 실리콘밸리도 마찬가지인데, 이러한 IT산업도 초기에는 중소기업들이 주도해 갔으나 시간이 흐를수록 마이크로소프트, 애플, 구글, 페이스북과 같은 거대기업들이 형성되고 대다수 중소기업이 이들의 하청형태로 자리 잡았다. 대만 IT산업도 글로벌 하청기업 형태로 재편됐다. 자본의 독점화 경향은 이처럼 일반적인 경향이라고 할 수 있다.

이름	내용	문제점
재벌 개혁론	재벌시장 독과점규제, 지배구조 투명성 확대	재벌독점은 현실적으로 계속 강화됨. 지배구조 투명성 강화는 해외자본의 이해관계에 밀접히 연결.
재벌 타협론	재벌에 대한 안정적 제도적 지원 대신 재벌의 사회적 책임 확대	스웨덴의 경우 1930년대 사민당과 노동자계급의 절대적 우위 속에서 재벌에 의해 자발적으로 이루어짐.
재벌 해체론	1,000개의 중소기업 또는 협동조합으로 재벌을 쪼개서 해체	과잉중복 투자된 부분을 분할할 수는 있으나, 재벌을 중소기업으로 해체하는 것은 자본주의 발전에 역행하는 형태. 시간이 지나면 다시 기업집단을 형성.
재벌 사회화론	재벌의 총수일가 개인소유를 국유화하고 사회적 통제를 확보	재벌은 총수일가의 사기업이라는 의식이 팽배하고 재벌 국유화는 관치경제라는 부정적 인식.

향을 끼칠 수밖에 없다. 외환위기 당시 그룹이 해체됐던 한라그룹과 대우그룹의 계열사들은 모두 당시 생산연계가 끊어져 수익성 악화로 적지 않은 고통을 감수해야 했고 대부분 노동자들이 그 짐을 짊어졌다.

재벌을 사회화(국유화) 해야 하는 이유

경제민주화가 논란이 되고 재벌의 지배체제가 문제가 되는 것은 다름 아닌 소유구조의 모순 때문이다. 엄청난 자산을 가지고 국가 차원의 자원을 집중시키는 재벌기업의 사회적 생산과정에도 불구하고 재벌총수일가가 아주 적은 지분으로 이 모든 것을 장악하고 있는 바로 그 모순 때문이다. 이것은 주주와 경영자 간의 대리인 비용의 문제가 아니라, 기업의 생산과정 자체가 기업을 사적으로 소유할 수 있는 범위와 수준을 넘고 있기 때문에 발생하는 문제다. 이 문제를 해소하는 것은 기본적으로 재벌과 같은 대기업 집단의 경영 문제가 아니라 '소유' 문제를 극복하지 않고서는 해결이 불가능하다.

순환출자규제, 출자총액제한제도의 부활 및 강화, 금산분리의 확대, 지주회사체제를 통해서도 재벌일가의 소유권이 바뀌지 않다면 재벌들은 다른 방식으로 지배구조를 형성해 나갈 것이다. 순환출자와 피라미드식 지배형태를 갖는 재벌의 지배구조도 외환위기 이전 재벌 계열사간 상호출자구조에서 변화되어 온 것이다. 당시 재벌그룹들은 계열사간 상호출자가 일반적이었는데, 한 계열사가 위기에 빠지면 그룹 전체의 위기로 번져 연쇄부도로 이어지는 것을 경험하면서 상호출자를 금지시켰다. 이때 순환출자가 등장했다. 마찬가지로 순환출자구조에서 지주회사체제로의 변화 또한 재벌의 개혁이라기보다는 총수 및 특수관계인 지분구조를 높여 경영의 안정성을 도모하고 보다 원활한 구조조정을 수행하기 위한 목적으로 진행되고 있다. 지주회사체제로의 변화, 그 자체는 기업지배구조의 문제, 사적 소유의 모순을 완화하기 위한 시도로 볼 수도 있지만 결국 소유 문제를 바꾸지 않는 한 현재의 재벌 지배체제는 변하지 않는다.

이런 점에서 재벌을 왜 사회화(국유화)해야 하는가의 이유는 사실 매우 단순하고도 간명하다. 재벌 같은 대규모 기업집단은 국유화 이외에 다른 대안이 없기 때문이다. 재벌 중심으로 계열화되어 있는 산업구조를 일거에 깨트리면 한국경제의 근간이 무너진다. 거꾸로 이런 이유 때문에 재벌이 버틸 수 있는 이유도 되어 왔다. 이런 체제를 대신할 수 있는 게 바로 재벌의 국유화이며, 국유화야말로 기업지배구조의 불안정성과 불합리성을 제거하고 독점이윤의 사적 지배를 막는 유일한 방법이다. 또한 지금 현재도 국가의 산업정책과 노동, 사회정책이 모두 재벌을 중심으로 돌아가고 있기 때문에 한국경제의 구조개혁 또한 재벌 국유화 없이는 공염불이다. 앞서 살펴본 대로 재벌기업은 정부 부문의 전체 자산에 육박할 정도로 거대하다. 사회의 모든 부문에 재벌의 영향력이 미치지 않은 곳이 없다. 삼성X파일 사건에서 보듯이 재벌들은 우리 사회의 주요 부문을 관리하고 거꾸로 재벌체제에 맞게 규제하고 있다. 에버랜드 전환사채와 삼성SDS 주식 저가인수를 통한 경영권 승계 문제와 각종 정치비자금 사건이 불거져도 검찰의 봐주기 수사와 법원의 솜방망이 판결이 어우러져 불법을 합법으로 둔갑시켜 주는 수단인 '법과 제도'가 존재해 왔다.

그동안 재벌 규제는 각종 제도로 이뤄져 왔지만 재벌의 독점은 더욱 확대되어 왔다. 이러한 재벌을 두고 규제한다고 해서 규제되지도 않고, 타협하자고 해서 타협할 리도 만무하다. 또한 재벌을 해체한다고 할 때 다른 재벌의 독점적 지위를 더 확대하는 방향이 아닌 방법으로 해체할 수도 없고, 협동조합이나 중소기업으로 분할하는 것도 말이 안 된다. 따라서 유일한 해법은 재벌의 소유구조를 총수일가에서 국가와 사회로 바꿔 재벌을 국민들의 통제 아래에 두고 재벌의 이윤을 총수일가나 주주가 아닌 사회로 돌리는 것, 즉 재벌을 사회화(국유화)하는 것이다. 재벌의 사회화야말로 경제력 훼손 없이 사회적인 것으로 바꿔 나갈 수 있는 길이다.[8]

8 재벌을 어떻게 사회화할 수 있는지에 대해서는 별도의 논의가 필요하다. 이 글의 목적에서 벗어난 이야기라 생략한다. 다만, 현재로도 국민적, 정치적 의지만 있으면 허약한 재벌 지배구조를 끊어내고 사회화할 수 있는 다양한 법적, 제도적 방안이 존재한다는 점을 밝혀 둔다.

국유기업은 비효율적인가?

흔히 국영기업과 국유기업에 비해 민간기업이 더 효율적이라고 한다. 이유도 다양하다. 먼저 소유주(오너)가 없고 국가의 관료적 지배 때문에 의사결정이 분명하지 못하고, 정부 지원으로 구조조정이 늦춰져 기업의 위기부담이 국가로 이전될 뿐 문제가 지속된다는 것이다. 또한 국유기업들은 대부분 시장독점 상태라 현실의 이익에 안주하고 있어 비효율이 누적된다고 지적한다. 게다가 관료집단이나 경영자들에 의한 부정부패가 민간기업보다 심해 부정직하고 공정하지 못하다고 비난받는다. 따라서 이런 국영기업들을 민영화시켜 더 효율적으로 운영해야 한다는 것이다.

그러나 이런 주장은 사실에 부합하지 않는다. 국유기업들은 대부분 기간산업이거나 각 산업부분의 주요기업인 경우가 많다. 특히 기간산업일 경우 수익성이 아닌 이른바 공공성과 보편적 서비스, 그리고 국가의 계획에 의해 자원을 투자한다. 이 때문에 적자가 발생하고 이 부분에 대해서 국가가 보전해 주는 것은 당연한 일이다. 이를 국가가 부당지원해 준 것이라 폄하하고, 수익성을 평가기준으로 삼아 국유기업이 비효율적이라고 비난할 근거가 되지 않는다.[9]

국유기업의 기업적 특성에도 불구하고 효율성이라는 논리로만 보더라도 민간기업에 비해 결코 뒤진다고 말할 근거도 없다. 중국의 국유기업들은 세계 최상위 기업에 위치하고 있다. 이에 대해 서구에서는 중국

9 대부분 이런 비난들은 국유기업을 민영화하기 위한 논리로만 사용된다. 특히 민영화에 있어서 수익성이 나지 않는 공기업이나 국유기업들은 민영화 대상이 되지 않는다. 또는 전체가 아니라 수익성이 있는 부분만을 골라서 그 부분만 민영화시킨다.

국유기업이 중국정부의 지원을 받고 산업독점을 이루고 있기 때문이라고 비판한다. 그러나 글로벌 경쟁체제에서 국내시장에서 독점적 지위를 보장받았다고 세계 수위 기업으로 곧장 발돋움하지는 않는다. 민간기업이건 국유기업이건 세계적인 기업들은 모두 자국시장에서 사실상 독점기업이며, 수출시장에서 각자 비슷한 조건 아래 경쟁하고 있다. 중국의 국유기업만 유별난 독점기업인 것은 아니다.

또한 국유기업 사장들과 이들과 연계된 관료집단의 부정부패가 연일 언론을 장식하고 있다. 물론 국유기업, 국영기업이라 하더라도 부정에 연루된 기업들이 허다하다. 하지만 국유기업이 국가소유라고 해서 민간기업에 비해 더 부패했다고 볼 수 있는 이유도 없다. 민간기업들에서 얼마나 많은 부정한 방법이 횡행하는지는 자세한 통계를 들이대지 않더라도 알 수 있다. 분식회계 등을 통해 대량의 비자금을 조성해 이것을 정관계 인사들에 조직적으로 살포하고 기업은 각종 특혜성 지원을 받는다. 뿐만 아니라 회사자금 횡령 등 사리사욕을 채울 욕심으로 이루어지는 개인적인 범죄행위도 끊이지 않고 있다. 우리나라 재벌 총수들이 대부분 그런 범죄전과 하나 이상씩은 가지고 있다. 국유기업 사장이 부패에 연루되었다면 그날로 퇴출되겠지만 민간기업의 사장, 재벌 총수들은 감옥을 들락거리면서도 여전히 그 지위를 유지하고 있다. 과연 어떤 기업에 부정부패가 더 만연해 있다고 할 수 있는가? 민간기업에 비해 국유기업의 부패가 커 보이는 것은 이중삼중의 감독 장치를 통해서 상대적으로 민간기업보다 부정부패가 잘 드러나기 때문이지 결코 민간기업의 부정부패가 적어서 그런 것은 아니다.

이처럼 소유구조 때문에 국유기업이 민간기업에 비해 비효율적이거나 부패가 더 심한 것은 아니다. 오히려 국유기업의 이익은 대부분 국가가 환수해 사회적으로 공유할 수 있지만, 민간기업의 이익은 주주배당이나 자사주 매입, 우선주 발행과 같은 행위를 통해 소수의 주주들이 독점할 뿐이다. 그것도 특히 대주주들이 이 이익의 대부분을 점유하고 있다. 기업의 이익을 사유화하는 것이 효율적인가 아니면 사회적으로 공유하는 것이 더 나은가? 굳이 효율성이라는 측면에서 볼 때조차도 국유기업은 민간기업에 비해 소유구조로 인한 비효율성이 나타난다고 할 수 없다.

국유화는 과거에도 있었지만 지금도 일어나고 존재하고 있다. 경제위기 시에 미국에서 GM과 AIG를 국유화하기도 했고, 한국에서도 수많은 국유화 사례가 있다. 이런 일들이 경제위기라는 비상상황에서 행해지는 일시적인 국유화라고 한다면, 신자유주의가 만연하고 공기업 민영화 바람이 거셌던 가운데에서도 중국이나 러시아 같이 새로이 자본주의 경제체제로 편입된 국가들은 여전히 국유기업이 대세다. 중국은 주식 시장총가치의 80%, 러시아는 60%가 국유자본의 몫이다. 복지국가라 칭송하는 노르웨이를 떠받드는 석유회사와 에너지 기업들은 모두 다 국영기업이다. 이들 국가는 경제위기를 거치면서도 국유기업을 중심으로 꾸준한 성장을 해왔고, 신자유주의 민영화와는 또 다른 흐름을 형성했다. 이처럼 21세기 들어 신흥국에 투자되는 자금의 1/3은 국유기업의 호주머니에서 나왔다. 또 중동 국가들과 노르웨이, 중국, 싱가포르 등 대형 국부펀드들과 국민연금과 같은 공적 연기금 등이 세계 자본시장의 주요 행위자로 등장했다.[10] 유럽의 주요 기업들도 국유기업 형태로 유지되고 있다. 삼성자동차를 인수한 프랑스 자동차기업 르노는 얼마 전까지 프랑스 정부가 대주주였던 국유기업이다. 독일 자동차기업 폭스바겐도 민영화되었다고는 하지만 폭스바겐이 위치해 있던 니

더작센 주가 황금주를 소유한 최대주주로 있다.

재벌 사회화, 독점이윤의 환수와 경제 구조개혁

재벌의 사회화, 국유화에 따른 사회적 가치는 어마어마하다. 우선 5대 재벌만 하더라도 전체 민간기업 (순)자산의 절반을 소유하고 있다. 이들은 각 산업방면에 다양한 기업들을 소유하고 있을 뿐만 아니라 해당 산업의 선도기업, 중심기업으로 역할을 하고 있다. 다시 말해 5대 재벌을 사회화하면 산업정책을 경쟁적이고 낭비적인 것이 아니라 가장 효율적으로 구사할 수 있게 된다. 현재와 같은 상시 구조조정과 정리해고 중심의 산업합리화 정책이 아니라 불황기 과잉중복투자의 해소와 고용안정 중심의 산업정책으로 변화시켜 나갈 수 있다. 노동정책과 관련해서도 산업정책과 연계된 고용 중심의 정책들을 사고할 수 있으며, 노사간 단체교섭구조를 변화시키는 방안을 고려할 수 있다.

재벌의 주력산업인 선도산업 외에도 중소기업 육성정책 차원에서도 재벌기업이 전환된 국유기업의 역할은 지대하다. 전체 고용에서 중소기업이 차지하는 비중이 매우 크고 대기업들의 고용기여율이 약화되는

10 그러나 유념해야 할 것은 이런 흐름들도 신자유주의를 벗어난 것이 아니라 이에 적극 호응하면서 신자유주의적인 성장을 지속시켜 왔다는 점이다. 국유기업으로서 공익성이나 산업정책의 역할이 아니라 경영의 안정성과 효율성이 강조되면서 각종 금융시장에 참여자로서 역할을 했고 민간 대자본과 경쟁을 해왔다. 국부펀드나 연기금도 기본적으로 금융시장의 논리에 순응해 들어가는 정책이었으며 특히 주주가치 극대화를 통한 수익률 증가라는 기본 목표를 공유하고 있다. 이렇게 국유기업과 공적연금마저도 신자유주의의 광풍 속에서 역할이 변화되어 신자유주의의 주요 행위자로서 기능했다. 다만, 경제위기 속에서도 국유기업으로서의 안정성과 성과의 분배가 경영자 혹은 주주에 국한되지 않는 국민경제 차원의 분배를 실현해 내는 데 상대적인 기여를 했던 점에서 의미를 찾아볼 수 있다.

상황에서 중소기업 육성정책은 우선 고용정책 차원에서 중요한 문제다. 그동안 상생경제를 외치면서 재벌의 시장진입금지, 원하청 구조의 합리화 등으로 중소기업 문제를 접근해 왔으나 재벌기업의 비협조 등으로 제대로 되지 못했다.

복지 문제와 관련해서도 법인세를 아무리 많이 올린다고 하더라도 법인세는 기업 이윤의 일부일 뿐이다. 국유기업을 통한 복지 재원조달은 기업 이윤 전체로부터 이전되어 온다. 세금으로 걷는 것과는 차원이 다르다.[11] 또한, 이런 측면에서 재벌이 보유한 사내유보금을 가동할 수 있다. 국내 10대 그룹의 사내유보금은 550조 원이다(2016년 2분기). 이 중 삼성 210조 3천억 원, 현대차 117조 2천억 원, SK 62조 7천억 원, LG 44조 6천억 원, 롯데그룹 30조 6천억 원 등 5대 그룹이 465조 원 이상 쌓아 놓고 있다. 사내유보금은 일종의 퇴장화폐로서 마땅히 투자할 곳이 없어 축장한 자금으로 회사의 유동성 위기와 경영권 방어 목적 등에 대비해 현금과 부동산 등 다양한 형태로 보유하고 있다. 그러나 재벌을 사회화하고 나면 이러한 사내유보금은 경영권 방어 목적으로는 보유할 필요가 없어져 상당부분 국고로 환수하여 복지 재원 등 다른 용도로도 활용할 수 있다.

또한 당장은 아니지만 중장기적으로 수백조 원에 달하는 외환보유고도 훨씬 유동적으로 활용할 수 있다. 변동환율제도 아래에서 외환위기

11 재벌개혁과 재벌타협, 재벌사회화 등도 독점이윤의 환수 방법을 둘러싼 차이로 볼 수 있다. 재벌을 주주자본주의에 맞게 개혁하자는 것은 재벌이 벌어들인 독점이윤을 주식시장에서 주주들과 나누자는 것이다. 재벌타협론은 재벌의 불안정한 지배구조를 인정해주는 대가로 독점이윤의 일부를 가져올 수 있게 타협하자는 것이며, 세금을 통한 복지확대 정책 또한 법인세 인상 등을 통해 재벌 이윤의 일부를 환수하자는 것이다. 그에 비해 재벌사회화는 소유구조를 바꾸지 않고는 현실적으로 위 방안들이 불가능하기 때문에 직접 소유를 통해 독점이윤을 사회로 환수하자는 의미다.

를 대비하여 세계 5~7위를 오락가락하는 수준의 외환보유고를 보유하고 있다. 2016년 말 기준 외환보유액 3,711억 달러(416조 원)이다. 수출기업을 위해 한국은행이 금, 미국 국채 등의 형태로 보유하고 있다. 금융위기 직후인 2008년 말 2,012억 달러였던 외환보유고는 2013년 말 3,465억 달러로 5년간 1,453억 달러(160조 원)가 늘어났다. 같은 기간 화폐발행액은 247조 원 정도다. 외환보유고 운영수익이 거의 없기 때문에 산술적으로만 놓고 볼 때, 한국은행은 새로 찍은 돈의 약 65%를 외환수급을 조절하는 데만 사용했다. 이런 엄청난 자금은 주로 수출 대기업들의 외환거래 안정성과 금융시장 안정을 위해 필요한 돈이다. 외환시장의 사정이 나빠지면 한꺼번에 100조 원 이상의 자금이 빠지기도 한다. 물론 재벌을 사회화했다고 외환보유액을 갑자기 줄이면 보란 듯이 외환위기가 발생하게 된다. 관건은 재벌 사회화를 통해 수출주도형 한국경제의 구조를 변화시켜 이에 따라 외환보유액을 줄여 나가고 외환시장의 정부개입도 축소시켜 나갈 수 있을 것이다.

국유/국영기업이 된 재벌그룹의 운영과 관리

먼저 공적자금의 목적과 운영을 변화시켜 국유기업에 대한 체계적인 관리와 운영 그리고 목적을 다시 설정하는 것이 필요하다. 앞서도 지적했듯이, 현재까지 수많은 기업들이 공적자금을 수혈 받고 되살아났지만 부실을 털어주고 다시 재벌기업에 매각했다. 재벌 계열사들은 대부분 해당 업종의 주력 기업들이었기 때문에 이를 인수할 만한 자금을 동원할 기업이 재벌이나 초국적 자본 또는 대형 사모펀드와 같은 금융자본들이다. 이 같은 손실의 사회화를 위한 공적자금의 운용은 그 자체로 재벌에 대한 특혜일 뿐이다. 또한, 공적자금은 '회수'라는 미명 아래 대부분 재벌이나 해외 초국적 자본, 투기적 금융자본에게 매각했다. 이런 매각에 따른 기업가치의 저평가 논란도 항상 있었지만, 기업을 매각하고 '현찰'로 손에 쥐고 있어야 '회수'되었다고 보는 것은 타당하지 못하다. 국유화된 상태에서도 해당 기업들은 수익을 내고 수익의 일부를 국가에서 '환수'했으며, 그 기업 자체도 어디 없어진 게 아니라 그 자체로 자산이기 때문이다. 굳이 매각할 이유가 없는 국유기업들을 민영화와 같은 과정을 거쳐 재벌들에게 되팔아 왔다.

따라서 이 같은 매각을 중단하고 종합적이고 체계적인 국유기업의 운영과 관리계획을 세울 필요가 있다. 부실을 메워주는 식의 공적자금의 운영을 넘어 금융시장이 아닌 기업을 포함한 실물부문에 대한 투자를 총괄하고 산업정책의 수립과 집행을 위해 기업의 내부 의결권과 지배구조를 맞게 개편해야 한다. 이를 통해 산업정책과 고용정책은 물론 복지 등 사회정책까지도 통일적으로 이루어 나가야 한다. 이를 위해서는 재벌체제를 대신할 국가지주회사와 국유기업관리위원회 등을 설치하여 정부와 노동자 등 사회적 이해관계자들에 의한 경영지배가 실질화되도록 해야 한다. 나아가 이러한 국가지주회사들이 생산의 기능을 확대하고 사회적인 역할을 확장할 수 있도록 정부와 의회, 노동자와 시민이 실질적인 통제와 운영을 할 수 있도록 지배구조를 개선시켜 나가야 할 것이다.

이런 재벌 사회화와 민주적인 소유지배구조를 만들어 나가는 것은 생산의 사회적 성격을 변화시켜 나가는 첫걸음이라는 점에서 의미를 갖는다. 즉, 재벌 사회화는 '형식적 사회화'에서 생산의 사회적 성격과 경제구조를 혁신하는 '실질적 사회화'로 나아가는 일보이다. 재벌 사회화로 독점이윤을 사회적으로 전유하고 발전시켜 나갈 수 있다 하더라도 경제의 근본구조가 바뀌지 않는 한, 경제위기가 되풀이되거나 정치적 환경 변화에 따라 과거의 경제체제로 돌아가고 말 것이기 때문이다.

Inhalt

Studien

Eingriffe

:: 다니엘 로이크 Daniel Loick

프랑크푸르트 대학에서 철학과 사회학을 공부하고 같은 대학에서 철학 박사학위를 받았으며 사회철학적 법률 비판에 관한 연구로 교수자격학위를 취득했다. 뉴욕 주립대, 베를린 대학을 거쳐 현재 프랑크푸르트 대학에서 비판적 사회이론을 가르치는 방문교수로 재직 중이다. 정치철학과 사상사, 법철학과 사회철학을 두루 연구하고 있으며, 특히 비판이론과 포스트구조주의 연구에 중점을 두고 있다. 주요 저서로 『주권 비판』 『소유권의 남용』 『아나키즘 입문』 『법률주의: 법에 관한 비판이론의 윤곽』 등이 있다.

:: 이자벨 프레모 Isabelle Fremeaux

런던 대학교 버크벡 칼리지의 미디어와 문화연구학과 전 교수이자 사회운동가이다. 프랑스에서 성장한 프레모는 런던에서 공동체 개념으로 박사학위를 받았으며, 주요 연구 분야는 공공 교육과 저항의 창조적인 형태에 관한 탐구였다. 한때 프리랜서 기자로도 활약한 바 있으며 현재는 활발한 사회운동가로서 '반란적 상상력 실험실'을 창립, 이 연구소를 통해 예술과 사회운동이 어우러진 활동을 진행 중이다. 『나우토피아』(원제: 유토피아로 통하는 오솔길) 출간 이후 교수라는 안정된 삶을 내려놓고 존 조던과 함께 프랑스 브르타뉴 지방의 농장에서 뜻을 같이하는 동료들과 유토피아를 꿈꾸는 자립공동체를 만들어가고 있다.

:: 마르가리타 초모우 Margarita Tsomou

함부르크 하펜시티 대학원 박사과정에 재학 중이며, 칼럼니스트이자 문화 연구자이며 베를린에서 큐레이터로도 활발히 활동하고 있다. 페미니스트 잡지 『미시 매거진』의 편집장을 맡고 있으며, 『디 차이트』를 비롯한 여러 언론 매체에 칼럼을 기고하고 있다. 2011년 아테네의 신타그마 광장 점거 운동에서 나타난 "다수의 재현"이라는 문제에 관하여 박사학위 논문을 쓰고 있다. 주요 연구 주제는 페미니즘과 정치적 예술이며, 최근에는 그리스의 부채 위기를 둘러싼 갈등에 초점을 맞추고 있다.

:: 에바 폰 레데커 Eva von Redecker

킬 대학, 튀빙겐 대학, 포츠담 대학 등에서 철학과 역사, 독문학을 공부했으며 포츠담 대학에서 크리스토프 멘케 교수의 지도 아래 한나 아렌트 연구로 석사학위를 받았다. 베를린 대학 철학과 강사로 재직 중이며, 비판이론에서 혁명 개념의 변천에 관한 문제로 박사학위 논문을 준비하고 있다. 비판이론과 페미니즘이 교차되는 지점, 특히 포스트구조주의적 사회철학에 깊은 관심을 가지고 여러 관련 연구를 진행 중이다. 주요 저서로 『주디스 버틀러 입문』 『한나 아렌트의 도덕 철학』 등이 있다.

:: 율리아네 레벤티슈 Juliane Rebentisch

베를린 자유대학에서 철학과 독문학을 공부했고 포츠담 대학에서 박사학위를 받았다. 프랑크푸르트 대학 철학과에서 교수자격학위를 취득했으며, 프랑크푸르트 사회연구소의 일원이기도 하다. 오펜바흐 조형예술대학에서 철학과 미학 교수로 재직 중이다. 미학, 윤리학, 정치철학을 중심으로 현대예술과 자본주의 그리고 민주주의의 관계에 관해 독창적인 연구 활동을 펼치고 있다. 주요 저서로 『설치미술의 미학』 『창조와 우울: 현대 자본주의의 자유』(공저) 『자유의 예술: 민주적 실존의 변증법』 등이 있다.

:: 디드리히 디데릭센 Diedrich Diederichsen

음악 저널리스트이자 문화 비평가로, 2006년부터 빈 예술대학에서 동시대 예술의 이론과 실천을 가르치는 교수로 재직 중이다. 『사운드』 『스펙스』 등 여러 영향력 있는 문화 잡지의 편집장으로 일했으며, 프랑크푸르트 대학, 슈투트가르트 대학 등에서 방문교수를 지냈다. 예술과 정치, 팝 문화를 가로지르는 독특한 문필가로 독일에서 널리 알려져 있다. 주된 글쓰기 주제는 포스트포드주의 사회에서 벌어지는 주체성, 정체성 정치, 문화 산업 사이의 긴장이다. 주요 저서로 『섹스비트』 『자유는 가난을 만든다: 로큰롤 이후의 삶』 『팝 음악에 대하여』 등이 있다.

:: 라엘 예기 Rahel Jaeggi

베를린 자유대학에서 철학을 공부하고 프랑크푸르트 대학에서 악셀 호네트 교수의 연구조교로 일하며 소외 개념의 재구성에 관한 연구로 박사학위를, '생활양식 비판'에 관한 연구로 교수자격학위를 취득했다. 신사회연구소, 예일 대학, 프랑크푸르트 대학 등을 거쳐 2009년부터 베를린 대학 실천철학 교수로 재직 중이다. 사회철학, 정치철학, 윤리학, 정치적 인간학, 사회적 존재론, 비판이론 등 다양한 주제를 아우르면서 새로운 비판이론의 가능성을 타진하고 있다. 주요 저서로 『마르크스 이후: 철학, 비판, 실천』(공저) 『생활양식 비판』 『소외: 사회철학적 문제의 현실성』 등이 있다.

:: 이자벨 로라이 Isabell Lorey

튀빙겐 대학에서 철학과 정치학을 공부하고 같은 대학에서 주디스 버틀러 연구로 박사학위를, '면역의 형상들'에 관한 연구로 교수자격학위를 취득했다. 바젤 대학 젠더연구센터, 베를린 대학 등을 거쳐 카셀 대학 정치학과에서 교수로 재직 중이며 '유럽 진보문화정책연구소'에서 활동하고 있다. 정치이론과 페미니즘 이론에 중점을 두고 신자유주의 시대의 불안정 노동과 삶의 문제를 파헤치고 있다. 주요 저서로 『불안정성의 통치』 『점령하라!: 정치적인 것의 점거를 향한 투쟁』 등이 있다.

:: 주자네 크라스만 Susanne Krasmann

토론토 대학, 뉴욕 대학 등을 거쳐 현재 함부르크 대학에서 범죄학 및 사회학 교수로 재직 중이다. 주요 연구 주제는 비판적 범죄학, 가시성의 체제, 통제 기술과 현대의 통치성 등으로, 범죄학 연구를 바탕으로 하여 푸코에서 비롯된 통치성 분석을 보다 넓은 범위로 확장하고 정교화하는 데 주력하고 있다. 주요 저서로 『현대의 통치성: 사회적인 것의 경제화에 관한 연구』(공저) 『사회의 범죄: 오늘날의 통치성에 관하여』 『가시성의 체제: 21세기의 감시와 안전 그리고 사생활』(공저) 등이 있다.

:: 악셀 호네트 Axel Honneth

1949년 독일 에센에서 태어나 본 대학, 보훔 대학, 베를린 자유대학 등에서 철학, 사회학, 독문학을 수학했다. 콘스탄츠 대학과 베를린 자유대학을 거쳐 1996년부터 프랑크푸르트 대학 철학교수로 재직 중이며, 2011년부터는 미국 컬럼비아 대학 철학교수를 겸하고 있다. 2001년부터 프랑크푸르트학파의 산실인 사회연구소 소장직을 맡고 있으며, 1세대인 호르크하이머와 아도르노, 2세대인 하버마스의 뒤를 잇는 3세대 프랑크푸르트학파 철학자로 평가받는다. 탁월한 사회철학적 업적을 인정받아 2015년에 '에른스트 블로흐 상'을 수상했으며, 이듬해에는 『사회주의 재발명』으로 비판적 정치 서적에 수여되는 '브루노 크라이스키 저술상'을 받았다. 주요 저서로 『권력 비판』 『인정투쟁』 『정의의 타자』 『분배냐, 인정이냐?』(공저) 『물화』 『우리 안의 나』 『자유의 권리』 등이 있다.

:: 고지현

독일 브레멘 대학 철학과에서 박사학위를 받았다. 가천대 아시아문화연구소 학술연구교수로 재직 중이다. 저서로 『꿈과 깨어나기: 발터 벤야민 파사주 프로젝트의 역사이론』 『프랑크푸르트학파의 테제들』(공저) 『포스트모던의 테제들』(공저) 『현대 페미니즘의 테제들』(공저) 등이 있으며, 공역서로 『베스텐트 2012』 『베스텐트 2013/1』 『베스텐트 2014』 『베스텐트 2015』 등이 있다.

:: 김원식

연세대 철학과를 졸업하고 동대학원에서 하버마스 연구로 박사학위를 받았다. 국가안보전략연구원 연구위원으로 재직 중이다. 저서로 『배제, 무시, 물화』 『하버마스 읽기』가 있으며, 『프랑크푸르트학파의 테제들』 『포스트모던의 테제들』 『현대 정치철학의 테제들』 『현대 페미니즘의 테제들』 등을 공저했다. 역서로 『이성의 힘』 『지구화 시대의 정의』 『분배냐, 인정이냐?』(공역) 등이 있다.

:: 문성훈

연세대 철학과를 졸업하고 독일 프랑크푸르트 대학 철학과에서 악셀 호네트 교수의 지도로 박사학위를 받았다. 서울여대 교양학부 현대철학 담당 교수로 재직 중이다. 『베스텐트』 한국판 책임편집자를 맡고 있으며, 『교수신문』 편집기획위원으로 활동하고 있다. 저서로 『미셸 푸코의 비판적 존재론』 『인정의 시대』 등이 있으며, 역서로 『정의의 타자』 『인정투쟁』 『분배냐, 인정이냐?』(이상 공역) 『사회주의 재발명』 등이 있다.

:: 송명관

서울대 농생명과학대를 졸업하고 수리 논술 강사이자 칼럼니스트로 활동하고 있다. 2010년부터 경제와 국제 정세에 관해 공부하며 인터넷 경제 논객으로 활동했다. 주류 경제학 비판과 국제 연대 활동에 관심이 많으며 월간 『워커스』와 인터넷 신문에 경제 칼럼을 연재하고 있다. 공저서로 『부채 전쟁』 등이 있다.

:: 이행남

서울대 동양사학과를 졸업하고 같은 대학 철학과에서 헤겔 연구로 석사학위를 받았다. 독일 프랑크푸르트 대학에서 악셀 호네트 교수의 지도 아래 「인륜적 자유의 변증법: 헤겔과 그의 선행자들 간의 논쟁」으로 박사학위를 받았다. 서울대에 출강하고 있다. 역서로 『뉴레프트리뷰 1』(공역) 『비규정성의 고통』(근간)이 있으며, 논문으로 「피히테의 『자연법의 토대』에서의 상호인정의 근본이념」 「칸트의 도덕적 자율성으로부터 헤겔의 인륜적 자율성으로」가 있다.

:: 정대성

연세대 철학과를 졸업하고 독일 보훔 대학에서 독일 관념론과 사회정치철학 전공으로 박사학위를 받았다. 연세대 언어정보연구원 HK 연구교수로 재직 중이다. 공저서로 『이성의 다양한 목소리』 등이 있으며, 역서로 찰스 테일러의 『헤겔』을 비롯하여 『청년 헤겔의 신학론집』 『비판, 규범, 유토피아』 『언어, 의미 그리고 철학』 등이 있다.

:: 정대훈

서울대 철학과를 졸업하고 동대학원에서 데카르트 연구로 석사학위를 받았다. 독일 프랑크푸르트 대학에서 크리스토프 멘케 교수의 지도 아래 「주체성과 예술: 헤겔과 니체에 따른 근대의 구성」으로 박사학위를 받았다. 서울대, 명지대에 출강하고 있다. 역서로 『데카르트』 『뉴레프트리뷰 3』(공역) 등이 있으며, 논문으로 「칸트의 존경 이론에서 주관적 전회와 존경의 절취」 「헤겔의 역사철학적 비극관」 등이 있다.

:: 최철웅

중앙대 문화연구학과에서 금융화 연구로 박사학위를 받았다. 계간 『문화과학』 편집위원이며, 망원사회과학연구실 연구원으로 활동하고 있다. 『감시사회』 『왜 우리는 더 불평등해지는가』를 공저했다.

:: 홍석만

서울대 국제경제학과를 졸업하고 여러 진보 운동 단체에서 정치, 경제, 노동, 인권, 세계화 문제와 관련해 활동했다. 1997년 '총파업 통신지원단' 활동으로 민주언론상 특별상을 수상했고, 2009년 용산 철거민 참사 범국민대책위원회 대변인을 지냈다. 현재 인터넷 신문 『참세상』 편집국장을 맡고 있다. 공저서로 『역감시의 권리로서 프라이버시권에 대한 재구성』 『부채 전쟁』 『좌파가 미래를 설계하는 방법』 등이 있다.

:: 홍찬숙

서울대 영어영문학과를 졸업하고 이화여대 대학원 여성학과를 거쳐 독일 뮌헨 대학 사회학과에서 울리히 벡 교수의 지도로 박사학위를 받았다. 서울대 여성연구소 책임연구원으로 재직 중이다. 저서로 『울리히 벡』 『울리히 벡 읽기』 『개인화: 해방과 위험의 양면성』, 공저서로 『정보혁명』 『세월호가 묻고 사회과학이 답하다』 등이 있으며, 역서로 『세계화 시대의 권력과 대항권력』 『장거리 사랑』(공역) 『자기만의 신』 등이 있다.

대탈주

베스텐트 한국판 5호

1판 1쇄 발행 2017년 8월 1일

편저자 연구모임 사회 비판과 대안
지은이 악셀 호네트 외
옮긴이 고지현 외
펴낸이 안희곤
펴낸곳 사월의책

편집 박동수
디자인 김현진

등록번호 2009년 8월 20일 제396-2009-126호
주소 경기도 고양시 일산동구 무궁화로 7-45 451호
전화 031)912-9491 | **팩스** 031)913-9491
이메일 aprilbooks@aprilbooks.net
홈페이지 www.aprilbooks.net
블로그 blog.naver.com/aprilbooks

ISBN 978-89-97186-71-6 94100
ISBN 978-89-97186-10-5 (세트)

* 책값은 뒤표지에 있습니다.
* 이 도서의 국립중앙도서관 출판예정도서목록(CIP)은 서지정보유통지원시스템 홈페이지(http://seoji.nl.go.kr)와 국가자료공동목록시스템(http://www.nl.go.kr/kolisnet)에서 이용하실 수 있습니다.
(CIP제어번호: CIP2017015812)